高等职业教育计算机类课程
MOOC+SPOC系列教材

Python 语言程序设计

李学刚 / 主编

高等教育出版社·北京

内容简介

本书共8章，内容包括Python语言基础、基本数据类型和操作、控制结构、序列数据类型和操作、函数与模块、面向对象编程、文件操作以及异常处理，每章由若干节构成，每节又包括若干知识点。此外，每节还配套了相应的同步训练，包括单项选择题、知识填空题、程序填空题、程序阅读题和程序设计题等多种题型，以巩固和提高学生对相关知识的理解和掌握。

本书按理论与实践一体化的教学方式组织编写，精心设计了许多示例用于讲解知识点、例题用于解决实际问题、课堂实践用于消化知识点，教师可采用边理论讲解、边实践操作的方式进行教学。

本书配套有微课视频、授课用PPT、源代码、课堂实践与同步训练参考答案等数字化学习资源。与本书配套的在线开放课程将在“智慧职教MOOC学院”（http://mooc.icve.com.cn/）上线，学习者可以登录网站进行在线开放课程的学习，授课教师可以调用本课程构建符合自身教学特色的SPOC课程，详见“智慧职教服务指南”。读者可登录网站进行资源的学习及获取，也可发邮件至编辑邮箱1548103297@qq.com获取相关资源。

本书可作为高等职业院校电子信息类专业Python语言程序设计课程的教材，也可作为Python语言爱好者的学习参考书。

图书在版编目（CIP）数据

Python语言程序设计 / 李学刚主编. —北京：高等教育出版社，2019.10（2024.12重印）

ISBN 978-7-04-052491-8

Ⅰ. ①P… Ⅱ. ①李… Ⅲ. ①软件工具－程序设计－高等职业教育－教材 Ⅳ. ①TP311.561

中国版本图书馆CIP数据核字(2019)第181793号

策划编辑 刘子峰　责任编辑 刘子峰　封面设计 王 洋　版式设计 马 云
插图绘制 于 博　责任校对 刁丽丽　责任印制 高 峰

出版发行	高等教育出版社	网　址	http://www.hep.edu.cn
社　址	北京市西城区德外大街4号		http://www.hep.com.cn
邮政编码	100120	网上订购	http://www.hepmall.com.cn
印　刷	固安县铭成印刷有限公司		http://www.hepmall.com
开　本	787mm×1092mm 1/16		http://www.hepmall.cn
印　张	17.75		
字　数	380千字	版　次	2019年10月第1版
购书热线	010-58581118	印　次	2024年12月第6次印刷
咨询电话	400-810-0598	定　价	49.00元

物 料 号　52491-00

智慧职教服务指南

基于“智慧职教”开发和应用的新形态一体化教材，素材丰富、资源立体，教师在备课中不断创造，学生在学习中享受过程，新旧媒体的融合生动演绎了教学内容，线上线下的平台支撑创新了教学方法，可完美打造优化教学流程、提高教学效果的“智慧课堂”。

“智慧职教”是由高等教育出版社建设和运营的职业教育数字教学资源共建共享平台和在线教学服务平台，包括职业教育数字化学习中心（www.icve.com.cn）、MOOC学院（mooc.icve.com.cn）、职教云2.0（zjy2.icve.com.cn）和云课堂（App）四个组件。其中：

- 职业教育数字化学习中心为学习者提供了包括“职业教育专业教学资源库”项目建设成果在内的优质数字化教学资源。
- MOOC学院为学习者提供了大规模在线开放课程的展示学习。
- 职教云实现学习中心资源的共享，可构建适合学校和班级的小规模专属在线课程（SPOC）教学平台。
- 云课堂是对职教云的教学应用，可开展混合式教学，是以课堂互动性、参与感为重点，贯穿课前、课中、课后的移动学习App工具。

“智慧课堂”具体实现路径如下：

1. 基本教学资源的便捷获取及MOOC课程的在线学习

职业教育数字化学习中心为教师提供了丰富的数字化课程教学资源，包括与本书配套的电子课件（PPT）、微课、动画、教学案例、实验视频、习题及答案等。未在www.icve.com.cn网站注册的用户，请先注册。用户登录后，在首页或“课程”频道搜索本书对应课程“Python程序设计”，即可进入课程进行教学或资源下载。注册用户同时可登录“智慧职教MOOC学院”（http://mooc.icve.com.cn/），搜索“Python程序设计”，单击“加入课程”，即可进行与本书配套的在线开放课程的学习。

2. 个性化SPOC的重构

教师若想开通职教云SPOC空间，可将院校名称、姓名、院系、手机号码、课程信息、书号等发至1548103297@qq.com（邮件标题格式：课程名+学校+姓名+SPOC申请），审核通过后，即可开通专属云空间。教师可根据本校的教学需求，通过示范课程调用及个性化改造，快捷构建自己的SPOC，也可灵活调用资源库资源和自有资源新建课程。

3. 云课堂App的移动应用

云课堂App无缝对接职教云，是“互联网+”时代的课堂互动教学工具，支持无线投屏、手势签到、随堂测验、课堂提问、讨论答疑、头脑风暴、电子白板、课业分享等，帮助激活课堂，教学相长。

前 言

本书共8章，内容包括Python语言基础、基本数据类型和操作、控制结构、序列数据类型和操作、函数与模块、面向对象编程、文件操作以及异常处理，每章由若干节构成，每节又包括若干知识点。此外，每节还配套了相应的同步训练，包括单项选择题、知识填空题、程序填空题、程序阅读题和程序设计题等多种题型，以巩固和提高学生对相关知识的理解和掌握。

本书具有以下几个主要特点。

1. 丰富的示例和例题

对每个知识点都设计了多个示例，用于对知识点进行讲解，有利于读者加深对知识点的理解；对重点知识点设计的例题，用于使用本知识点来解决实际问题，有利于读者掌握本知识点应用；各主要章节都设计了应用实例，用于综合运用所学的知识解决实际问题，有利于读者学以致用。

2. 按理论实践一体化的教学方式编写

本书在内容编排上，每节都设计了课堂实践和同步训练环节，教师可采用边理论讲解、边实践训练的方式进行教学，使学生能够通过课堂实践及时消化、理解和掌握所学的知识，通过同步训练对所学的知识进一步巩固和提高。

3. 丰富的教学与学习资源

本书配套有丰富的微课视频，可直接扫描书中的二维码观看；也可登录“智慧职教MOOC学院”（http://mooc.icve.com.cn/）进行在线课程学习及资源下载。

本书建议授课90学时，各章节的课时分配见表1。

表1 教学章节与课时安排

章节	章节名称	学时
第1章	Python语言基础	6
第2章	基本数据类型和操作	8
第3章	控制结构	12
第4章	序列数据类型和操作	20
第5章	函数与模块	16
第6章	面向对象编程	10
第7章	文件操作	8
第8章	异常处理	10

本书中涉及的所有语法知识都是在Python 3.7.1开发环境下给出的Python语言基本语法，所有代码也都是基于Python 3.7.1开发环境。

本书由李学刚主编，刘斌、虞菊花、邹晓华、凌明胜、叶青松、贺宁、刘忠杰、李春华、钱银中、翟文正和杨丹参与了各章内容、同步训练和课堂实践的编写，以及各章微课视频的录制和教学课件的制作。

在本书的编写过程中，得到了眭碧霞、王小刚、楼华等老师的大力支持和帮助，并提出了许多宝贵的意见和建议，在此表示衷心的感谢。

由于编者水平有限，书中难免有不妥之处，恳请广大读者批评指正。

编　者

2019年7月

目　录

第1章

Python语言基础

Python是一种面向对象的解释型高级程序设计语言，是免费开源跨平台的脚本语言，是语法简单功能强大的动态语言，也是既可扩展又可嵌入的胶水语言。自1991年问世以来，Python语言一直备受广大程序开发人员的喜爱，有着广泛的应用领域，目前已成为最为流行的程序设计语言之一。

本章主要介绍计算机程序设计语言及执行方式、Python语言的开放环境及编码规范、对象和变量等概念、数据的输入和输出，为以后各章的学习打下良好基础。

1.1 Python语言及编码规范

为了能够更好地学习Python语言，下面先来了解一下计算机程序设计语言、Python语言及编码规范。

1.1.1 计算机程序设计语言

PPT1-1
计算机程序设计语言

PPT

1. 语言分类

自1946年第一台电子数字计算机问世到现在，程序设计语言经历了从机器语言、汇编语言到高级语言的历程。

（1）机器语言

机器语言程序由计算机能够识别的二进制代码指令构成，不同的 CPU 具有不同的指令系统，CPU的电子器件能够直接识别并执行这些指令。程序设计人员使用机器语言编写程序，不仅要非常熟悉硬件的组成及其指令系统，还必须熟记计算机的指令代码。

用机器语言编写的程序难以阅读和理解，二进制指令代码难记忆，这极大地限制了程序的质量和应用范围，而且每个机器语言程序只能在特定类型的计算机上运行，要想在其他计算机上运行，必须重新编写，造成了大量重复工作。因此，机器语言有着很大的局限性。

微课 1-1
计算机程序设计语言

（2）汇编语言

为了克服机器语言的局限性，人们引入一种替代方法，用助记符来代替操作码，用符号代替操作数的地址。助记符是英文字符的缩写，与操作码的功能相对应；表示地址的符号即符号地址，由用户根据需要来定。这种由助记符和符号组成的指令集合称为汇编语言。

笔 记

汇编语言程序不能被计算机直接识别，必须经过翻译，转变为机器语言程序，才能被计算机执行。人们把完成这一翻译任务的程序称为汇编程序，它是系统软件，一般是和计算机设备一起配置的。利用汇编程序将汇编语言程序翻译为机器语言程序的过程称为汇编，汇编语言程序称为源代码，翻译后的机器语言程序称为目标代码。

汇编语言是面向机器的低级程序设计语言，它离不开具体计算机的指令系统。因此，对于不同型号的计算机，有着不同结构的汇编语言，而且对于同一问题所编制的汇编语言程序在不同种类的计算机间是互不相通的。

（3）高级语言

由于汇编语言同样依赖于计算机硬件系统，且助记符量大难记，于是人们又发明了更加易用的、不依赖于计算机硬件系统的高级语言。

高级语言与计算机的硬件结构及指令系统无关，可移植性好，它具有更强的表达能力，可方便地表示数据的运算和程序的控制结构，能更好地描述各种算法，而且容易学习和掌握。

自1954年第一门高级语言FORTRAN问世到现在，人们已经开发出了几百

笔 记

种高级语言，但绝大多数语言都相继被淘汰，目前主流的程序设计语言主要有Java、C、Python、C++等。

2. 执行方式

计算机在执行用高级语言编写的程序时，主要有两种处理方式，分别是编译和解释。

（1）编译方式

编译方式需要有一个担任翻译工作的程序，称为编译程序。编译就是把用高级语言编写的源程序翻译成与之等价的计算机能够直接执行的目标代码，编译过程包括词法分析、语法分析、语义分析、中间代码生成、代码优化和目标代码生成等。

在编译方式下，计算机执行的是与源代码等价的目标程序，源程序和编译程序都不再参与目标程序的执行过程。

编译型语言的典型代表主要有C、C++、FORTRAN等。

（2）解释方式

解释方式需要有一种语言处理程序，称为解释程序。解释过程在词法、语法和语义分析上与编译程序的工作原理基本相同。

在解释方式下，解释程序和源程序都要参与到程序的执行过程中，程序执行的控制权在解释程序，解释一句执行一句，解释程序在翻译源程序的执行过程中不产生独立的目标代码。

解释型语言的典型代表主要有BASIC、Ruby、Python等。

另外需要说明的是，Java语言比较特殊，由于用Java语言编写的程序需要经过编译，但这个编译并不会产生特定平台的目标代码，而是产生一种与平台无关的字节码，这种字节码并不是可执行的，必须使用Java解释器来解释执行。因此，Java语言既是编译型语言，也是解释型语言。

Python语言是高级语言，采用的执行方式是解释方式。

3. 程序的IPO结构

不论是用哪种语言编写的源程序，基本都是由输入（Input）、处理（Process）和输出（Output）这三部分构成，简称IPO。

首先，一个用来解决实际问题的程序，自然希望它不是只能解决一个特定问题，而是能够解决一类性质相同的问题，这就需要能够从外界获得必要的信息，这些信息往往是通过输入获得的。所以，一个程序应该有输入，一个有输入的程序才具有通用性。

其次，在程序中，需要对从外界获得的信息进行加工处理，从而得到预期的结果。所以，一个程序要有处理能力。

第三，程序执行完毕，希望看到程序执行的结果，这就需要有输出。如果程序执行完毕，没有任何信息展现，这样的程序就没有任何意义。所以，一个程序一定要有输出。

因此，输入、处理、输出是程序的基本结构。

【示例1.1.1】 求一元二次方程实数根。

假设所编写的求一元二次方程$ax^2+bx+c=0$（$a\neq0$）实数根的程序如下：

1 输入系数a, b, c
2 如果$b^2-4ac\geqslant 0$
3 　　$x1=\dfrac{-b+\sqrt{b^2-4ac}}{2a}$，$x2=\dfrac{-b-\sqrt{b^2-4ac}}{2a}$
4 　　输出x1, x2
5 否则
6 　　输出"方程没有实数根"

程序的第1行是输入，第4、6行是输出，其他行是处理。如果没有第1行的输入，就只能求一个特定方程的根，程序不具有通用性；如果有第1行的输入，可通过用户输入的不同来求不同方程的根，程序就具有通用性；如果没有第4、6行的输出，这个程序就没有意义了。

本书使用Python 3.7.1版本（或简称Python 3）编写的程序将采用IPO结构。

1.1.2 Python语言简介

PPT1-2
Python 语言简介

PPT

下面介绍一下Python语言的发展历程和特点。

1. 发展历程

Python的创始人是荷兰人吉多·范罗苏姆（Guido van Rossum）。

1989年圣诞节期间，在阿姆斯特丹，Guido为了打发圣诞节的无趣，决心开发一个新的脚本解释程序，作为ABC语言的一种继承，并将其命名为Python语言。选中Python（蟒蛇）作为该编程语言名字的原因是因为他是一个叫Monty Python英国六人喜剧团体的爱好者。

1991年Python的第一个版本发布。它是用C语言实现的，并能够调用C语言的库文件。Python从一问世，就已经具有了类、函数、异常处理，包含表和词典在内的核心数据类型，以及模块为基础的拓展系统。Python语法很多来自C，但又受到ABC语言的强烈影响。

微课 1-2
Python 语言简介

2000年10月Python 2.0版本发布，增加了许多新的语言特性。2001 ~ 2008年Python 2.0.1 ~ Python 2.6.1版本相继发布。

2008年12月Python 3.0版本发布。该版本与Python 2.0版本不兼容。2009 ~ 2018年Python 2.6.1 ~ Python 2.7.15版本和Python 3.0.1 ~ Python 3.7.1版本相继发布，更新换代频繁进行，目前Python 3.x和Python 2.x均为主流版本。

2018年3月，Guido在邮件列表上宣布Python 2.7版本将于2020年1月1日终止支持。

2. Python特点

Python语言的设计秉承“优雅”“明确”“简单”的理念，具有以下主要特点。

（1）简单易学

Python语言的语法结构简单，没有太多的语法细节和要求，变量无须声明，可直接赋值使用，同一个变量可以指向不同类型的数据，程序、函数或模块没有严格的分界符，使用缩进格式，使程序代码更加简捷，也使学习者更容易掌握。

笔记

（2）功能强大

Python提供了丰富的标准库和非常强大的第三方库，只须将库中的相应模块导入程序中，就可以实现想实现的任何功能，有这些库作为基础进行程序开发，可大大降低开发周期，提高开发效率，可用较少的代码解决较复杂的实际问题，这给程序开发带来很大的方便。

（3）自动内存管理

Python程序中所使用的每一个对象，系统都将自动为其分配和释放存储空间。通过在程序中使用对象自动给对象分配存储空间，引用计数、垃圾回收和内存池机制自动释放对象的存储空间，这使得程序员无须关心内存操作的底层细节，可以把主要精力用在程序的算法实现上。

（4）数据类型丰富

Python提供了丰富的数据类型，包括数字类型（整型、浮点型、复数型、布尔型）、序列类型（字符串、列表、元组、集合、字典）、文件类型和空值类型，利用丰富的数据类型可以有效地组织、管理和处理数据。

（5）运算符丰富

Python提供了丰富的运算符，包括算术运算符、赋值运算符、关系运算符、逻辑运算符、同一运算符、成员运算符、位运算符和序列运算符等，利用这些运算符可以表达各类复杂的实际问题。

（6）具有可移植性

使用Python编写的程序，可以在不同的系统平台执行，即可以跨平台使用，只要所编写的程序避免使用依赖于特定操作系统的特性，无须修改就可以在其他系统平台上运行。

（7）具有可扩展性

Python语言可以将用其他语言编写的程序扩展到Python语言程序中。通常对运行效率要求高的程序，可以把部分程序用C或C++编写，然后把它扩展到Python程序中使用，以弥补Python运行效率不高的问题。

（8）具有可嵌入性

可以把用Python 语言编写的程序嵌入到用其他语言编写的程序中，如嵌入到C或C++程序中使用。

1.1.3 Python语言的开发环境

Python目前的最新版本是Python 3.7.1，本书将以该版本为基础进行讲解。

Python支持多种操作系统，如Windows、Mac和Linux，本书将以Windows为平台进行讲解。

Python语言的开发环境主要有Python软件包自带的一个“集成开发环境”（IDLE）和JetBrains公司开发的PyCharm。除此之外，还有很多Python开发环境，这里仅介绍IDLE和PyCharm。

PPT1-3
Python 环境搭建和使用

PPT

微课 1-3
Python 环境搭建和使用

1. Python环境搭建和使用

（1）Python下载和安装

Python的官方网址为www.python.org，可在官方网站下载和安装Python，具体步骤如下。

1）打开Python官方网站，如图1.1所示。

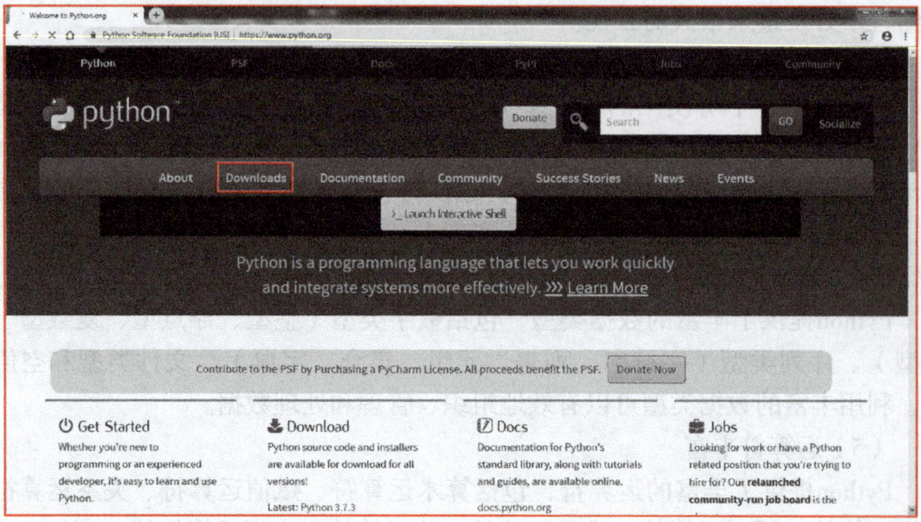

图 1.1
Python 官方网站

2）将鼠标移至Downloads菜单，在出现的菜单项中选择Windows（Linux/UNIX操作系统用户选择Source code，Mac OS X操作系统用户选择Mac OS X，其他操作系统用户选择Other Platforms），出现如图1.2所示的对话框。

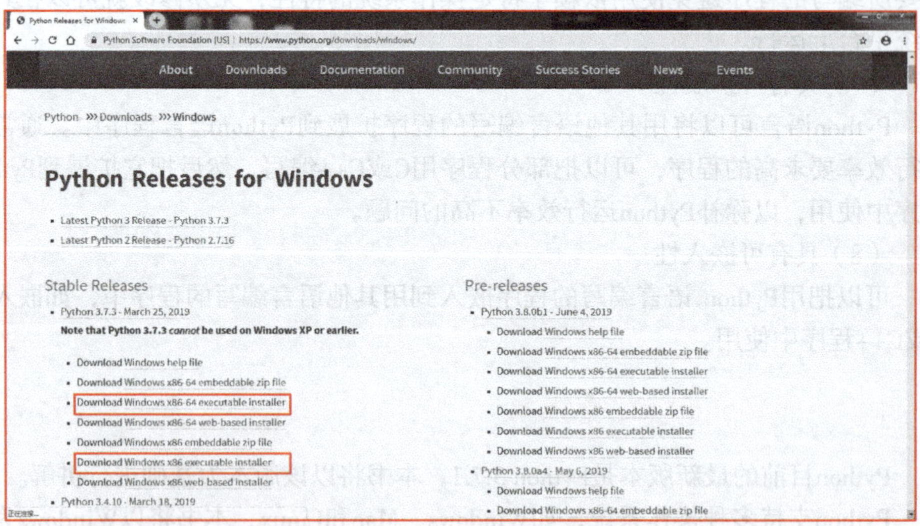

图 1.2
Windows 版本发布的对话框

3）单击Download Windows x86-64 executable installer或者Download Windows x86 executable installer项，开始下载。

4）下载结束后，运行python-3.7.1rc1-amd64.exe文件，开始安装，出现如

图1.3所示的对话框。对话框中显示两种安装方式：Install Now（按默认设置安装）、Customize installation（自定义安装）和一个复选框Add Python3.7 to PATH。

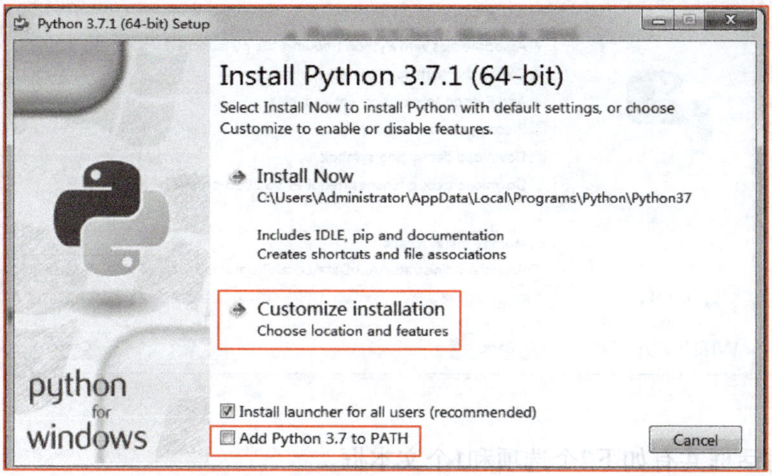

图 1.3

Python 安装对话框

5）勾选Add Python3.7 to PATH复选框，将Python安装路径添加到系统环境变量中，以方便在命令行中运行Python，再选择两种安装方式之一，这里选择Customize installation（自定义安装），出现如图1.4所示对话框。

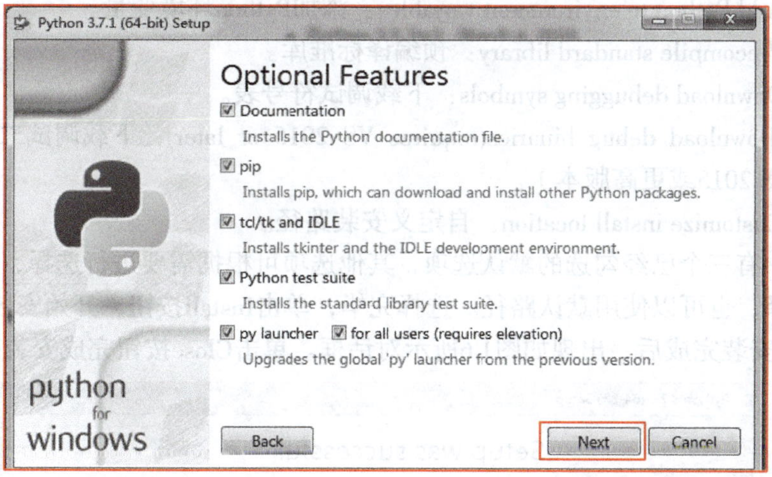

图 1.4

可选工具对话框

该对话框共有如下6个选项。

① Documentation：安装Python文档文件。

② pip：安装pip，它可以下载和安装其他Python软件包。

③ td/tk and IDLE：安装tkinter工具和IDLE。

④ Python test suite：安装标准库测试套件。

⑤ py launcher：安装升级以前版本的Python 启动器。

⑥ for all users(requires elevation)：对所有用户安装。

6）默认全选，单击Next按钮，出现如图1.5所示对话框。

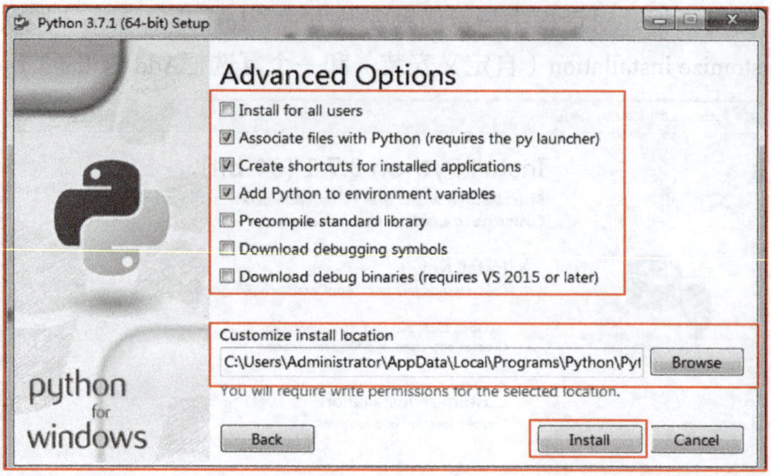

图 1.5
高级选项对话框

该对话框共有如下7个选项和1个文本框。

① Install for all users：对所有用户安装。

② Associate files with Python (requires the py launcher)：安装Python相关文档（需要Python启动器）。

笔 记

③ Create shortcuts for installed applications：为已安装的应用程序创建快捷方式。

④ Add Python to environment variables：添加Python环境变量。

⑤ Precompile standard library：预编译标准库。

⑥ Download debugging symbols：下载调试符号表。

⑦ Download debug binaries(requires VS 2015 or later)：下载调试二进制文件（需要VS 2015或更高版本）。

⑧ Customize install location：自定义安装路径。

其中有三个已经勾选的默认选项，其他选项可根据需要进行选择，安装路径可以选择，也可以使用默认路径。选择完毕，单击Install按钮，开始安装。

7）安装完成后，出现如图1.6所示对话框。单击Close按钮完成安装。

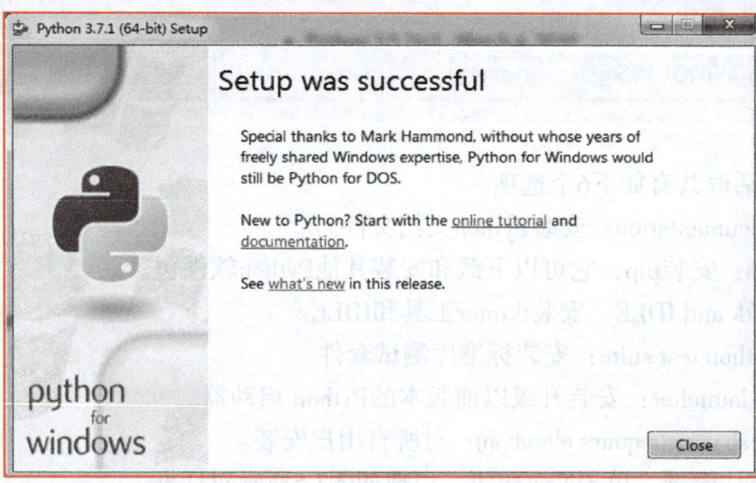

图 1.6
安装完成对话框

笔 记

8）打开Windows开始菜单，找到Python3.7文件夹，可以看到Python相关程序菜单包括以下4项。

① IDLE(Python3.7 64-bit)：Python集成开发环境。

② Python3.7 (64-bit)：Python命令行工具。

③ Python3.7 Manuals(64-bit)：Python 3.7手册。

④ Python3.7 Module Docs(64-bit)：Python 3.7模块文档。

（2）IDLE集成开发环境的使用

在上述的Python相关程序菜单中，找到并单击IDLE(Python3.7 64-bit)，弹出的Python3.7.1rc1 Shell窗口便是Python解释器的IDLE集成开发环境。IDLE有交互式使用模式和程序开发使用模式两种。

1）交互式使用模式。在Python3.7.1rc1 Shell窗口的“>>>”为Python提示符，在Python提示符后可直接键入Python语句或命令，按回车键执行，可在该窗口内看到执行结果。

【示例1.1.2】 交互式模式使用。

输出字符串“Python!”，计算3+5的值。

具体操作如图1.7所示。

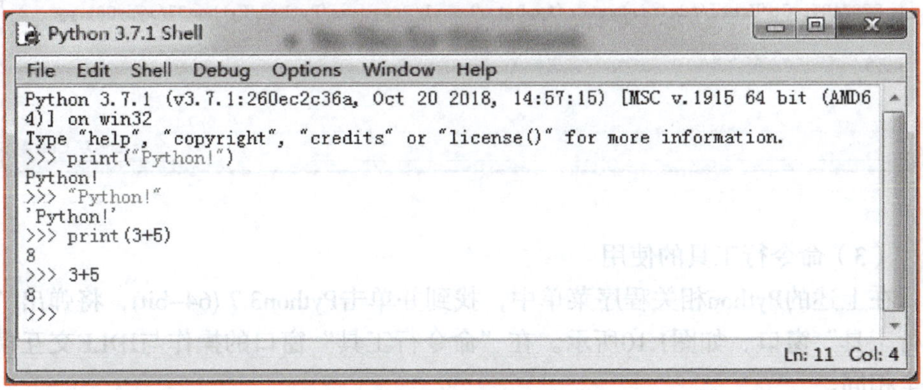

图 1.7 交互式模式使用

从图1.7可以看出，在交互模式下可以使用print()函数输出字符串和表达式的值，也可以不使用print()函数，直接输入字符串或表达式后回车，便可输出字符串（有细微差别）和表达式的值。

利用交互模式可以测试程序中语句的功能，也可以作为计算器使用。

2）程序开发使用模式。使用交互式使用模式只能输入一条语句执行一条语句，要想一次执行多条语句，就需要使用程序开发模式。

在Python3.7.1rc1 Shell窗口中单击File菜单，选择New File命令，便会弹出程序开发模式窗口，可在此窗口中编辑代码，保存、执行程序，并在Python3.7.1rc1 Shell窗口中给出执行结果。

【示例1.1.3】 程序开发模式使用。

输出字符串“Python!”，计算3+5的值。

单击File菜单，选择New File命令，在弹出的程序开发模式窗口中，输入要编辑的程序代码，并保存在文件mypy001.py中，具体操作结果如图1.8所示。

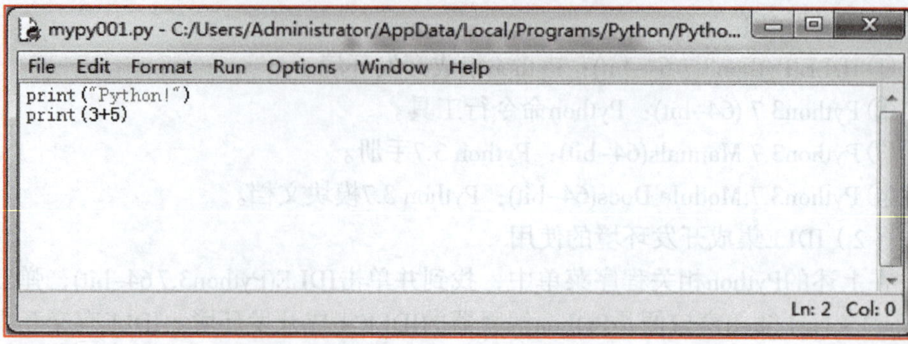

图 1.8
程序开发模式使用

单击Run菜单，选择Run Module命令或按F5键，执行结果如图1.9所示。

注意：在程序中，必须使用print()函数实现输出。

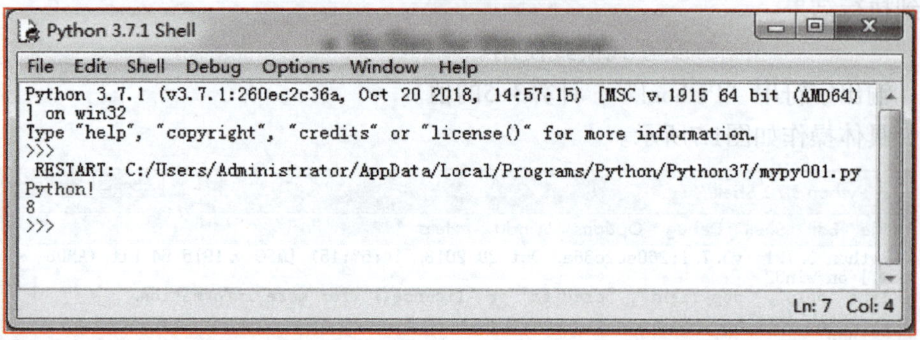

图 1.9
示例 1.1.3 执行结果

（3）命令行工具的使用

在上述的Python相关程序菜单中，找到并单击Python3.7 (64–bit)，将弹出“命令行工具”窗口，如图1.10所示。在“命令行工具”窗口的操作与IDLE交互模式完全相同。

（4）“Windows命令行”窗口的使用

使用Windows+R组合键打开运行窗口，在输入框中输入“cmd”，便可打开“Windows命令行”窗口，如图1.11所示。

在该窗口输入“python”并回车后，在“Windows命令行”窗口的操作与IDLE交互模式完全相同。

PPT1–4
PyCharm 环境搭建和使用
PPT

2. PyCharm环境搭建和使用

（1）PyCharm下载和安装

PyCharm的官方下载网址为http://www.jetbrains.com/pycharm/download/#section=windows，下载和安装PyCharm的具体步骤如下。

1）打开PyCharm官方下载网站，如图1.12所示。

微课 1-4
PyCharm 环境搭建和使用

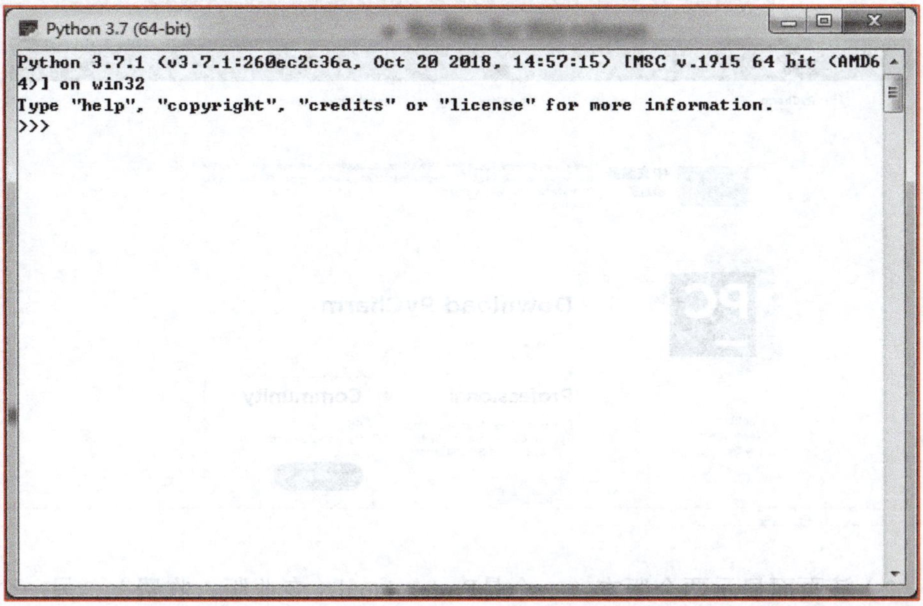

图 1.10
“命令行工具”窗口

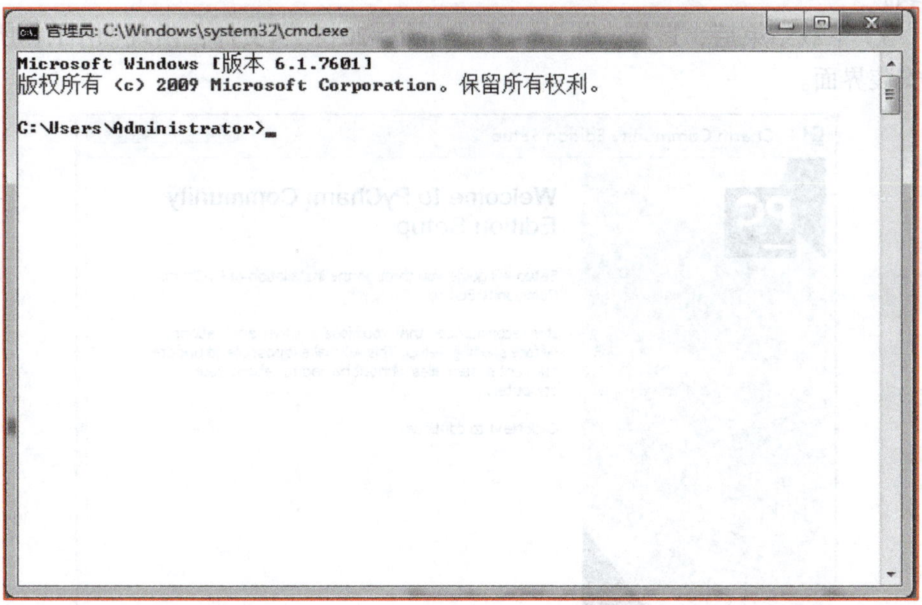

图 1.11
“Windows 命令行”窗口

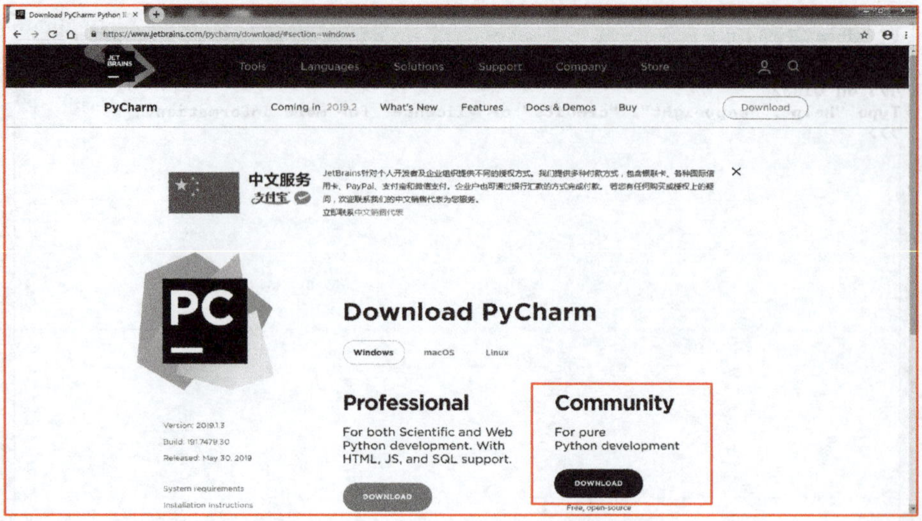

图 1.12
PyCharm 官方下载网站

2）该页面显示两个版本，一个是Professional（专业版，收费），另一个是Community（社区版，免费），选择Community版本，单击DOWNLOAD按钮开始下载。

3）下载结束后，运行pycharm-community-2018.2.4文件，出现如图1.13所示的安装界面。

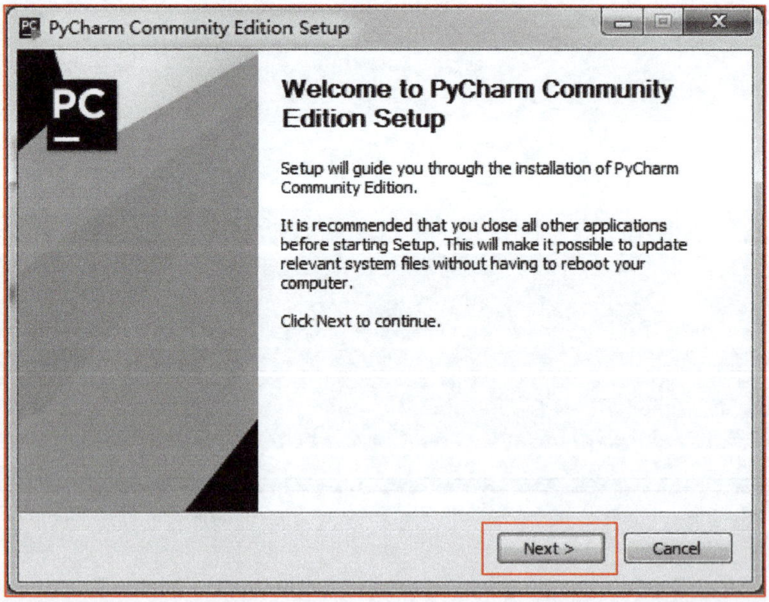

图 1.13
PyCharm 安装界面

4）单击Next按钮，在出现的对话框中，选择默认安装路径或修改安装路径，再单击Next按钮，出现如图1.14所示对话框。

该对话框有如下3组选项。

① Create Desktop Shortcut：创建桌面快捷方式，包括32位系统和64位系统。

② Create Associations：创建关联到Python。

③ Download and install JRE x86 by JetBrains：由JetBrains下载和安装JRE x86。

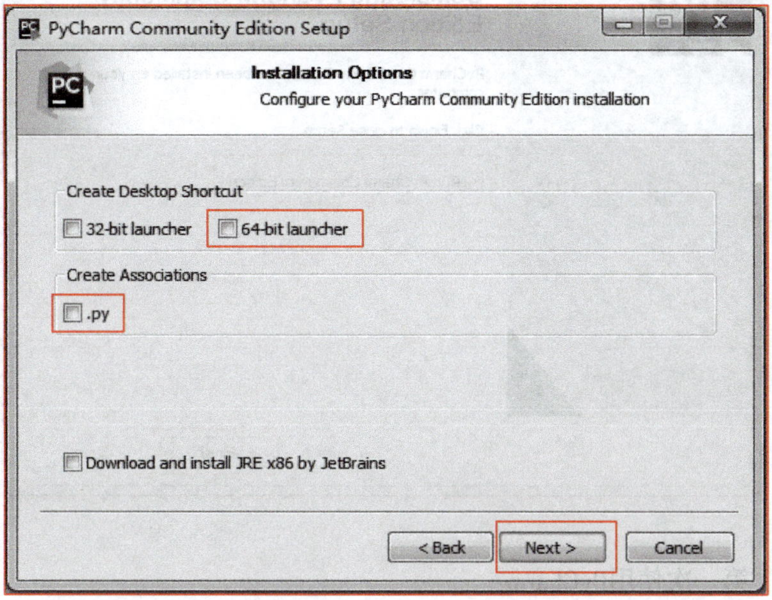

图 1.14
安装选项对话框

5）建议勾选安装32位或者64位（根据电脑配置选择）快捷方式，并创建关联到Python，单击Next按钮，出现如图1.15所示对话框。

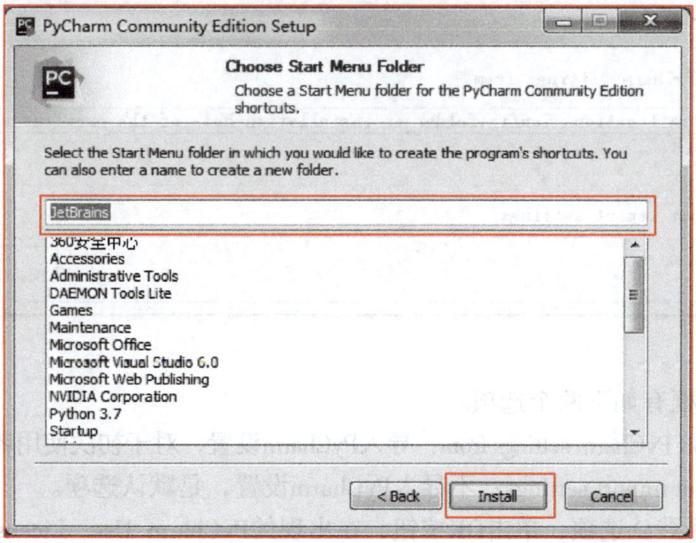

图 1.15
选择开始菜单文件夹对话框

6）选择默认文件夹，单击Install按钮开始安装。安装完成后，出现如图1.16所示对话框。

7）若要直接运行PyCharm，勾选Run PyCharm Community Edition（运行PyCharm社区版）复选框，单击Finish按钮，否则，直接单击Finish按钮完成安装。

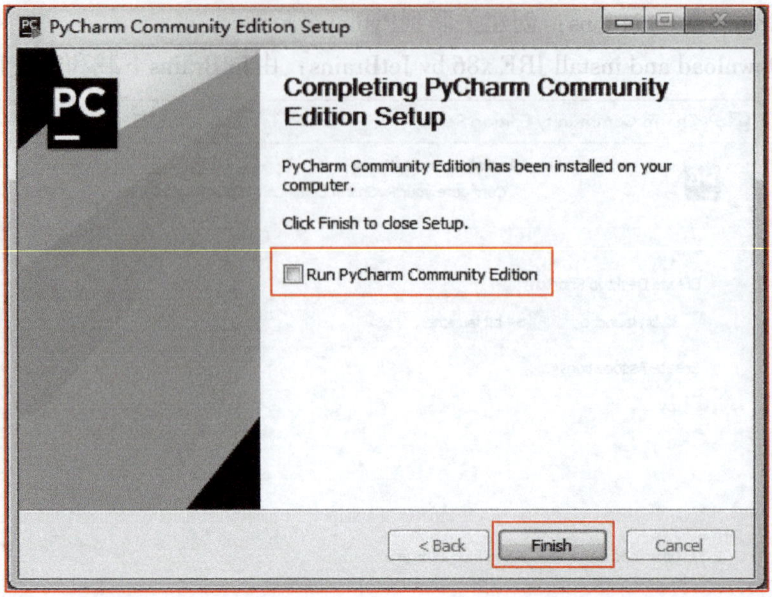

图 1.16
安装完成对话框

（2）第一次使用PyCharm

1）在安装过程勾选Run PyCharm Community Edition（运行PyCharm社区版）复选框或双击PyCharm桌面快捷方式，将运行PyCharm，出现如图1.17所示对话框。

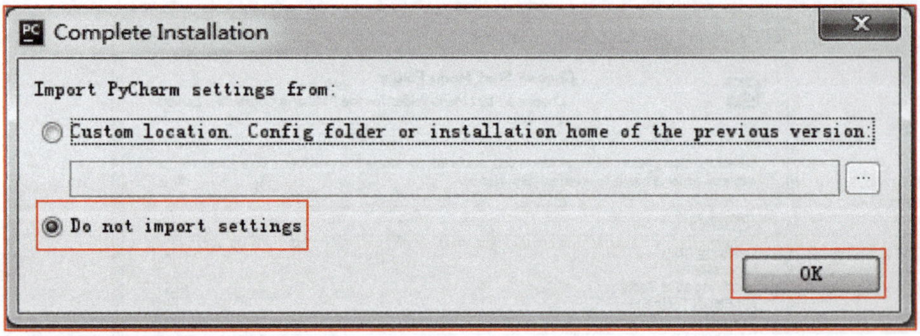

图 1.17
完整安装对话框

该对话框有如下两个选项。

① Import PyCharm settings from：导入PyCharm设置，对于初次使用者无须导入。

② Do not import settings：不导入PyCharm设置，是默认选项。

2）选择默认选项，单击OK按钮，在出现的PyCharm User License Agreement（PyCharm用户许可协议）窗口中进行浏览，浏览完毕单击Accept（接受）按钮，出现如图1.18所示对话框。

3）图1.18所示对话框中有Darcula和intellij两个主题，选择其中之一，单击Next:Featured plugins按钮，出现如图1.19所示对话框。

4）该对话框提供了4个插件：IdeaVim（模拟Vim编辑器）、Markdown

笔 记

（Markdown语言支持）、BashSupport（Bash语言支持）和R language Support（R语言支持），根据需要进行安装，暂时可不必安装，等需要时再安装。单击Start using PyCharm按钮，进入如图1.20所示界面。

5）单击Create New Project（创建新项目）项，弹出新项目对话框，选择路径并给项目命名后，单击Create按钮，进入PyCharm主界面。至此，可以使用PyCharm进行程序开发了。

6）在Pycharm主界面，选择File菜单下的New命令，在弹出的下拉列表中选择Python File，输入要建的Python文件名，单击OK按钮，就可以编辑程序了。

7）程序编辑好后，右击，在弹出的菜单中选择Run'文件名'命令执行程序。如果程序有错误，会在Run窗口给出错误信息，如果程序没有错误，会在Run窗口输出结果。

以后再使用PyCharm，会直接弹出PyCharm主界面，按步骤6、7操作即可。

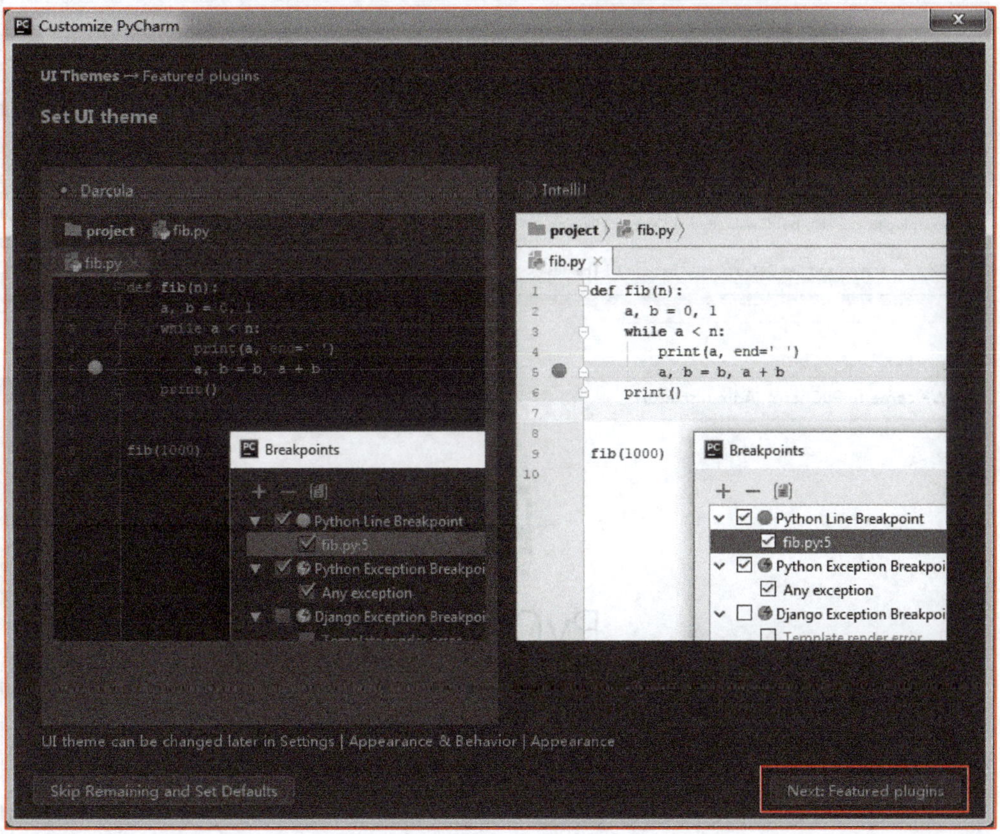

图 1.18 设置用户界面主题对话框

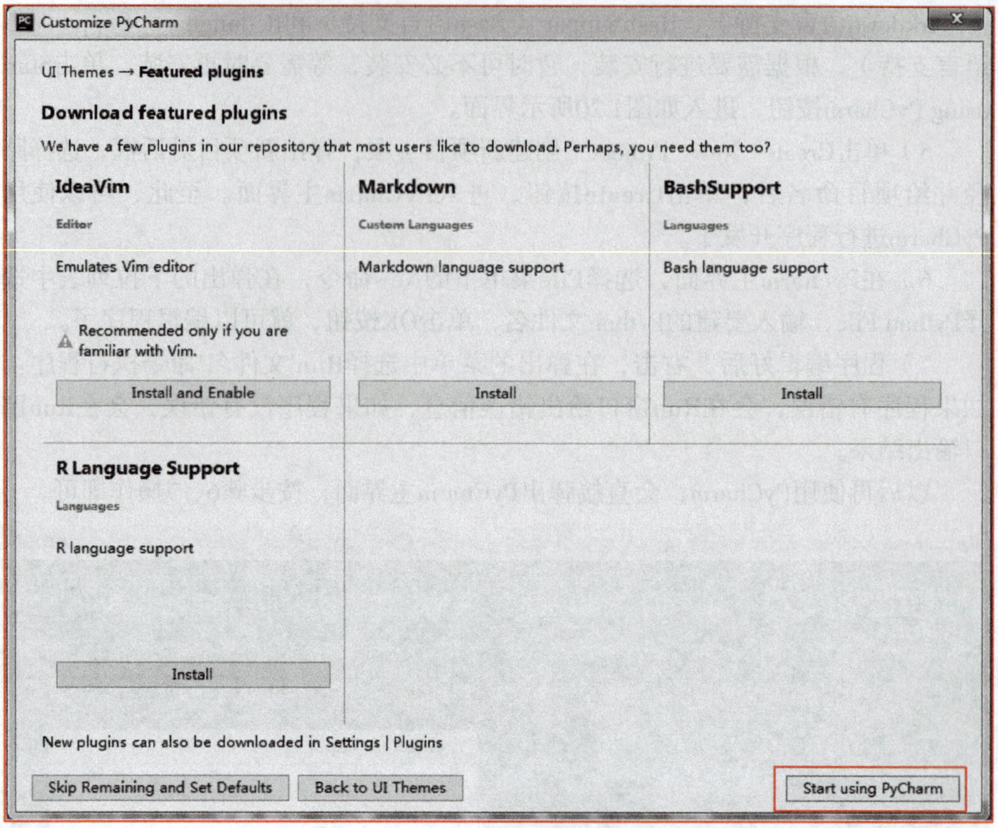

图 1.19

特色插件对话框

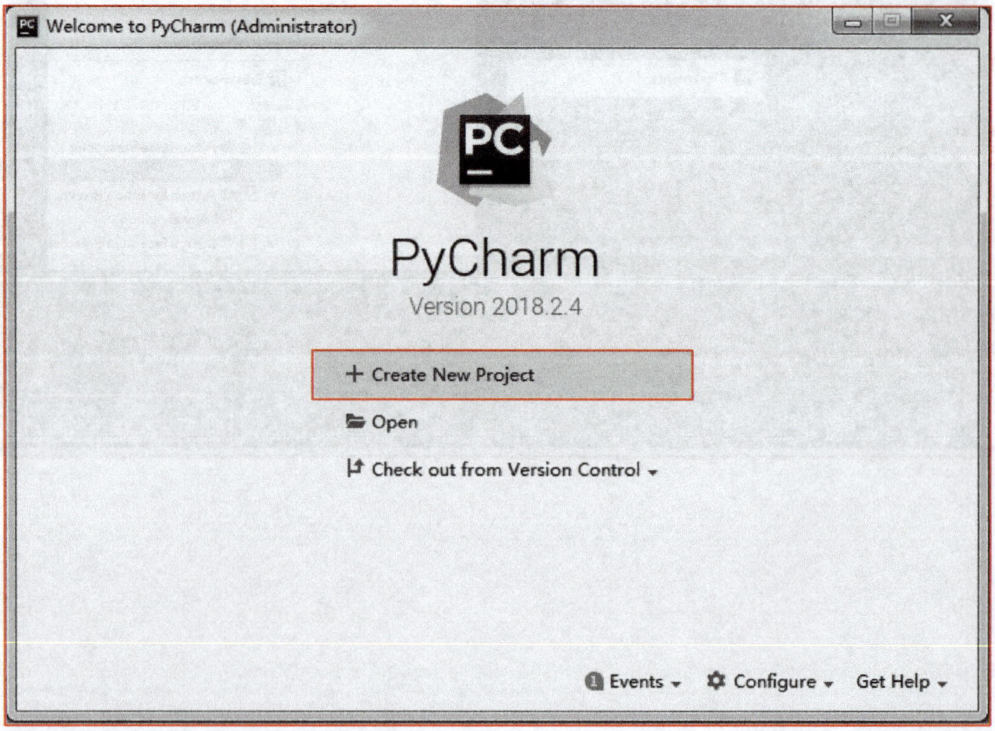

图 1.20

PyCharm 欢迎界面

1.1.4 编码规范

PPT1–5 编码规范

PPT

为了能够使Python编写的程序风格统一，便于阅读和理解，有必要简单介绍一下Python编码规范。

1. 缩进

Python语言通过强制缩进来体现语句间的逻辑关系，在Python程序中，不同层次结构的语句需要使用缩进来界定，缩进是Python语言的重要语法，必须严格遵守。

缩进可以使用一个空格或多个空格，但同一层次代码块缩进的空格数必须相同，这里统一规定缩进4个空格或8个空格或12个空格等。

微课 1–5 编码规范

程序的首行不缩进，即首行代码的第一个字符前不能加空格，否则会出现语法错误。

关于缩进的使用规范建议：不要使用Tab键实现缩进，因为不同系统Tab键的空格数不同（与Tab键空格数的设置有关），将会影响程序的可移植性。

2. 注释

为使程序便于阅读和理解，在程序中可以加注释。注释的作用是增强程序的可读性和用于对程序进行调试。

在Python中，注释有两种：单行注释和多行注释。

（1）单行注释

以“#”号开头，在其后写注释的内容。

单行注释可以写在一段代码的前面，占用一行，也可以写在语句的后面。

（2）多行注释

笔 记

以三个单撇号“'''”开头，中间写注释内容，再以三个单撇号“'''”结束，或以三个双撇号“"""”开头，中间写注释内容，再以三个双撇号“"""”结束。

注释在程序运行时，不会被执行。

关于注释的使用规范建议：

1）单行注释符号“#”后空一格。

2）在语句后写的单行注释要在“#”前空两格。

3）多行注释符独占一行，与注释内容分行书写。

3. 续行符

Python的续行符为反斜杠“\”字符。当一行的代码较长时，可以使用续行符将代码分成几行书写，行的结尾为续行符，表示下一行与本行是同一条语句。

关于续行符的使用规范建议：

1）每行代码的最大长度为79个字符。

2）尽量不使用续行符，如果必须将一行代码分几行书写，可以使用一对圆括号实现。

4. 分号

Python允许在一行写多条语句，但两条语句之间必须用分号“;”隔开。

关于分号的使用规范建议：

1）不论语句有多短，每行也只写一条语句。

2）在程序中尽量不使用分号。

5. 空格

在Python程序中，可以使用空格以增强程序的可读性。

关于空格的使用规范建议：

1）单目运算符与运算对象之间不加空格。

2）双目运算符的两边各加一个空格。

3）各种左括号前不加空格（左括号前是运算符除外），左括号后加一个空格，各种右括号前加一个空格，右括号后不加空格（右括号后是运算符除外）。

4）逗号前不加空格，逗号后加一个空格。

5）函数参数中的赋值号“=”两边不加空格。

6）不要为了对齐而增加空格。

6. 空行

源代码
例 1.1

在Python程序中，可以使用空行以增强程序的可读性。

关于空行的使用规范建议：函数、类等定义前后各加一个空行。

【例1.1】 求两个整数的和。

求两个整数和的Python程序代码如下：

```
1   Integer1 = int( input( "请输入一个整数: " ) )   # 数据输入
2   Integer2 = int( input( "请输入另一个整数: " ) )   # 数据输入
3   Sum2=Integer1 + Integer2  # 数据处理
4   print(f"{Integer1}+{Integer2}={Sum2}")  # 数据输出
```

程序中，第1、2行为数据输入，通过input()函数实现数据输入，并将用户输入的数据分别赋给变量Integer1和Integer2，input()函数中的字符串"请输入一个整数："和"请输入另一个整数："为输入提示；第3行为数据处理，用来计算用户输入的两个整数的和，并赋给变量Sum2；第4行为数据输出，通过print()函数实现数据输出，用来输出程序的计算结果。

文本 参考答案
课堂实践 1.1

【课堂实践1.1】 仿照例1.1编写求两个整数乘积的Python程序。

【同步训练1.1】

文本 参考答案
同步训练 1.1

一、单项选择题

1. 用（　　）编写的程序能够直接被计算机识别。

A. 机器语言　　B. 汇编语言　　C. 低级语言　　D. 高级语言

2. 计算机在执行用高级语言编写的程序时，主要有两种处理方式，分别是（　　）。

A. 汇编和编译　　B. 汇编和解释

C. 编译和解释　　D. 汇编和解释、编译混合

3. 程序的IPO结构包括输入、处理和输出3部分，下列说法错误的是（　　）。

A. 一个程序可以没有输入　　B. 一个程序可以没有处理

C. 一个程序可以没有输出　　D. 一个程序必须有输出

4. 关于Python解释器的IDLE集成开发环境，下列说法错误的是（　　）。

A. IDLE有交互式使用模式和程序开发使用模式两种

B. IDLE交互式使用模式可以作为计算器使用

C. IDLE程序开发使用模式必须调用print()函数才能实现输出

D. IDLE交互式使用模式必须调用print()函数才能实现输出

5. 以下对Python程序描述错误的是（　　）。

A. Python中允许把多条语句写在同一行

B. Python语言通过强制缩进来体现语句间的逻辑关系

C. Python可以将一条长语句分成多行显示，使用续行符“\”

D. Python中不允许把多条语句写在同一行

6. 以下对 Python 程序缩进格式描述错误的是（　　）。

A. 不需要缩进的代码顶行写，前面不能留空白

B. 缩进可以用Tab键实现，也可以用多个空格实现

C. 严格的缩进可以约束程序结构，可以多层缩进

D. 缩进是用来美化 Python 程序结构的，所以可以不缩进

7. 如果 Python 程序执行时，产生了unexpected indent的错误，其原因是（　　）。

A. 代码中使用了错误的关键字　　B. 代码中缺少“:”符号

C. 代码里的语句嵌套层次太多　　D. 代码中出现了缩进不匹配的问题

8. 关于 Python 语言的注释，以下描述中错误的是（　　）。

A. Python 语言的单行注释以“#”开头

B. Python 语言的单行注释以单撇号“'”开头

C. Python 语言的多行注释以“'''”（三个单撇号）开头和结尾

D. Python 语言有两种注释方式：单行注释和多行注释

二、知识填空题

1. 机器语言和汇编语言都依赖于计算机硬件系统，________与计算机的硬件结构及指令系统无关。

2. 汇编语言程序不能被计算机直接识别，必须经过翻译，才能被计算机识别，人们把完成这一翻译任务的程序称为________程序。

3. 高级语言程序不能被计算机直接识别，必须经过翻译，才能被计算机识别，人们把完成这一翻译任务的程序称为________程序或________程序。

4. Python语言的执行方式是________方式。

5. 一个程序应该有________，一个有________的程序才具有通用性。

6. Python语言的设计秉承________、明确、简单的理念。

7. Python语言通过强制________来体现语句间的逻辑关系。

8. 在Python程序中使用注释，可以增强程序的________和对程序进行调试。

1.2 Python语言基本概念

本节主要介绍Python语言的对象、标识符、变量、函数、类等基本概念，对

这些概念的理解和掌握，是使用Python语言编写程序的基础。

PPT1-6 对象

PPT

1.2.1 对象

对象是Python语言中最基本的概念。

1. 概念

程序中所使用的每一个实体称为对象。

Python语言中的一切都是对象，如整数、浮点数、字符串、变量、函数等都是对象，对象是对数据的抽象。

2. 创建对象

创建对象就是给对象分配内存空间。程序中的每个对象在第一次使用或得到时，系统都将创建它，有些对象在使用或得到之前就已经创建，比如[-5,256]范围内的小整数，是在Python解释器启动时就已经创建，而有些对象是在程序执行时才创建。

微课 1-6 对象

【示例1.2.1】 创建对象。

```
>>>8+627 # 执行命令
635 # 得到结果
```

笔 记

整数对象8在执行命令8+627之前已经创建，整数对象627是在执行命令8+627时创建，整数对象635是在执行命令8+627时得到，然后创建。

3. 对象的三要素

Python语言中的每个对象都有以下3个要素。

1）标识（identity）：为其分配的内存空间的地址，用来唯一标识每一个对象。

2）类型（type）：对象的数据类型，规定了对象的取值范围和所允许的操作。

3）值（value）：对象的具体数据，存放在对象的内存空间中。

获取对象的标识和类型参见1.2.4节。

4. 对象的可变性

对象被创建后，值（value）可以改变的对象称为可变对象，值不可以改变的对象称为不可变对象。

对象的可变性由其类型（type）决定，在Python语言中，数字类型（整型、浮点型、复数型）、字符串类型、布尔类型、空类型和元组类型都是不可变类型，而字典类型、集合类型和列表类型都是可变类型。不可变类型的对象都是不可变对象，可变类型的对象都是可变对象。

PPT1-7 标识符

PPT

1.2.2 标识符

1. 概念

标识符是用来标识某个对象的名字，如常量、变量、函数、类等的名字都是标识符，标识符必须遵循标识符的命名规则。

2. 标识符的命名规则

以字母或下划线开头，由字母、数字、下划线组成。

其中，字母可以是大小写的英文字母，也可以是非ASCII字母（如重音字符、汉字、希腊字母、日文、韩文、俄文字母等）。

微课 1-7
标识符

【示例1.2.2】 Sum、a、长度、p_2都是合法的标识符，而3b 、c#和p-1都是不合法的标识符。

3. 使用标识符时注意事项

1）标识符不能与系统关键字同名，如def、Ture等都不能作为标识符。

2）标识符区分大小写字母，如Sum和sum是两个不同的标识符。

3）标识符命名应做到“见名知意”，如长度使用Length、圆周率使用PI等。

说明：Python3.7.1共有35个关键字，在IDLE交互模式（>>>提示符）下，调用help()函数，出现help>提示符，在该提示符下，输入keywords命令，可显示出当前Python版本的全部关键字。

4. 标识符命名规范

1）常量的每个字母均大写。

2）变量名、函数名和类名等均采用驼峰格式，即每个单词的首字母大写。

3）模块名、包名、文件名的每个字母均小写。

4）异常名采用驼峰格式，并加后缀Error。

5）应尽量避免出现单个字母（除非计数器、循环变量等）的命名情况。

1.2.3 变量

PPT1-8
变量

PPT

在程序中所使用的对象，通常应起个名字，以便在程序中使用。

1. 概念

在程序中给对象所起的名字称为变量或变量名。

在给对象命名时，必须遵循标识符的命名规则。变量名可以看作是对象的别名或者是标签，这样，在程序中使用变量名，就是使用对应的对象。

2. 定义变量

在Python程序中使用的每一个变量，必须先定义，然后才能使用。变量定义格式如下：

变量名=对象

微课 1-8
变量

其中，“=”称为赋值号（切记不要把“=”读成等于或等于号），是赋值运算符。“变量名=对象”称为赋值语句，可读为“将对象赋给变量”，对象可以是由其他对象组成的表达式。

执行赋值语句时，通常系统将创建对象，即给对象分配存储空间，并使赋值号左边的变量绑定到该对象，即使赋值号左边的变量成为赋值号右边对象的引用，也就是使赋值号左边的变量指向赋值号右边对象。

【示例1.2.3】

```
>>>a= 365
```

语句 a = 365 执行后，变量a绑定到对象365，变量a是对象365的引用，使用a可以操作对象365，它们的关系如图1.21所示或如图1.22所示。

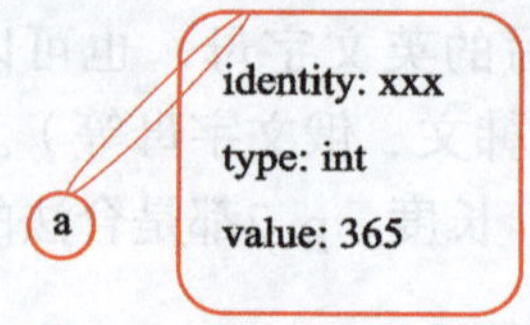

图 1.21 变量与对象的关系

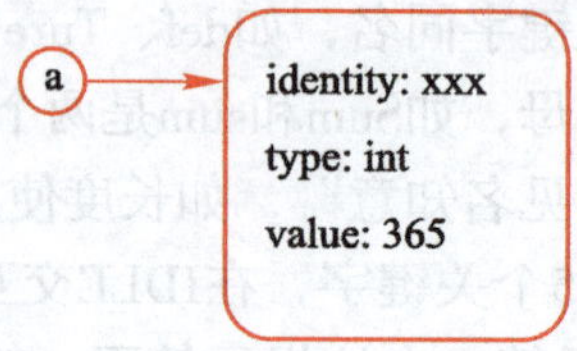

图 1.22 变量与对象的关系

说明：

1）变量的值是指变量指向对象的值。

【示例1.2.4】

```
>>>a=365
```

此时，可以说变量a的值为365。

2）一个对象可以有多个引用。

【示例1.2.5】

```
>>>a=365
>>>b = a
```

通过语句a=365使变量a成为对象365的引用，再通过语句 b = a 使b也成为对象365的引用，对象365就有了两个引用，通过a或b都可以操作365。变量a、b与对象365的关系如图1.23所示。

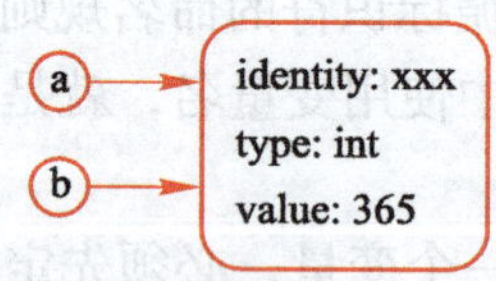

图 1.23 两个变量引用同一个对象

3）一个变量可以引用不同类型的对象。

【示例1.2.6】

```
>>>Integer=365
>>>Integer="Python"
```

通过语句Integer=365使变量Integer引用整型对象365，再通过语句Integer="Python"使变量Integer又引用了字符串类型对象"Python"，这样变量Integer就不再是整型对象365的引用了。

3. 删除变量

变量定义后，如果以后不再使用，可以使用del删除。格式如下：

笔 记

del 变量名

del是Python的一个关键字，用于删除对象的引用。使用del删除变量后，并未删除变量引用的对象，而只是删除了对象的这个引用，如果再使用这个被删除的变量，系统会报错。

【示例1.2.7】

\>>>Integer=365

\>>>del Integer

\>>>Integer # 使用被删除的变量后，系统报出NameError: name 'Integer' is not defined（名字'Integer'没有定义）错误

```
Traceback (most recent call last):
  File "<pyshell#8>", line 1, in <module>
    Integer
NameError: name 'Integer' is not defined
```

使用del Integer删除了变量Integer，但变量Integer所引用的对象365还在，如果对象365再没有其他的变量引用，系统会启动垃圾回收机制，将对象365在内存中彻底删除。

4. 垃圾回收机制

Python中的垃圾回收是以引用计数为主。

在Python中，如果一个对象的引用数为0，Python虚拟机就会回收这个对象的内存。

引用计数的原理是，当一个对象的引用被创建或者复制时，对象的引用计数加1；当一个对象的引用被删除时，对象的引用计数减1，当对象的引用计数减少为0时，就意味着对象已经再没有被使用了，可以释放其内存空间。

1.2.4 函数

PPT1-9 函数

PPT

在使用计算机解决实际问题时，往往需要把一个大的实际问题分解为若干个子问题，然后解决每一个子问题。函数实际就是解决子问题的具体实现。

1. 概念

用于解决具体问题的代码块称为函数。

函数是组织好的、功能单一的代码块。通过函数可以使程序模块化，代码得到重复利用，因此，函数具有重用性。

2. 函数分类

Python中的函数主要包括内置函数、标准库函数和自定义函数3类。

1）内置函数：是系统已经定义好的，寄生在解释器中，专门用于解决某一具体问题的代码块，用户直接调用就可以实现其功能。

2）标准库函数：是系统已经定义好的，需要通过import命令导入解释器中，用户才能调用实现其功能。

微课 1-9 函数

【示例1.2.8】 求2开平方。

笔 记

```
>>>import math  # 将math函数库导入
>>>math.sqrt(2)  # 调用求平方根函数
1.4142135623730951
```

【示例1.2.9】 计算程序执行时间。

```
>>>import time  # 将time函数库导入
>>>start = time.perf_counter ()   # 求程序执行的开始时间
# time.perf_counter ()用来计算从某个时间点到当前时间的秒数
# 执行程序代码
>>>end = time.perf_counter ()  # 求程序执行的结束时间
>>>end - start  # 求得程序的执行时间，单位为秒
```

3）自定义函数：需要由用户自己来定义的代码块，具体定义方法参见第5章。

说明： Python 3.7.1共有75个内置函数，在IDLE交互模式（>>>提示符）下，调用dir(__builtins__)函数，可显示出当前Python版本的全部内置异常、内置常量和内置函数，调用help(函数名)可查阅具体函数信息。

3. 类型转换函数int()和float()

（1）将字符串转换为整型数据函数int()

调用格式： int(字符串)

功能： 将字符串转换为十进制整型数据（int型数据），返回整型数据。

说明： 字符串只能由整数组成，其他情况详见第2章。

（2）将字符串转换为浮点型数据函数float()

调用格式： float(字符串)

功能： 将字符串转换为浮点型数据（float型数据），返回浮点型数据。

4. 获取对象标识函数id()和类型函数type()

对象创建后，若想获取对象标识和类型，可以使用内置函数id()和type()。

（1）获取对象标识函数id()

调用格式： id(object)

其中，object为对象或对象名。

功能： 返回对象object的标识（地址）。

【示例1.2.10】

```
>>>Integer1=365
>>>id(Integer1)
2284984907376
>>>id(365)
2284984907536
```

这里的2284984907376是变量Integer1的地址，2284984907536是对象365的地址，变量Integer1与对象365的地址不同，说明在IDLE交互模式下，变量Integer1的存储空间被创建。

【示例1.2.11】

```
Integer = 365
Integer1 = 365
print(id(Integer), id(Integer1), id(365))
```

程序执行结果是1756978787888 1756978787888 1756978787888。

从执行结果看，变量Integer、Integer1与对象365的地址相同，说明在IDLE程序开发模式下，变量Integer的存储空间未被创建，这是IDLE交互模式与IDLE程序开发模式的不同之处。

此示例也说明，同一个不可变对象在内存中只有一个。因此，可以说Python是基于值的内存管理模式。

通过实验不难发现，[-5,256]范围内的小整数对象是在启动Python解释器时创建的，其他整数是在程序执行时创建的。

（2）获取对象类型函数type()

调用格式： type(object)

其中，object为对象或对象名。

功能： 返回对象object的类型。

【示例1.2.12】

```
>>>Integer=365
>>>type(Integer)
<class 'int'>
>>>type(365)
<class 'int'>
```

输出结果<class 'int'>表明，变量Integer与对象365都是int类型，即整数类型。

1.2.5 类及其属性和方法

使用计算机处理的数据不仅仅是整数、浮点数、字符串等简单的数据，也可以是比较复杂的数据。例如，学生信息包括学号、姓名、性别、出生日期、联系电话、家庭住址等，这些信息是学生对象的共同属性。另外，对这些属性可以做初始化、插入、删除、修改、查找等操作。因此，不仅希望能够把这些属性作为一个整体来考虑，还希望能够把这些属性连同对这些属性的操作一起作为一个整体来考虑，这就产生了类的概念。

1. 概念

把同类对象的属性及对属性的操作封装在一起，所得到的数据类型称为类。

类内部的各个数据称为属性，也称为数据成员；对属性的操作称为方法，方法是通过函数实现的，所以也称为成员函数。因此，类是同类对象的属性和方法的抽象，对象是类的具体实例，也称为实例对象。

例如，如果把上述学生信息和对这些信息的操作看作是一个类，假设称为学生信息类，那么，学号、姓名、性别等属性都是学生信息类的数据成员，初始化、插入、删除等操作都是学生信息类的方法，即成员函数，每一个学生信息都

笔 记

PPT1−10
类及其属性和方法

PPT

微课 1−10
类及其属性和方法

笔 记

是一个实例对象。

在Python语言中，每一个数据类型都是类，某种数据类型的变量就是这个数据类型类一个实例对象。例如，整型数据类型就是一个整型类，如果有语句Integer=2，那么就创建了整型类的一个实例对象Integer。

2. 实例对象访问类属性和方法

实例对象创建后，可以通过"."运算符来访问类的属性和方法，具体格式如下。

1）访问类属性的格式：实例对象.属性名

2）访问类方法的格式：实例对象.方法名()

说明： 在IDLE交互模式（>>>提示符）下，调用dir(类型变量名)函数，可显示出当前Python版本该类型类的全部属性和方法列表。

【示例1.2.13】 获取整型类的属性和方法。

```
>>>Integer = 2 # 创建整型实例对象Integer
>>>dir( Integer ) # 获取整型类的属性和方法
['__abs__','__add__','__and__','__bool__','__ceil__','__class__','__delattr__', '__dir__', '__divmod__', '__doc__', '__eq__', '__float__', '__floor__', '__floordiv__', '__format__', '__ge__', '__getattribute__', '__getnewargs__', '__gt__', '__hash__', '__index__', '__init__', '__init_subclass__', '__int__', '__invert__', '__le__', '__lshift__', '__lt__', '__mod__', '__mul__', '__ne__', '__neg__', '__new__', '__or__', '__pos__', '__pow__', '__radd__', '__rand__', '__rdivmod__', '__reduce__', '__reduce_ex__', '__repr__', '__rfloordiv__', '__rlshift__', '__rmod__', '__rmul__', '__ror__', '__round__', '__rpow__', '__rrshift__', '__rshift__', '__rsub__', '__rtruediv__', '__rxor__', '__setattr__', '__sizeof__', '__str__', '__sub__', '__subclasshook__', '__truediv__', '__trunc__', '__xor__', 'bit_length', 'conjugate', 'denominator', 'from_bytes', 'imag', 'numerator', 'real', 'to_bytes']
```

显示出整型类的所有属性和方法。

文本 参考答案
课堂实践 1.2

【课堂实践1.2】 给出[-5,256]范围内的小整数对象是在启动Python解释器时创建的，其他整数是在程序执行时创建的实验方法和具体过程。

文本 参考答案
同步训练 1.2

【同步训练1.2】

一、单项选择题

1. 创建对象就是给对象分配内存空间，对象的内存空间是在（　　）分配的。

A. Python解释器启动时　　B. 程序执行时

C. Python解释器启动或程序执行时　　D. 以上都不对

2. Python语言中的每个对象都有3个要素，分别是（　　）。

A. 运算、标识和类型　　B. 运算、标识和值

C. 运算、类型和值　　D. 标识、类型和值

3. 对象的可变性是由（　　）决定的。

A. 运算　　B. 标识　　C. 类型　　D. 值

4. 以下选项中，符合Python语言标识符命名规则的是（　　）。

A. *I　　B. 3_1　　C. AI!　　D. Templist

5. 以下选项中，不符合Python语言标识符命名规则的是（　　）。

A. keyword33_　　B. 33_keyword　　C. _33keyword　　D. keyword_33

6. 以下选项中，不是Python语言关键字的是（　　）。

A. while　　B. continue　　C. goto　　D. for

7. 以下选项中，不是Python语言关键字的是（　　）。

A. except　　B. do　　C. pass　　D. if

8. 以下对Python中变量的描述错误的是（　　）。

A. Python 不需要显式声明变量类型，在第一次变量赋值时由值的类型决定变量的类型

B. 变量是所指向对象的引用

C. 变量必须在创建和赋值后使用

D. 变量 PI 与变量 Pi 被看作相同的变量

9. 以下说法错误的是（　　）。

A. 执行赋值语句时，并使赋值号左边的变量绑定到赋值号右边的对象

B. 一个对象可以有多个引用

C. 一个变量可以引用不同类型的对象

D. 使用del删除一个变量，就是删除变量引用的对象

10. 如果程序开始执行前的时间是start，程序执行完的时间是end，则程序的执行时间是（　　）。

A. start + end　　B. end – start　　C. start – end　　D. end

11. 使用import math命令，将math函数库导入解释器中，下列说法正确的是（　　）。

A. 可直接通过math函数库的函数名调用库函数

B. 需要通过import.函数名调用库函数

C. 需要通过math.函数名调用库函数

D. 需要通过import.math.函数名调用库函数

12. 以下关于 Python 内置函数的描述中，错误的是（　　）。

A. id()返回对象的值　　B. type() 返回一个对象对应的类型

C. id()返回对象的地址　　D. id() 返回对象的标识

二、知识填空题

1. Python语言中，整型、浮点型、复数型、字符串类型、布尔类型、空类型和________类型都是不可变类型。

2. Python语言中，字典类型、集合类型和________类型都是可变类型。

3. 不可变类型的对象都是________对象，可变类型的对象都是________对象。

4. 标识符的命名规则是以字母或下划线开头，由字母、数字、下划线组成，其中________可以是中文文字。

5. 标识符不能与系统________同名。

6. 在help>提示符下，输入________命令，可显示出当前Python版本的全部关键字。

7. 执行赋值语句时，通常系统将创建对象，并使赋值号左边的变量成为赋值号右边对象的________。

8. 在Python中，如果一个对象的引用数为0，Python虚拟机就会回收这个对象的________。

9. 通过函数可以使程序模块化，代码得到重复利用，因此，函数具有________。

10. 实例对象创建后，可以通过________来访问类的属性和方法。

1.3 数据输入和输出

Python3数据的输入和输出操作是通过调用函数来实现的，在Python3的内置函数库中提供了输入输出函数。

1.3.1 数据输入

PPT1−11
数据输入

PPT

Python3的数据输入是通过调用函数input()实现的。

1. input()函数

调用格式：[变量=]input([输入提示字符串])

功能：通过标准输入设备（键盘）接收字符串型数据，并返回接收的数据。

说明：

1）input是Python3数据输入内置函数的函数名，函数名后的一对圆括号必须写。

2）方括号的内容表示是可选项，下同。

微课 1−11
数据输入

3）输入提示字符串可有可无，若有必须用单撇号或双撇号括起来，起到提示用户输入的作用。

4）用户所输入的数据为字符串类型，若想接收其他类型的数据，必须使用类型转换函数，将所输入的字符串转换为所需类型。

【示例1.3.1】 使用int()函数将输入的整数字符串转换为整型数据。

```
>>>Integer = int( input( "请输入一个整数：" ) )
请输入一个整数：18
>>>Integer
18
```

【示例1.3.2】 使用float()函数将输入的浮点数字符串转换为浮点型数据。

```
>>>Float = float( input( "请输入一个实数：" ) )
请输入一个实数：3.14
>>>Float
3.14
```

5）使用字符串的split()方法可将一个以空格分隔的字符串截取为多个字符串。

笔 记

【示例1.3.3】 使用split()方法截取字符串。

```
>>>String="I am a student"
>>>String.split()
['I', 'am', 'a', 'student']
```

使用input()函数一次只能读取一个字符串，如果想一次读取多个同类型数据，可以使用内置函数map()与input()函数配合来完成。

2. map()函数

调用格式： map(function, iterable)

其中，function是一个函数，iterable是一个序列。

功能： 依次对序列中的每个元素调用函数function，完成函数function的操作，生成一个新的序列。

说明： 函数map()与input()配合使用可实现一次输入多个同类型数据。

【示例1.3.4】

```
>>>Integer1, Integer2, Integer3 = map(int, input( "请输入三个整数，用空格分隔：" ).split() )
请输入三个整数，用空格分隔：3 6 5 #用户输入3 6 5
>>>Integer1
3
>>>Integer2
6
>>>Integer3
5
```

说明： 使用input()接收的是一个字符串，经过方法split()截取为字符串序列，再经过map()函数的int()函数将每个子串转换为整型数据，实现一次输入多个数据；如果一次只需要输入一个数据，如一个整数，可直接写成Integer = int(input())。

1.3.2 数据输出

PPT1-12
print() 函数基本输出

PPT

Python3的数据输出是通过调用函数print()实现的。

1. print()函数基本输出

调用格式： print([输出表列[,sep=分隔符][,end=结束符]])

功能： 向标准输出设备（屏幕）输出数据，数据之间用“分隔符”分隔，最后输出“结束符”。

说明：

1）无可选项print()或无结束符选项，默认输出一个空行。

2）输出表列由多个输出项组成，输出项之间用逗号分隔，每个输出项都是有确定值的表达式。

微课 1-12
print() 函数基本输出

【示例1.3.5】

```
>>>Integer = 3
```

```
>>>print( Integer + 2, "Python", 8 )
5 Python 8
```

3）分隔符默认为一个空格符。

【示例1.3.6】 使用逗号“,”分隔符。

```
>>>Integer = 3
>>>print( Integer + 2, "Python", 8, sep = "," )
5,Python,8 # 输出项之间用“,”分隔
```

4）结束符默认为回车换行符。

【示例1.3.7】 使用@结束符。

```
>>>Integer = 3
>>>print( Integer + 2, "Python", 8, end = "@" )
5 Python 8@ # 输出结尾符号为@
```

PPT1－13
print() 函数格式化输出（1）

PPT

2. print()函数格式化输出

调用格式： print(格式化字符串%(输出表列))

功能： 向标准输出设备（屏幕）按格式化字符串规定的格式输出数据。

说明：

1）格式化字符串是用单撇号或双撇号括起来的字符串，它包括格式说明和文本文字两部分。

微课 1－13
print() 函数格式化输出（1）

【示例1.3.8】

```
>>>One = 3
>>>print( "One=%d" %( One ) )
One=3
```

其中，"One=%d"是格式化字符串，“%d”为格式说明，“One=”为文本文字。

2）输出表列由输出项组成，两个输出项之间用逗号分隔，输出项可以是常量、变量、表达式等，输出项的个数必须与格式说明的个数相同。

3）文本文字按原样输出。

4）格式说明由“%”开头，后跟修饰符及格式字符，格式说明与输出表列输出项的个数必须一致，即一个输出项对应一个格式说明，格式说明的作用是使对应的输出项按格式说明指定的格式输出。

5）格式字符及其含义详见表1.1。

表1.1 print()函数格式字符及含义

格式字符	含义	示例	输出结果
d/i	以带符号的十进制形式输出整数（正数不输出符号）	print("One=%i,Two=%d" %(3,-2))	One=3,Two=-2
o	以八进制形式输出整数	print("One=%o,Two=%o" %(13,-27))	One=15,Two=-33
x/X	以十六进制形式输出整数，用x/X对应数码a～f小/大写	print("One=%x,Two=%X" %(13,-27))	One=d,Two=-1B

续表

c	输出整数对应的unicode字符	print("%c" % 65)	A
s	输出字符串	print("%s" % 'Python')	Python
f/F	以小数形式输出浮点数，隐含6位小数	print("%F\n%f" %(3.14159,3.14159e02))	3.141590 314.159000
e/E	以指数形式输出浮点数，用e/E时，对应指数用e/E	print("%e\n%E" %(3.14159,3.14159e02))	3.141590e+00 3.141590E+02
g/G	选用%f和%e格式中输出宽度较短的一种格式，不输出无意义的0；用g/G时，对应指数用e/E	print("%g,%G" %(3.14159,3.14159e02))	3.14159,314.159
%	输出百分号%	print("%d%%" %(75))	75%

PPT1−14 print() 函数格式化输出（2）

微课 1−14 print() 函数格式化输出（2）

6）修饰符在使用时应加在格式字符和%之间，详见表1.2。

表1.2　print()函数修饰符及含义

修饰符	含义	示例	输出结果
m（正整数）	指定输出项所占的字符数（域宽），一个汉字占一个字符，当实际域宽超过规定域宽时按实际域宽输出	print("One=%4d" %(−2)) print("str=%11s" %('我学Python')) print("str=%6s" %('我学Python'))	One= −2 str= 我学Python str=我学Python
.n（正整数）	指定输出的浮点型数据的小数位数，系统默认小数位数为6	print("One=%7.3f" %(3.14159))	One= 3.142
0（数字）	指定数字前的空格用0填补	print("One=%07.3f" %(3.14159))	One=003.142
−或+	指定输出项的对齐方式，−表示左对齐，+表示右对齐	print("One=%−4d,Two=%+4d" %(3,−2))	One=3 ,Two= −2

【例1.2】　求矩形的面积。

源代码 例1.2

求矩形面积的Python程序代码如下：

```
1   Length, Wide = map(int,input\  # \为续行符
2   ( "请输入矩形长和宽（整数），用空格分隔：" ).split() )  # 数据输入
3   Area = Length * Wide  # 数据处理
4   print( "矩形的面积为：%d" % Area )  # 数据输出
```

程序中，第1、2行通过调用函数map()、input()实现一次输入两个数据，并将用户输入的数据分别赋给变量Length和Wide；第3行用来计算矩形的面积，并赋给变量Area；第4行用来输出程序的计算结果。

【课堂实践1.3】　仿照例1.2编写求矩形周长的Python程序。

文本 参考答案 课堂实践1.3

【同步训练1.3】

一、单项选择题

1. 下面关于input()函数的说法中，正确的是（　　）。

文本 参考答案
同步训练 1.3

A. 使用input()函数可以接收整型数据

B. 使用input()函数可以接收浮点型数据

C. 使用input()函数可以接收字符串型数据

D. 使用input()函数一次可以接收多个字符串型数据

2. 关于 int()与input() 函数配合使用，以下描述中正确的是（　　）。

A. 如果用户输入的是整型数据，则使用int(input())接收的就是整型数据

B. 如果用户输入的是浮点型数据，则使用int(input())接收的是四舍五入后得到的整型数据

C. 如果用户输入的是浮点型数据，则使用int(input())接收的是截断小数后得到的整型数据

D. 使用int(input())可以一次接收多个整型数据

3. 关于 float()与input() 函数配合使用，以下描述中正确的是（　　）。

A. 如果用户输入的是整型数据，则使用float(input())接收的就是整型数据

B. 如果用户输入的是整型数据，则使用float(input())接收的就是浮点型数据

C. 如果用户输入的是整型数据，则使用float(input())接收将给出语法错误

D. 使用float(input())可以一次接收多个浮点型数据

4. 关于字符串的split()方法，以下描述中错误的是（　　）。

A. 字符串.split() 能够截取若干个不带空格的字符串

B. split()默认分隔符为空格，可以指定其他分隔符

C. 字符串.split(',',2)表示以逗号为分隔符，截取2个子串

D. 字符串.split(',',2)表示以逗号为分隔符，截取3个子串

5. 关于 map()、int()与input().split() 函数配合使用，以下描述中错误的是（　　）。

A. 使用map(int,input().split())输入的数据之间必须用空格分隔

B. 使用map(int,input().split())接收的数据是一个整数序列

C. 使用map(int,input().split())输入的数据之间必须用空格分隔，用户可输入任意类型数据

D. 使用map(int,input().split())可以一次接收多个整数数据

6. 以下描述中错误的是（　　）。

A. 使用int(input())可以输入一个整数

B. 使用map(int,input().split())可以输入多个整数

C. 使用map(float,input().split())可以输入多个浮点数

D. 使用map(float,input())可以输入多个浮点数

7. 下面代码的输出结果是（　　）。

```
x = 12.34
print(type(x))
```

A. <class 'int'>　　B. <class 'float'>

C. <class 'bool'>　　D. <class 'complex'>

8. 以下输出结果不是“1,1”的是（　　）。

A. print("1,1")　　B. print(1,1)

C. print(1,1,sep=',')　　D. print("1",",","1")

9．以下选项中，输出结果与其他都不同的是（　　）。

A．print("Python")　　B．print('Python\n')

C．print("Python",sep="\n")　　D．print("Python",end="\n")

10．以下程序的输出结果是（　　）。

```
k=11
print("%d,%o,%x"%(k,k,k))
```

A．11,12,11　　B．11,13,13　　C．11,013,0xb　　D．11,13,b

11．语句print("|%-06d|"% 8567)的输出结果是（　　）。

A．输出语句有语法错误　　B．|008567|　　C．|8567 |　　D．|-08567|

12．语句print("One=%07.2F" %(2.71828)) 的输出结果是（　　）。

A．输出语句有语法错误　　B．One= 2.72　　C．One=0002.71　　D．One=0002.72

二、知识填空题

1．Input()函数接收的数据为________类型。

2．函数________与input()配合使用可实现一次输入多个同类型数据。

3．使用print([输出表列[,sep=分隔符][,end=结束符]])输出数据之间的默认分隔符是________。

4．使用print([输出表列[,sep=分隔符][,end=结束符]])输出的默认结束符是________。

5．使用print()进行格式化输出二进制、八进制、十进制、十六进制整数，不能输出的进制是________。

第2章 基本数据类型和操作

在使用程序设计语言解决实际问题时，需要用到数据及对这些数据所进行的操作，对数据能够进行哪些操作是由数据类型决定的。Python语言中的数据类型包括基本数据类型和序列（也称为组合）数据类型。

序列数据类型是由基本数据类型组合而成，本章主要介绍基本数据类型及其操作。

2.1 基本数据类型

基本数据类型包括数字类型、布尔型、空类型和字符串类型，其中数字类型包括整型、浮点型、复数型。

2.1.1 整型

PPT2-1
整型

PPT

整型（int类型）用来表示程序中用到的整数。整型数据包括十进制整数、八进制整数、十六进制整数、二进制整数。Python语言中整数的取值范围不受限制，可以表示任意大小的整数。

1. 十进制整数的表示

用数码0～9、正负号表示的整数为十进制整数。

【示例2.1.1】 32，-7，0等都是十进制整数。

2. 八进制整数的表示

微课 2-1
整型

以数字0和字母o或O开头，用数码0～7、正负号表示的整数为八进制整数。以0o或0O开头代表所表示的数为八进制数，用以区别其他进制整数。

【示例2.1.2】 0o27、0O36、-0o15等都是合法的八进制整数，而0O49是不合法的八进制整数，因为0O49中有数码9。

3. 十六进制整数的表示

以数字0和字母x或X开头，用数码0～9、a～f或A～F、正负号表示的整数为十六进制整数。以0x或0X开头代表所表示的数为十六进制数，用以区别其他进制整数。

【示例2.1.3】 0xa8、0X59、-0X39等都是十六进制整数，而0xag、2f等都不是合法的十六进制整数，因为0xag中有符号g，2f前没有以0x开头。

4. 二进制整数的表示

以数字0和字母b或B开头，用数码0和1、正负号表示的整数为二进制整数。以0b或0B开头代表所表示的数为二进制数，用以区别其他进制整数。

【示例2.1.4】 0b10111、-0B1101、0b0等都是二进制整数，而0b102是不合法的二进制整数，因为0b102中有数码2。

【例2.1】 将十进制整数365转换为二进制、八进制和十六进制整数。

解： 将十进制整数转换为B进制整数，采用B除取余法。将365转换为十六进制整数，采用16除取余法，具体过程见表2.1。

表2.1 转换过程表

除数	被除数（商）	余数
16	365	
16	22	13
16	1	6
	0	1

因此，365=0x16d。

同样方法，可以将365转换为八进制数和二进制数。

另外，由于$2^4=16^1$，$2^3=8^1$，所以，一位十六进制数对应四位二进制数，一位八进制数对应三位二进制数，具体对应关系详见表2.2。

表2.2 八进制、十六进制数码与二进制数对应关系表

八进制数码	0	1	2	3	4	5	6	7
三位二进制数	000	001	010	011	100	101	110	111
十六进制数码	0	1	2	3	4	5	6	7
四位二进制数	0000	0001	0010	0011	0100	0101	0110	0111
十六进制数码	8	9	a	b	c	d	e	f
四位二进制数	1000	1001	1010	1011	1100	1101	1110	1111

由于365=0x16d，依据对应关系表可以得到365=0x16d=0b000101101101=0b101101101=0o555。

【课堂实践2.1】 将十进制整数347转换为二进制、八进制和十六进制整数。

文本 参考答案 课堂实践 2.1

2.1.2 浮点型

浮点型（float类型）用来表示程序中用到的实数。浮点型数据只有十进制表示，包括小数形式和指数形式。

PPT2-2 浮点型和复数型

1. 小数形式

由数码0-9、正负号和小数点（必须有小数点）组成的十进制小数表示的实数。

小数形式可以用来表示任意大小的实数，但绝对值较大或较小的实数通常不用这种形式表示，而是用指数形式表示。

【示例2.1.5】 3.14、–0.271、0.0、0.、.6 等都是小数形式的浮点数。

2. 指数形式

由尾数、字母e或E、阶码三部分组成，其中尾数为十进制小数或整数，阶码为–323至308的十进制整数。

指数形式可以用来表示任意大小的实数，但通常用来表示绝对值较大或较小的实数。

微课 2-2 浮点型和复数型

【示例2.1.6】 3.14159e2表示十进制数3.14159×10^2，31415.9E-2表示十进制数31415.9×10^{-2}，它们都表示十进制小数314.159；1e03表示十进制数1×10^3，这里的尾数1不能省；而E03、2e314都是不合法的浮点数，因为E03中缺少尾数；2e314中阶码超过了阶码的范围。

3. inf和nan

实际上，不论是用小数形式表示的浮点数，还是用指数形式表示的浮点数，都是有范围的，绝对值最大不能超过1.797693×10^{308}，超过的分别用inf和–inf来表示；绝对值最小不能小于1×10^{-323}，小于的分别用0和–0来表示。

（1）正负无穷大的表示

Python使用float('inf')来表示正无穷大（infinity），其中的inf不区分大小写，float('inf')的值为inf；使用float('–inf')来表示负无穷大，其中的inf不区分大小写，float('–inf') 的值为–inf。

笔 记

（2）非数字的表示

由于两个正无穷大相减或正无穷大与负无穷大相加等算术运算的结果是一个不确定的数，即非数字（not a number），因此，Python用float('nan')来表示非数字，其中的nan不区分大小写，float('nan')的值为nan。

【示例2.1.7】 inf、-inf、nan之间的运算。

```
>>>INF = float('inf')
>>>_INF = float('-inf')
>>>NaN = float('nan')
>>>INF+INF
inf # 两个正无穷大的和还是正无穷大
>>>INF - INF
nan # 正无穷大与正无穷大的差是非数字
>>>_INF+_INF
-inf # 两个负无穷大的和还是负无穷大
>>>INF + _INF
nan # 正无穷大与负无穷大的和是非数字
>>>INF + NaN
nan # 正无穷大与非数字的和是非数字
>>>NaN + NaN
nan # 两个非数字的和还是非数字
```

2.1.3 复数型

复数型（complex类型），如复数a+bi，在Python中用a+bj或a+bJ来表示。其中，a为复数的实部（real），b为复数的虚部（imag），a和b都是浮点数，j或J为虚数单位，1j或1J等同于数学中的虚数单位i。

【示例2.1.8】 2+0.2e2j、5.3-2J、3-0j、1J等都是合法的复数，而2+j、J都是不合法的复数，因为它们都缺少虚部。

2.1.4 布尔型和空值型

PPT2-3
布尔型和空值型

PPT

1. 布尔型（bool类型）

布尔类型数据用来描述条件判断的结果，当条件成立时，结果为真；当条件不成立时，结果为假。

在Python语言中，布尔类型共有两个值，True用来表示真，False用来表示假。True和False都是关键字，它们都是常量，True对应整数值1，False对应整数值0。

当把其他类型数据作为布尔值使用时，整数0、浮点数0.0、复数0j、空字符串''、空值None等都被认为是False，其他值都被认为是True。

注意：True和False的第1个字母必须大写，其他字母必须小写。

微课 2-3
布尔型和空值型

【示例2.1.9】 使用int()函数查看布尔值对应的整数值。

```
>>>int( True )
1
>>>int( False )
0
```

2. 空值型（NoneType类型）

空值是Python里的一个特殊值，用None表示。None表示该值是一个空对象，其类型为空值类型NoneType。None是关键字，是一个常量，None的第1个字母必须大写，其他字母必须小写。

可以将None赋值给任何变量，也可以给None值的变量赋值。

2.1.5 字符串型

1. 字符串

用单撇号、双撇号或三撇号（即三个单撇号）括起来的字符序列称为字符串（str类型）。字符串中含字符的个数称为该字符串的长度。

说明：

1）用于括字符串的撇号不是字符串中的字符，只起到区别其他对象（变量）的作用。

2）用单撇号或双撇号括起来的字符串只能写在一行。

3）用三撇号括起来的字符串称为文档字符串，可以写多行，通常函数定义中的注释使用文档字符串，详见第5章。

4）字符串中的字符采用的是Unicode字符编码，可以包含中文字符，一个中文文字算一个字符。

【示例2.1.10】 字符串“我学Python&C”的长度为10。

5）如果字符串中含有单撇号，应使用双撇号来括，如果字符串中含有双撇号，应使用单撇号来括。

【示例2.1.11】

```
>>>"Python" # Python是字符串内容，双撇号不是
>>>"I' m a shtudent" # 字符串中含有单撇号，使用双撇号来括
>>>'He said, "Python is easy to learn".' # 字符串中含有双撇号，使用单撇号来括
```

2. 转义字符

字符串中可以包含Unicode字符编码中的控制字符，控制字符使用转义字符来表示。另外，如果字符串中既有单撇号又有双撇号，那么单撇号和双撇号都需要使用转义字符。

以反斜杠“\”开头，后跟一个规定的字符或数字串，用来表示一个字符，这种表示形式称为转义字符。

转义字符有以下4种形式：

PPT2-4
字符串型
PPT

微课 2-4
字符串型

笔 记

1）以反斜杠“\”开头后跟一个规定的字母，代表一个控制字符。

2）\\代表反斜杠字符“\”，\'代表单撇号字符“'”，\"代表双撇号字符“"”等。

3）以反斜杠开头后跟1~3位八进制数，代表ASCII码值为该八进制数的字符（此方法可表示Unicode字符集中的前512个字符）。

4）以反斜杠和小写字母x开头，即以\x开头后跟2位十六进制数，代表ASCII码值为该十六进制数的字符（可表示Unicode字符集中的前256个字符）。

关于转义字符及含义见表2.3。

表2.3 转义字符及含义

字符形式	含义	Unicode值（十进制）
\a	响铃	7
\b	退格（将光标前移一列）	8
\t	水平制表（横向跳格到下一个制表区）	9
\n	回车换行（将光标移到下一行开头）	10
\v	垂直制表（竖向跳格）	11
\f	换页（将光标移到下页开头）	12
\r	回车（将光标移到本行开头）	13
\"	双撇号字符“"”	34
\'	单撇号字符“'”	39
\\	反斜杠字符“\”	92
\0	空字符	0
\ddd	ddd为1～3位八进制数，ddd所代表的字符	需要转换
\xhh	hh为1～2位十六进制数，hh所代表的字符	需要转换

笔 记

说明：

1）注意\n和\r的区别，\n是回车换行，而\r只是回车但不换行。

2）\t的作用是横向跳格，屏幕的每一行被分为10个制表区，每个制表区占8列。

3）\0代表Unicode值为0的控制字符NUL，即空操作。

【示例2.1.12】 'a'、'\141'、'\x61'都是合法的字符串，都代表字符a；'\n'、'\12'都代表控制字符“回车换行”；而'\29'、'\x3g'都是不合法的字符，因为'\29'中有数码9，'\x3g'中有字符g。

3. raw字符串

如果不想使字符串中的字符具有转义含义，可以使用raw字符串，raw字符串也称为原始字符串。

在字符串前面加个前缀r，表示这个字符串是一个 raw 字符串，里面的转义字符将不被转义。

【示例2.1.13】 raw 字符串。

```
str1="C:\windows\bin\next\p" # 普通字符串，其中的\b、\n将按转义字符处理
```

```
str2=r"C:\windows\bin\next\p" # raw字符串，其中的转义字符\b、\n不被转义
print(str1)
print(str2)
```

程序执行结果：

C:\windowin

ext\p

C:\windows\bin\next\p

PPT2-5 使用内置函数format()对字符串格式化

PPT

4. 使用内置函数format()对字符串格式化

调用格式： format(值[,格式规范])

功能： 按格式规范规定的格式对值进行格式化，返回值是一个字符串。

说明：

1）值可以是整型、浮点型和字符串类型。

2）格式规范由[[填充]对齐][符号][#][域宽][,][.精度][类型]按顺序组成，必须用单撇号或双撇号或三撇号（即三个单撇号）括起来。

3）格式规范所使用的字符及含义详见表2.4。

微课 2-5 使用内置函数format() 对字符串格式化

表2.4 format()函数格式规范字符及含义

格式规范	符号	含义	示例
类型	b	值为带符号的二进制形式整数，仅对整数有效	print(format(−43,"b")) # 输出：−101011
	d	值为带符号的十进制形式整数，仅对整数有效	print(format(−43,"d")) # 输出：−43
	o	值为八进制形式整数，仅对整数有效	print(format(−43,"o")) # 输出：−53
	x/X	值为十六进制形式整数，用x/X对应数码a ~ f小/大写，仅对整数有效	print(format(−43,"x")) # 输出：−2b print(format(−43,"X")) # 输出：−2B
	c	值为整数对应的unicode字符，仅对[0,65535]范围内的整数有效	print(format(43,"c")) # 输出：+
	s	值为字符串	print(format('Python','s')) # 输出：Python
	f/F	值为小数形式的浮点数，隐含6位小数	print(format(3.14159e02,"f")) # 输出：314.159000
	e/E	值为指数形式的浮点数，用e/E时，对应指数用e/E	print(format(314.159,"E")) # 输出：3.141590E+02

	g/G	假设p为格式规范中指定的精度，先尝试采用指数形式，得到阶码exp
		如果−4<=exp<p，则采用小数形式，并保留p−1−exp位小数；
		否则采用指数形式，并保留p−1位小数
			print(format(314.159,".5g"))
			# 输出：314.16
			print(format(3141.59,".3G"))
			# 输出：3.14E+03
			print(format(0.000314159,".5g"))
			# 输出：0.00031416
			print(format(0.0000314159,".5g"))
			# 输出：3.1416e−05

	%	值为百分比值及百分号%，默认小数点后取6位	print(format(43,".2%")) # 输出：4300.00%
精度	.正整数	指定浮点型值的小数位数或指定字符串中字符的个数	print(format(3.14159e02,".4f")) # 输出：314.1590 print(format('Python',".4s")) # 输出：Pyth

续表

格式规范	符号	含义	示例
千位符	,	为整数部分添加千位分隔符	print(format(-4300,",d")) # 输出：-4,300
域宽	正整数	指定值所占的字符数（域宽），一个汉字占一个字符，当实际宽度超过规定域宽时按实际宽度	print(format('我学Python',"10s")) # 输出：我学Python
前缀	#	对二进制、八进制、十六进制整数加前缀	print(format(-43,"#b")) # 输出：-0b101011
符号	+	正号加正号，负号加负号	print(format(43,"+d")) # 输出：+43
	-	正号不变，负号加负号，为默认情况	print(format(43,"-d")) # 输出：43
	空格	正号加空格，负号加负号	print(format(43," d")) # 输出： 43
对齐	<	左对齐，默认	print(format(-43,"<6d"))# 输出：-43
	>	右对齐	print(format(-43,">6d"))# 输出： -43
	=	内容右对齐，将符号放置在填充字符的左侧，且只对数字类型有效	print(format(-43,"=06d")) # 输出：-00043
	^	居中对齐	print(format(-43,"^6d")) # 输出：-43

填充	任意字符	当值的实际宽度小于指定域宽时，多出的部分用指定字符填充，缺省时用空格填充。必须与对齐符配合使用	print(format('我学Python',"!<10s"))
			# 输出：我学Python!!
			print(format(-43,"b<6d"))
			# 输出：-43bbb
			print(format(-43,"b^6d"))
			# 输出：b-43bb

PPT2-6
使用 format() 方法对字符串格式化

PPT

5. 使用format()方法对字符串格式化

在第1章介绍的使用百分号“%”格式化字符串的方法，只能对整型、浮点型和字符串类型进行格式化，具有一定的局限性，而且当需要格式化的字符串较长，输出项较多时，代码冗长、不易读、易出错。为克服这一问题，Python 2.6版本推出了使用format()方法对字符串格式化。

微课 2-6
使用 format() 方法对字符串格式化

format()方法调用格式： 格式字符串. format(参数1, 参数2,⋯, 参数n)

格式字符串调用format()方法使用“.”运算符，format()方法中的参数可以是常量、变量、表达式，甚至可以是函数调用。通常与print()函数配合使用，在程序中实现格式化输出。

格式字符串： 格式字符串包括文本文字或替换字段。

非替换字段的文字为文本文字，文本文字按原样处理，文本文字和替换字段都可以含有多个。

替换字段格式： {序号或关键字[:格式规范]}

作用： 使用format()方法中的对应参数值替换格式字符串中对应的替换字段，对格式字符串进行格式化，返回格式化后字符串的副本。

说明：

1）替换字段使用花括号括起来，由序号（或关键字）和格式规范（格式规范前必须加冒号）组成。

笔 记

2）序号是format()方法中对应参数的位置，序号从0至n-1，分别对应参数1、参数2……参数n，将使用对应的参数值替换对应的替换字段，缺省序号按顺序进行替换。

【示例2.1.14】 按顺序（默认）替换。

```
>>>One=13
>>>Two=46
>>>print("{0}+{1}={2}".format(One,Two, One+Two))
13+46=59
>>>print("{}+{}={}".format(One,Two, One+Two)) # 省略序号，按顺序替换
13+46=59
```

【示例2.1.15】 按指定序号替换。

```
>>>One=13
>>>Two=46
>>>print("{1}-{0}={2}".format(One,Two,Two-One))
46-13=33
```

3）关键字是format()方法中对应参数的名字，将用关键字参数值替换关键字名相同的替换字段。

【示例2.1.16】 序号和关键字混合使用。

```
>>>One=13
>>>Two=46
>>>print("{1}/{0}={key}".format(One,Two,key=Two/One))
46/13= 3.5384615384615383
```

4）格式规范用于规定format()方法中对应参数值的替换方式，由[[填充]对齐][符号][#][域宽][,][.精度][类型]按顺序组成，格式规范所使用的字符及含义与format()函数格式规范字符相同，详见表2.4。

【示例2.1.17】 使用二进制、八进制、十六进制格式。

```
>>>One=13
>>>Two=46
>>>print("{0:#b}+{1:#o}={2:#x}".format(One,Two, One+Two))
0b1101+0o56=0x3b
```

【示例2.1.18】 使用域宽和居中对齐。

```
>>>One=13
>>>Two=46
>>>print("{0:^6}+{1:^6}={2:^6}".format(One,Two, One+Two))
  13  +  46  =  59
```

【示例2.1.19】 使用浮点格式和小数位数。

```
>>>One=13
>>>Two=46
```

笔 记

```
>>>Three='我学Python&C'
>>>print("{1}/{0}={2:.3f}".format(One,Two,Two/One))
46/13=3.538
>>>print("{0:.8s}".format(Three))
我学Python
```

【示例2.1.20】 使用填充符。

```
>>>One=13
>>>Two=46
>>>print("{0:#^6}+{1:^6}={2:%^6}".format(One,Two, One+Two))
##13##+ 46 =%%59%%
```

5）在格式规范中可以使用花括号括起来的序号，此时用序号对应的参数作为格式规范字符。

【示例2.1.21】 使用参数作为格式规范字符。

```
>>>One=13
>>>Two="^"
>>>Three='我学Python&C'
>>>print("{3:{0}{2}{1}}".format("!",One,Two,Three))
!我学Python&C!!
```

6. 使用f字符串对字符串格式化

使用format()方法对字符串格式化，解决了使用百分号“%”格式化字符串具有局限性的问题，但仍然存在代码冗长的问题。Python 3.6版本推出了使用f字符串对字符串格式化，f字符串是一种格式化字符串的新方法。与其他格式化方法相比，它不仅更简洁、易读，且不易出错、速度快。

PPT2-7 使用 f 字符串对字符串格式化

PPT

f字符串格式： f格式字符串

以字母f开头，f可以小写也可以大写，格式字符串是用单撇号或双撇号或三撇号（即三个单撇号）引起的字符串。

格式字符串： 格式字符串包括文本文字或替换字段。

非替换字段的文字为文本文字，文本文字按原样处理，文本文字和替换字段都可以含有多个。

微课 2-7 使用 f 字符串对字符串格式化

替换字段格式： {表达式[:格式规范]}

作用： 在程序执行时按格式规范规定的格式使用表达式的值替换替换字段。

说明：

1）表达式必须有确定的值，可以包含常量、变量和函数调用等。

2）缺省格式规范，直接用表达式的值进行替换。

【示例2.1.22】 缺省格式规范。

```
>>>One=13
>>>Two=46
>>>print(f"{ One }+{ Two }={ One+Two }")
```

笔 记

13+46=59

3）格式规范用来指定表达式值的替换方式，由[[填充]对齐][符号][#][域宽][,][.精度][类型]按顺序组成，格式规范所使用的字符及含义与format()函数格式规范字符相同，详见表2.4。

【示例2.1.23】 使用二进制、八进制、十六进制格式。

```
>>>One=13
>>>Two=46
>>>print(f"{One:#b}+{Two:#o}={One+Two:#x}")
0b1101+0o56=0x3b
```

【示例2.1.24】 使用域宽和居中对齐。

```
>>>One=13
>>>Two=46
>>>print(f"{One:^6}+{Two:^6}={One+Two:^6}")
  13  +  46  =  59
```

【示例2.1.25】 使用浮点格式和小数位数。

```
>>>One=13
>>>Two=46
>>>Three='我学Python&C'
>>>print(f"{Two}/{One}={Two/One:.3f}")
46/13=3.538
>>>print(f"{Three:.8s}")
我学Python
```

【示例2.1.26】 使用填充符。

```
>>>One=13
>>>Two=46
>>>print(f"{One:#^6}+{Two:^6}={One+Two:%^6}")
##13##+  46  =%%59%%
```

4）在格式规范中可以使用花括号括起来的表达式，此时用表达式对应的值作为格式规范字符。

【示例2.1.27】 使用表达式作为格式规范字符。

```
>>>One=13
>>>Two="^"
>>>Three='我学Python&C'
>>>print(f"{Three:!{Two}{One}}")
!我学Python&C!!
```

5）在文本文字中可以使用转义字符，但在表达式中不能使用转义字符。

【示例2.1.28】 在文本文字中使用转义字符。

```
>>> print(f"人生苦短，我用\"{'Python'}\"")
```

人生苦短，我用"Python"

6）如果需要在替换结果中含有花括号，则须将表达式用两对花括号括起来。

【示例2.1.29】 替换结果含有花括号。

>>> print(f"人生苦短，我用{{Python}}")

人生苦短，我用{Python}

源代码 例 2.2

【例2.2】 制作简易名片。

名片上的信息由用户输入，包括单位、姓名、职务、手机，名片上下使用“*”包围。

程序代码：

```
1  Company,Name,Duties,Phone = input( \
2      "请输入单位、姓名、职务、电话、用空格分隔: ").split()
3  Wide = 32
4  Wide1 = 6
5  print(f"{'*':{'*'}>{Wide}}\n")
6  print(f"{'姓名':>{Wide1}}: {Name}\n{'职务':>{Wide1}}: {Duties}")
7  print(f"{'电话':>{Wide1}}: {Phone}\n{'单位':>{Wide1}}: {Company}")
8  print(f"\n{'*':{'*'}>{Wide}}")
```

程序中，第1、2行通过input()函数输入单位、姓名、职务和电话存放到相应变量中；第3、4行定义两个变量用来表示域宽；第5～8行使用f字符串和print()函数输出名片上的相关信息。

注意：在以后的章节中，一般使用print()函数的基本输出格式进行输出；而对于嵌入值的输出，特别是规定输出格式的输出，将使用f字符串作为print()函数的参数实现。

文本 参考答案 课堂实践 2.2

【课堂实践2.2】 使用f字符串实现将用户通过键盘输入一个日期，按“你输入的日期是：xxxx年xx月xx日”格式进行输出，要求：年份的域宽为6，居中，月份的域宽为4，居中，日的域宽为4，居中。

文本 参考答案 同步训练 2.1

【同步训练2.1】

一、单项选择题

1. 下面关于整数的表示中，是合法二进制整数的是（　　）。

A. 0b12　　B. 0b10　　C. 0o10　　D. 0x10

2. 下面关于整数的表示中，是合法八进制整数的是（　　）。

A. 037　　B. 0b37　　C. 0o37　　D. 0x37

3. 下面关于整数的表示中，是合法十六进制整数的是（　　）。

A. 0x37　　B. b3　　C. 0b3　　D. 0xg3

4. 下面关于浮点数的表示中，是合法指数形式浮点数的是（　　）。

A. 3.14　　B. 31.4*e-1　　C. $31.4*10^{-1}$　　D. 31.4e-1

5. 下面关于浮点数的说法正确的是（　　）。

A．浮点数有八进制和十六进制表示，没有二进制表示

B．浮点数有二进制和八进制表示，没有十六进制表示

C．浮点数有二进制和十六进制表示，没有八进制表示

D．浮点数只有十进制表示，没有二进制、八进制和十六进制表示

6．下面关于正无穷大的表示不正确的是（　　）。

A．inf　　B．float('inf')

C．float('Inf')　　D．float('INF')

7. 下面关于非数字的表示中，说法正确的是（　　）。

A．Python语言中没有非数字

B．非数字用nan来表示

C．非数字用float('nan')来表示，其中的nan不区分大小写

D．非数字用float('nan')来表示，其中的nan必须都是小写

8．下面关于复数的表示中，是合法复数的是（　　）。

A．0　　B．0J　　C．j　　D．J

9．下面关于布尔类型说法中，正确的是（　　）。

A．true和false都是关键字，他们都是常量

B．True对应整数值非0，False对应整数值1

C．整数0、浮点数0.0、复数0j、空字符串等都被认为是False，其他值都被认为是True

D．True和False中的字母不区分大小写

10．下面选项中，均是合法转义字符的是（　　）。

A．'\"'，'\\'，'\n'　　B．"\"，'\017'，'\='

C．'\018'，'\f'，'xab'　　D．'\0'，'\101'，'xlf'

11．已知s="Python"，f"{s:4}"中4的含义是（　　）。

A．4是填充字符　　B．4是对齐方式

C．4是指定域宽　　D．4是小数位数

12．在format()内置函数或format()方法或f字符串的格式规范中，若不指定类型（　　）。

A．将报错　　B．将给出异常

C．将按整型处理　　D．将按实际类型处理

13．在format()内置函数或format()方法或f字符串中的格式规范（　　）。

A．必须用撇号括起来

B．必须用花括号括起来

C．format()内置函数和format()方法用撇号括起来，f字符串用花括号括起来

D．format()内置函数用撇号括起来，format()方法和f字符串用花括号括起来

14．以下程序的输出结果是（　　）。

```
s1 ="企鹅"
s2 ="超级游泳健将"
print("{0:^4}:{1:!<9}".format(s1,s2))
```

A．　企鹅:超级游泳健将!!!　　B．企鹅　:超级游泳健将!!!

C．企鹅　:!超级游泳健将!!　　D．　企鹅　:超级游泳健将!!!

15. 以下程序执行时，用户输入3，则程序的执行结果是（　　）。

```
r = input("请输入半径: ")
Area = 3.14 * r * r
print("{:.0f}".format(Area))
```

A. 27　　B. 28　　C. 28.26　　D. TypeError

16. 语句print(f"{'Python':*^10.4}")的执行结果是（　　）。

A. ***Pyth***　　B. **Python**　　C. Pyth　　D. Python

17. 以下程序的执行结果是（　　）。

```
a = 9
b = "!"
c = "Python"
print("{2:{1}<{0}}\t{1:{0}>{0}}".format(a,b,c))
```

A. Python!!! 99999999!　　B. Python!!! 9!!!!!!!!

C. Python999 99999999!　　D. Python999　　!!!!!!!!9

18. 以下程序的执行结果是（　　）。

```
a = 9
b = "!"
c = "Python"
print(f"{c:{a}>{a}}\t{a:{b}>{a}}")
```

A. Python!!! 99999999!　　B. Python!!! 9!!!!!!!!

C. Python999 99999999!　　D. 999Python　　!!!!!!!!9

19. 以下程序的执行结果是（　　）。

```
a = 10
b = "^"
c = "程序设计"
d = "*"
print(f"{c:{d}{b}{a}}")
```

A. *程序设计*　　B. ***程序设计***

C. ******程序设计　　D. 程序设计**

20. 以下程序的执行结果是（　　）。

```
a = 123
b = "#"
print(f"{a:{b}b}")
```

A. 1110111　　B. 0b1110111

C. 0b1111011　　D. SyntaxError

二、知识填空题

1. 浮点型用来表示程序中用到的实数，浮点型数据只有十进制表示，包括________形式和________形式两种。

2. 负无穷大float('-inf')的值是________。

3. 布尔类型共有两个值，________用来表示真，________用来表示假。

4. 空值是Python里的一个特殊值，用________表示，________表示该值是一个空对象。

5. 字符串中的字符采用的是________字符编码。

6. 在字符串前面加个前缀________，表示这个字符串是一个 raw 字符串，里面的转义字符将不被转义。

2.2 运算符

用来表示运算的符号称为运算符，通过运算符可以完成对运算对象的操作，实现程序的处理功能。

Python中的运算符主要包括算术运算符、赋值运算符、关系运算符、逻辑运算符、同一运算符、成员运算符和位运算符。其中，关系运算符、逻辑运算符、同一运算符和成员运算符将在第3章介绍，本章仅介绍算术运算符、赋值运算符和位运算符。

2.2.1 算术运算符

PPT2−8 算术运算符

微课 2−8 算术运算符

算术运算符用来完成对整数、浮点数或复数对象的操作，并创建新对象。

算术运算符包括+（加）、-（减）、*（乘）、**（乘幂）、/（除）、//（整除）、%（取余）。

算术运算符的运算规则见表2.5。

表2.5 算术运算符及运算规则

运算符	运算规则	示例
+	a+b：求a与b的和。当a、b至少有一个复数时，结果为复数型；当a、b至少有一个浮点数（无复数）时，结果为浮点型；当a、b都是整数时，结果为整型	print(5+3,-5.7+6,5+(1+3j),sep=',') # 输出：8,0.2999999999999998,(6+3j) # 注：-5.7+6等于0.3
-	a-b：求a与b的差，同运算符“+”。 -a：取a的相反数	print(5-3,5-6.2,5-(1+3j),--5,sep=',') # 输出：2,-1.2000000000000002,(4-3j),5 # 注：5-6.2等于-1.2
*	a*b：求a与b的积，同运算符“+”。	print(5*3,5*3.0,sep=',') # 输出：15,15.0
**	a**b：求a的b次幂。当a、b至少有一个复数时，结果为复数型；当a、b无复数时，结果为整型或浮点型。当除不尽时，采用四舍五入，保留14～16位小数	print(5**3,5**0.5,5**-2,(1+3j)**2,sep=',') # 输出：125,2.23606797749979,0.04,(-8+6j)
/	a/b：求a与b的商。当a、b至少有一个复数时，结果为复数型；当a、b无复数时，结果为浮点型。当除不尽时，采用四舍五入，保留14～16位小数	print(5/3,5/(1+3j),sep=',') #输出：1.6666666666666667,(0.49999999999999994-1.5j) # 注：5/(1+3j)等于0.5-1.5j

笔 记

续表

运算符	运算规则	示例
//	a//b：取a被b除所得商数的整数部分。运算对象为整型或浮点型。当a、b至少有一个浮点数时，结果为浮点型；当a、b都为整数时，结果为整型	print(5//3,5//-3,-5.7//3,-5.7//-3,sep=',') # 输出：1,-2,-2.0,1.0
%	a%b：取a被b除的余数，结果取b的符号。运算对象为整型或浮点型。当a、b至少有一个浮点数时，结果为浮点型；当a、b都为整数时，结果为整型	print(5%3,5%-3,-5.7%3,-5.7%-3,sep=',') # 输出：2,-1,0.2999999999999998,-2.7 # 注：-5.7%3等于0.3

说明：

1）上表示例中出现的近似输出问题，是由于数据在内存中采用二进制形式进行存储，而许多浮点数在用二进制表示时只能近似表示，不能精确表示，因此，浮点数可能会出现误差，导致数据不能精确输出。

2）a//b的结果是不大于a/b的商的最大整数。

【示例2.2.1】 print(3/5,3//5,-3/5,-3//5,sep=',')。

输出结果：0.6,0,-0.6,-1

3）如果a、b都是整数，并且b≠0，那么(a//b)*b+a%b等于a，即一个整数被非零整数除所得的商与非零整数的乘积加上所得的余数等于这个数。

【示例2.2.2】 print(-3//5,-3%5,sep=',')。

输出结果：-1,2

显然，-1*5+2等于-3。

4）算术运算符的优先级别高于其他运算符；算术运算符的优先级别由高到低依次为**（乘幂）、+-（正负号）、*（乘）/（除）//（整除）%（取余）、+（加）-（减）。

【例2.3】 提取两位正整数的各位数码。

给定一个两位正整数n，用n表示n的十位和个位数码。

解： n的十位数码可表示为n//10；n的个位数码可表示为n%10。

【课堂实践2.3】 提取三位正整数的各位数码。

设n是一个三位正整数，用n表示n的个位、十位和百位数码。

文本 参考答案 课堂实践 2.3

2.2.2 赋值运算符

赋值运算符用来创建新对象和新对象的引用。

1. 增强赋值运算符

PPT2-9 增强赋值运算符

在赋值运算中，常见到如下的式子：a=a+b，a=a-b，a=a*b，a=a**b，a=a/b，a=a//b，a=a%b。以上式子可以分别缩写成：a+=b，a-=b，a*=b，a**=b，a/=b，a//=b，a%=b。这样就产生一些新的运算符：+=，-=，*=，**=，/=，//=，%=，称为增强赋值运算符，它们的意义与原来相同。

赋值运算符包括=（赋值）、+=（加赋值）、-=（减赋值）、*=（乘赋值）、

**=（乘幂赋值）、/=（除赋值）、//=（整除赋值）、%=（取余赋值），其运算规则见表2.6。

微课 2-9
增强赋值运算符

表2.6 赋值运算符及运算规则

运算符	运算规则	示例
=	a=b：创建对象b，使a成为对象b的引用	One=5.7;print(One) # 输出：5.7
+=	a+=b：等价于a=a+b，创建对象a+b，使a成为对象a+b的引用	One+=3;print(One) # 输出：8.7
-=	a-=b：等价于a=a-b，创建对象a-b，使a成为对象a-b的引用	One-=3;print(One) # 输出：2.7
*=	a*=b：等价于a=a*b，创建对象a*b，使a成为对象a*b的引用	One*=3;print(One) # 输出：17.1
**=	a**=b：等价于a=a**b，创建对象a**b，使a成为对象a**b的引用	One**=3;print(One) # 输出：185.193
/=	a/=b：等价于a=a/b，创建对象a/b，使a成为对象a/b的引用	One/=3;print(One) # 输出：1.9000000000000001
//=	a//=b：等价于a=a//b，创建对象a//b，使a成为对象a//b的引用	One//=3;print(One) # 输出：1.0
%=	a%=b：等价于a=a%b，创建对象a%b，使a成为对象a%b的引用	One%=3;print(One) # 输出：2.7

2. 增强赋值运算内存示意图

在以下内存示意图中，将给出更加简捷的图示（每个对象只包含值value这一个要素）。

下面以加赋值为例，给出简捷内存变化示意图，由此可以得出其他赋值运算内存示意图。

1）执行操作a=365，该操作完成后，创建了整数对象365，并使变量a成为对象365的引用，即变量a指向对象365。内存的情况如图2.1所示。

2）执行操作a+=13，该操作完成后，创建了整数对象378，并改变变量a的指向，使变量a指向对象378。内存的情况如图2.2所示。

图 2.1 变量 a 指向对象 365

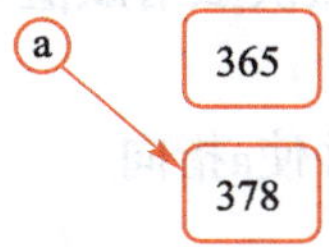

图 2.2 变量 a 指向对象 378

3. 链式赋值

链式赋值也称为多目标赋值，是将多个变量引用（指向）同一个对象。

链式赋值的一般格式： 变量1=变量2=…=变量n=对象

PPT2-10 链式赋值和同步赋值

说明：

1）对象在内存中只创建一个，而不是n个。

微课 2–10
链式赋值和同步赋值

2）通过链式赋值使每个变量都指向同一个对象，这些变量共享同一个对象。

3）链式赋值的一条语句等价于如下的n条语句：

变量n=对象
变量n-1=变量n
…
变量1=变量2

【示例2.2.3】 链式赋值a=b=c=365执行后，变量a、b、c均指向对象365，内存情况如图2.3所示。

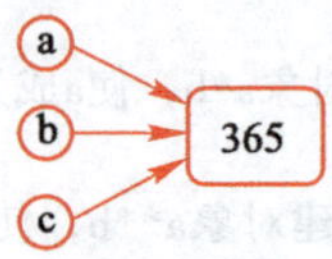

图 2.3
变量 a、b、c 指向同一个对象 365

4. 同步赋值

同步赋值是将多个对象同时赋给多个变量，使每一个变量指向一个对象。

同步赋值的一般格式：变量1,变量2,⋯,变量n=对象1,对象2,⋯,对象n

说明：

1）赋值号两端变量的个数与对象的个数必须一致。

2）每一个对象都是有确定值的表达式，表达式中可以含有变量，但变量必须有指向。

【示例2.2.4】

```
>>>a=365 # 创建对象365，并使a指向
>>>b,c=a+31,a-31 # 赋值号右端的对象含有已确定指向的变量
>>>b
396 # b的值
>>>c
334 # c的值
```

笔 记

3）同步赋值语句的执行过程是：先计算赋值号右边各对象的值，并从左到右依次创建各对象，当有相同对象时仅创建一个，当对象已经创建时，不再创建，然后将各对象的值从左到右依次赋给赋值号左边的变量。

【示例2.2.5】

```
>>>a=365 # 创建对象365，并使a指向
>>>b,c,d=a+131,a-131,496
```

a+131与496的值相同，仅创建一个，a-131的值为234，在启动Python解释器时已经创建，不再创建，并使变量b、d都指向对象496，变量c指向对象234。

4）赋值号左端的变量名可以相同，按从左到右的先后顺序确定指向。

【示例2.2.6】

```
>>>a,a=9,365
>>>a
```

365 # a的值为365，而不是9

5）“变量1,变量2 =对象1,对象2”与“变量1=对象1;变量2 =对象2”不等价。

【示例2.2.7】

>>>a=365

>>>a,b=9,a # 先依次计算9和a，然后再依次赋值

>>>a

9

>>>b

365 # b的值为365，而不是9

而

>>>a=365

>>>a=9;b=a # 先计算9并赋值，再计算a并赋值

>>>a

9

>>>b

9

【例2.4】 交换两个变量的值。

源代码 例2.4

已知变量One指向整数对象365，变量Two指向字符串对象"我学Python"，交换变量One和Two的值。

方法1：借助一个中间变量实现交换两个变量的值。具体代码如下：

```
Three = One
One = Two
Two = Three
print( One, Two )
```

输出结果：我学Python 365

方法2：利用同步赋值实现交换两个变量的值。具体代码如下：

```
One, Two = Two, One   # 先计算赋值号右边各表达式的值，然后再依次赋值
print( One, Two )
```

输出结果：我学Python 365

使用同步赋值不仅可以交换两个变量的值，还可以交换多个变量的值。

2.2.3 位运算符

PPT2-11 位运算符

计算机系统的内存储器由众多存储单元构成，每个存储单元是一个字节，一个字节由八位组成，每一位有两种状态1或0。整型数据在计算机内存中是以二进制数的补码形式存储。

位运算符用来对整型数据在内存中的二进制位进行操作。

位运算符包括&（按位与）、|（按位或）、^（按位异或）、~（按位取反）、<<（左移）、>>（右移）。

微课 2–11
位运算符

位运算符的运算规则见表2.7，其中用到的变量a=–69，其二进制补码为10111011；b=105，其二进制补码为01101001。

表2.7 位运算符及运算规则

运算符	运算规则	示例
&	a&b：当整数a和b对应二进制位都为1时，该位为1，否则，该位为0	print(f"{a&b:x},{a&b:d}") # 输出：29,41
|	a|b：当整数a和b对应二进制位都为0时，该位为0，否则，该位为1	print(f"{a|b:x},{a|b:d}") # 输出：–5,–5
^	a^b：当整数a和b对应二进制位不同时，该位为1，否则，该位为0	print(f"{a^b:x},{a^b:d}") # 输出：–2e,–46
~	~a：将整数a的各二进制位0变成1,1变成0	print(f"{~a:x},{~a:d},{~b:x},{~b:d}") # 输出：44,68,–6a,–106
<<	a<<位移量：将a的高位扩展一个字节，扩展字节的每一位均取a的符号位，然后a的每一位左移位移量位	print(f"{a<<2:x},{a<<2:d},{b<<2:x},{b<<2:d}") # 输出：–114,–276,1a4,420
>>	a>>位移量：将a的每一位右移位移量位，移出的低位舍弃，高位由a的符号位补足	print(f"{a>>2:x},{a>>2:d},{b>>2:x},{b>>2:d}") # 输出：–12,–18,1a,26

笔 记

说明：

1）用按位与运算测试一个整数a的某一位的状态，具体方法是：用2^i与a作按位与运算，若a&2^i的结果为2^i，则a的第i位为1；若a&2^i的结果为0，则a的第i位为0。

2）一个数与0作按位异或运算得到的还是这个数，即a^0=0^a=a。

3）一个数与同另一个数两次作按位异或运算得到的还是这个数，即a^b^b=b^a^b=b^b^a=a。

4）用按位异或运算使指定位翻转（即1变成0，0变成1，其他位不变），具体方法是：取指定位的状态为1，其他位的状态为0的数与该数作异或运算。

5）按位取反运算的性质：~a+a=–1。

6）将一个数a左移i位，等价于a*2^i，右移i位，等价于a//2^i。

7）位运算符的优先级别低于算术运算符，但按位取反~与正负号+–同级，位运算符的优先级别由高到低依次是：~（按位取反）、<< >>（左移和右移）、&（按位与）、^（按位异或）、|（按位或）。

【同步训练2.2】

一、单项选择题

文本 参考答案
同步训练 2.2

1. 在执行a=5;a*=5+3后，a 的值为（　　）。

A. 28　　B. 40　　C. 13　　D. 20

2. 设 n=10，i=4，则执行赋值运算 n%=i+1 后，n 的值是（　　）。

A. 0　　B. 3　　C. 2　　D. 1

3. 若有定义a=8，b=5，则执行语句 c=a/b+0.4后，c 的值为（　　）。

A. 1.4　　B. 1　　C. 2.0　　D. 2

4. 若a=2，b=3，则b**=a后，a和b的值分别为（ ）。

A. 2和3　B. 2和6　C. 2和9　D. 9和6

5. 表达式 1/3*3 的计算结果是（ ）。

A. 1　B. 1.0　C. 0.9　D. 0

6. a 的初值为 6，则执行表达式 a+=a-=a*a 后，a 的值为（ ）。

A. -60　B. 36　C. 6　D. 语法错误

7. 若a=25，则执行语句b,c,d=a+15,a-5,25后，a、b、c、d的值分别是（ ）。

A. 25、40、20、25　B. 35、50、45、25

C. 25、40、35、20　D. 45、40、40、20

8. print(7**3//2)的结果是（ ）。

A. 10　B. 171.5　C. 171　D. 0.5

二、知识填空题

1. 表达式1/4+2.75的值是________。

2. 计算2^{31}-1的Python表达式为________。

3. a = 60（60 = 0011 1100），则a>>2的结果是________。

4. a = 60，b = 13，则a^b的结果是________。

5. 若x=13，则x^0的结果是________。

6. 若x=2，y=3，则y^x^y的结果是________。

7. 式子a*2^3等价于Python表达式________。

2.3 内置函数

PPT2-12 数字操作常用内置函数

Python3提供了许多内置函数，用来完成对各种对象的操作。本节主要介绍数字操作函数、类型转换函数和其他操作函数等常用的内置函数。

2.3.1 数字操作常用内置函数

微课 2-12 数字操作常用内置函数

数字包括整数、浮点数和复数。数字操作的函数可以对数字进行所需要的操作，数字操作常用内置函数见表2.8。

表2.8 数字操作常用内置函数

调用格式	函数功能	说明	示例
abs(x)	求x的绝对值或模	当参数x是整数或浮点数时返回x的绝对值，当参数x是复数时返回x的模	>>>abs(-2.3),abs(4-3j) (2.3, 5.0)
complex([real[, imag]])	创建复数real+imagJ	缺省参数imag时，默认虚部为0	>>>complex(6,5),complex(4) ((6+5j), (4+0j))
divmod(a,b)	求a被b除所得的商数和余数	参数a和b只能是整数或浮点数	>>>divmod(7,3), divmod(-23,10) ((2, 1), (-3, 7)) >>>divmod(7.2,3.7) (1.0, 3.5)
max(iterable)	求序列对象iterable中元素的最大值	参数可以是字符串、列表、元组、集合等可迭代序列对象	>>>max("python") 'y'

续表

调用格式	函数功能	说明	示例
min(iterable)	求序列对象iterable中元素的最小值	参数可以是字符串、列表、元组、集合等可迭代序列对象	>>>min("python") 'h'
pow(x,y[,z])	返回x的y次幂或x的y次幂被z除的模	所有参数必须具有数字类型。如果y为负数，则不能有参数z。如果有z，则x和y 必须是整数类型，y必须是非负的	>>>pow(1/9,-0.5),pow(2,10,5) (3.0, 4)
round(number[,ndigits])	按精度ndigits对number进行四舍五入	number必须是整数或浮点数，默认精度ndigits为0	>>>round(3.1415),round(3.1415,3) (3, 3.142)

说明：

1）方括号[ ]中的内容表示是可选项。

2）divmod(a,b)等价于a//b,a%b，所得的商为整数，类型为浮点型。

3）pow(x,y)等价于x**y，pow(x,y,z)等价于x**y%z。

4）round(0.5)和round(-0.5)的值都是0。

5）round()函数的执行结果可能会出人预料，如round(2.675, 2)的执行结果为2.67，而不是2.68，这不是一个错误，而是因为大多数浮点数在内存中表示时可能会出现误差所导致。

2.3.2 类型转换常用内置函数

PPT2-13
类型转换常用内置函数

PPT

1. 隐式类型转换

在对表达式进行计算时，为使表达式中各运算对象具有相同的类型，先把不同类型的数据转换为同一个类型，然后再进行计算，这些转换是由系统自动进行的。

数据类型由低到高依次为整型（int）、浮点型（float）和复数型（complex）。系统在进行自动类型转换时，采用"向高看齐"的原则对"较低"的类型进行提升。如果表达式或运算中间结果有复数类型，将把整型和浮点型数据提升为复数型，表达式计算的结果为复数型；如果表达式或运算中间结果中最高类型为浮点型，将把整型数据提升为浮点型，表达式计算的结果为浮点型。

微课 2-13
类型转换常用内置函数

【示例2.3.1】 系统隐式转换。

```
>>>import cmath  # 导入cmath模块
>>>type(2+cmath.sqrt(-4)-3.5)  # 表达式中间结果有复数类型complex
<class 'complex'>  # 表达式2+cmath.sqrt(-4)-3.5的结果类型为complex
```

另外，也可以使用下面的内置函数将数字类型之间及数字与字符串之间进行显示转换。

2. 数字转换为字符串

数字转换为字符串常用内置函数见表2.9。

表2.9 数字转换为字符串常用内置函数

调用格式	函数功能	说明	示例
bin(x)	将整数x转换为二进制字符串	返回的字符串以0b开头	>>>bin(365) '0b101101101'
chr(x)	返回整数x对应的Unicode字符	x可以是十进制也可以是十六进制形式的数字，数字范围为0～1,114,111 (0x10FFFF)	>>>chr(65),chr(365) ('A','ŭ')
hex(x)	将整数x转换为十六进制字符串	返回的字符串以0x开头	>>>hex(365) '0x16d'
oct(x)	将整数x转换为八进制字符串	返回的字符串以0o开头	>>>oct(35) '0o43'
repr(x)	将对象x转换为字符串	x可以是任何对象	>>>repr(0o365) '245'

3. 字符串转换为数字

字符串转换为数字常用内置函数见表2.10。

表2.10 字符串转换为数字常用内置函数

调用格式	函数功能	说明	示例
complex(x)	将数字或数字字符串x转换为复数	x为数字或数字组成的字符串	>>>complex("6+5j"),complex(4) ((6+5j), (4+0j))
float([x])	将数字或数字字符串转换为浮点数	x为整数或浮点数，或为整数字符串或浮点数字符串，缺省参数x将返回0.0	>>>float(),float("32") (0.0, 32.0)
int([x [, base]])	将base进制的整数字符串转换为十进制整数或将实数转换为十进制整数	缺省参数base默认为十进制，如果第一个参数是实数（此时不能有第二个参数），则将实数采用截断方式转换为整数，缺省所有参数时返回0	>>>int("35",8), int(35.7) (29, 35)
ord(x)	返回字符x对应的Unicode值	函数ord()是函数chr()的配对函数，常将这两个函数配合使用	>>>ord('ŭ') 365

PPT2-14 其他常用内置函数

微课 2-14 其他常用内置函数

2.3.3 其他常用内置函数

其他常用内置函数见表2.11。

表2.11 其他常用内置函数

调用格式	函数功能	说明	示例
dir([object])	返回参数object的属性、方法列表	缺省参数返回当前范围内的变量、方法和类型列表	
help([object])	返回对象object的帮助信息	缺省参数进入帮助系统，可通过命令quit退出帮助系统	
eval(expression [, globals[, locals]])	执行一个字符串表达式expression，并返回表达式的值	globals全局命名空间，如果被提供，则必须是一个字典对象；locals局部命名空间，如果被提供，可以是任何映射对象	>>>Float = 2.718 >>>eval("3*Float") 8.154

续表

调用格式	函数功能	说明	示例
len(object)	返回对象object的长度或元素个数	参数可以是字符串、列表、元组、集合等	>>>len("Python") 6
map(function, iterables)	依次对每一序列中的对应元素做函数function的操作，生成一个新的可迭代序列	function是一个函数，iterables是一个或多个序列，以序列中的元素作为参数调用函数function，直到最短的序列元素用完为止	map(pow,[2,2,2,2],[5,10,15]) [32,1024,32768]
range([start,]stop[, step])	生成从start到stop-1的整数序列	start的默认值为0，step为步长，默认值为1	range(10) [0,1,2,3,4,5,6,7,8,9] range(1,10,2) [1, 3, 5, 7, 9]

说明： 函数map和range返回的是一个迭代器对象，可以使用函数list、tuple、set等转换为所需的序列类型，关于函数list、tuple、set等将在第4章介绍。

源代码 例 2.5

【例2.5】 将十进制整数转换为其他进制数输出。

输入一个十进制整数，按下列格式输出它对应的二进制、八进制、十六进制数。例如输入的整数为13，输出为13=0b1101=0o15=0xd。

分析：只须将输入的整数通过内置函数bin()、oct()、hex()求得对应的二进制、八进制和十六进制数，并按规定格式输出即可。

程序代码：

```
n = int( input( "请输入一个整数:" ) )
print(f"{n}={bin(n)}={oct(n)}={hex(n)}")
```

文本 参考答案 课堂实践 2.4

【课堂实践2.4】 求输入字符的Unicode值。例如输入为A，输出为A的Unicode值65。

文本 参考答案 同步训练 2.3

【同步训练2.3】

一、单项选择题

1. divmod(7, 2)的结果是（　　）。

A. (3 , 1)　　B. (3.5 , 0)　　C. (7 , 2)　　D. (4 , 2)

2. round(-100.000056, 3)的结果是（　　）。

A. -100.000　　B. -100.0　　C. -100.00056　　D. 100

3. bin(0xf)运行后得到的结果是（　　）。

A. '0b0000'　　B. '0b10000'　　C. '0b1111'　　D. '0x1111'

4. hex(eval('pow(2,2)'))的结果是（　　）。

A. '0x4'　　B. 4　　C. '0x2'　　D. 2

5. complex(-12.09)的结果是（　　）。

A. -12.09　　B. -12+9j　　C. (-12.09+0j)　　D. -12.09j

6. float(int('0xa',16))的结果是（　　）。

A. 16　　B. 10　　C. 0xa　　D. 10.0

7. range(0,5)的取值是（　　）。

A. [0,1,2,3,4,5]　　B. [1,2,3,4]　　C. [0,1,2,3,4]　　D. [1,2,3,4,5]

二、知识填空题

1. 函数range(−1,5,2)的取值是________。

2. 表达式chr(ord('a'))的值是________。

3. pow(3,2,10)的结果是________。

4. print ("round(−100.000056, 3) : ", round(−100.000056, 3))的输出为________。

5. divmod(1+2j,1+0.5j)的结果是________。

6. print(chr(0x61), chr(48), chr(0o141))的结果是________。

7. oct(0b101)的结果是________。

8. repr(1.0/7.0)的结果是________。

第3章

控制结构

程序由一组语句构成，执行程序就是按特定的次序执行程序中的语句。程序中执行点的变迁称为控制流程，当执行到程序中的某一条语句时，就说控制转到了该语句。由于复杂问题的解法可能涉及复杂的执行次序，因此程序设计语言必须提供表达复杂控制流程的手段，称为程序的控制结构。

程序的控制结构包括顺序结构、选择结构和循环结构。本章主要介绍Python语言的条件表达式、选择结构和循环结构。

PPT3-1
程序的三种基本结构

PPT

微课 3-1
程序的三种基本结构

3.1 程序的三种基本结构

程序设计采用顺序结构、选择结构和循环结构来解决实际问题。任何复杂的程序都可以由这三种基本结构构成，已经证明利用这三种基本结构可以解决任何复杂的实际问题。

3.1.1 顺序结构

顺序结构是指按照程序中语句书写的顺序从上到下一条一条依次执行。顺序结构流程图和顺序结构N-S图如图3.1和图3.2所示。

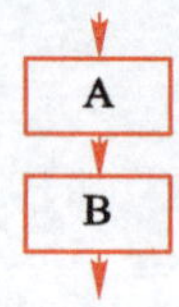

图 3.1
顺序结构流程图

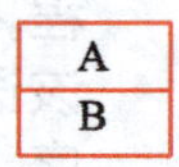

图 3.2
顺序结构 N-S 图

3.1.2 选择结构

选择结构是根据条件判断的结果，从两种或多种路径中选择其中的一条执行。选择结构流程图和选择结构N-S图如图3.3和图3.4所示，图中p为条件表达式。

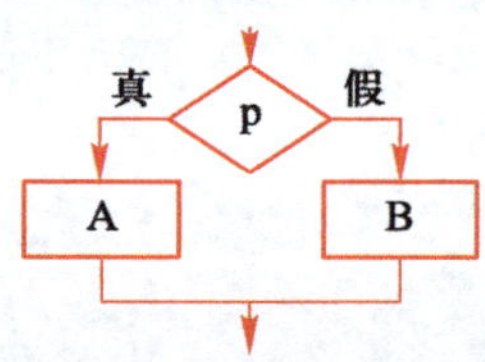

图 3.3
选择结构流程图

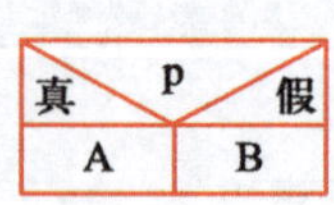

图 3.4
选择结构 N-S 图

3.1.3 循环结构

循环结构是将一组操作重复执行多次，只要条件成立就重复执行这组操作。循环结构流程图和循环结构N-S图如图3.5和图3.6所示，图中p为条件表达式，虚线框用来表示该处理为可选项。

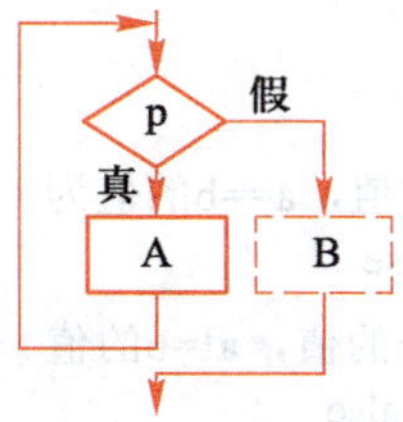

图 3.5

循环结构流程图

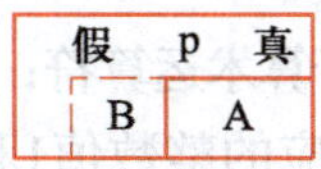

图 3.6

循环结构 N-S 图

利用选择结构和循环结构可以解决比较复杂的实际问题，而选择结构和循环结构有一个共同点，那就是需要先进行条件判断，然后根据条件判断的结果决定下一步的操作。

3.2 条件表达式

PPT3-2 关系表达式

由运算符将运算对象连接起来的式子称为表达式。

Python语言的表达式主要包括算术表达式、关系表达式、逻辑表达式等。

由算术运算符将数值运算对象连接起来的式子称为算术表达式。当把算术表达式作为条件表达式使用时，整数0、浮点数0.0和复数0j都被认为是False，其他值都被认为是True。

微课 3-2 关系表达式

3.2.1 关系表达式

1. 关系运算符

关系运算符用来比较两个对象的值的某种关系是否成立，如果成立，值为True，否则，值为False。

关系运算符包括<（小于）、<=（小于等于）、>（大于）、>=（大于等于）、==（等于）、!=（不等于），其运算规则见表3.1。

表3.1 关系运算符及运算规则

运算符	运算规则	示例
<	a<b：如果a的值小于b的值，a<b的值为True，否则a<b的值为False	>>>3<5 # 输出：True >>>5<3 # 输出：False
<=	a<=b：如果a的值小于或等于b的值，a<=b的值为True，否则a<=b的值为False	>>>3<=5 # 输出：True >>>5<=3 # 输出：False >>>5<=5 # 输出：True
>	a>b：如果a的值大于b的值，a>b的值为True，否则a>b的值为False	>>>3>5 # 输出：False >>>5>3 # 输出：True
>=	a>=b：如果a的值大于或等于b的值，a>=b的值为True，否则a>=b的值为False	>>>3>=5 # 输出：False >>>5>=3 # 输出：True >>>5>=5 # 输出：True

笔 记

续表

运算符	运算规则	示例
==	a==b：如果a的值等于b的值，a==b的值为True，否则a==b的值为False	>>>3==5 # 输出：False >>>5==5 # 输出：True
!=	a!=b：如果a的值不等于b的值，a!=b的值为True，否则a!=b的值为False	>>>3!=5 # 输出：True >>>5!=5 # 输出：False

说明：

1）关系运算符的优先级别低于算术运算符；所有关系运算符的优先级别相同。

2）True和False分别使用所对应的整数值1和0参加运算。

【示例3.2.1】

```
>>>3+True
4
>>>0==False
True
```

3）a关系运算符b关系运算符c等价于a关系运算符b并且b关系运算符c。

【示例3.2.2】

```
>>>3>5== False # 等价于3>5并且5 == False
False
>>>3>0== False # 等价于3>0并且0 == False
True
```

2. 关系表达式

由关系运算符将表达式连接起来的式子称为关系表达式。

关系表达式的一般格式：表达式1 关系运算符 表达式2

关系表达式的值只有两个，要么是True，要么是False。

关系表达式通常作为条件表达式使用。

3.2.2 逻辑表达式

1. 逻辑运算符

PPT3-3 逻辑表达式

PPT

逻辑运算符用于连接两个条件表达式，构成更复杂的条件表达式。通常逻辑运算产生的结果是一个bool值，如果条件为真，则值为True，否则值为False。

逻辑运算符包括and（逻辑与）、or（逻辑或）、not（逻辑非），其运算规则见表3.2。

表3.2 逻辑运算符及运算规则

运算符	运算规则	示例
and	P and Q：当条件P的值为True时，P and Q的值为Q的值，否则P and Q的值为P的值	>>>3 and 5 # 输出：5 >>>0 and 5 # 输出：0 >>>False and 5 # 输出：False
or	P or Q：当条件P的值为True时，P or Q的值为P的值，否则P or Q的值为Q的值	>>>3 or 5 # 输出：3 >>>0 or 5 # 输出：5
not	not P：如果P的值为True，则not P的值为False，如果P的值为False，则not P的值为True	>>>not 3 # 输出：False >>>not 0 # 输出：True

微课 3-3
逻辑表达式

说明：

1）逻辑运算符not、and、or都是Python3的关键字。

2）逻辑运算符的优先级别较低，低于关系运算符，逻辑运算符的优先级别由高到低依次为not（逻辑非）、and（逻辑与）、or（逻辑或）。

【示例3.2.3】

```
>>>not (0 and 5)
True
>>>(not 0) and 5
5
>>>not 0 and 5
5
```

此示例说明，逻辑非not的优先级别高于逻辑与and。

【示例3.2.4】

```
>>>(3 or 5) and 8
8
>>>3 or (5 and 8)
3
>>>3 or 5 and 8
3
```

此示例说明，逻辑与and的优先级别高于逻辑或or。

2. 逻辑表达式

（1）概念

由逻辑运算符将表达式连接起来的式子称为逻辑表达式。逻辑表达式在计算时，从左到右依次进行。

逻辑表达式的一般格式：表达式1 and/or 表达式2　或者　not 表达式

逻辑表达式通常作为条件表达式使用。

（2）短路逻辑

逻辑与表达式P and Q的计算过程：先计算与运算符and左端的条件P，当左端条件的值为False时，不再计算右端的条件（出现短路）；当左端条件的值为True时，再计算右端的条件。

逻辑或表达式P or Q的计算过程：先计算或运算符or左端的条件P，当左端条件的值为True时，不再计算右端的条件（出现短路）；当左端条件的值为False时，再计算右端的条件。

【示例3.2.5】

```
>>>3>5 and 8 # 出现短路
False
>>>3<5 and 8 # 未出现短路
8
```

笔 记

```
>>>3>5 or 8 # 未出现短路
8
>>>3<5 or 8 # 出现短路
True
```

3.2.3 同一运算符

1. 同一运算符

PPT3-4
同一运算符和成员运算符

PPT

同一运算符用于测试两个对象（或对象的引用）是否是同一个对象。同一运算产生的结果是一个bool值，如果是同一个对象，则值为True，否则值为False。

同一运算符包括is（同一）和is not（不同一），其运算规则见表3.3。

表3.3 同一运算符及运算规则

运算符	运算规则	示例
is	a is b：当a与b是同一个对象时，a is b的值为True，否则a is b的值为False	>>>a=3;b=5 >>>a is 3 # 输出：True >>>a is b # 输出：False
is not	a is not b：当a与b不是同一个对象时，a is not b的值为True，否则a is not b的值为False	>>>a=3;b=5 >>>a is not 3 # 输出：False >>>a is not b # 输出：True

说明：

1）同一运算符is、not都是Python3的关键字。

2）同一运算符通过比较两个对象（或对象的引用）的标识id，确定是否是同一个对象。

3）同一运算符与关系运算符“==”的区别是：同一运算符比较对象的id值，“==”比较对象的value值。

4）a is b与id(a)==id(b)等价。

5）同一运算符的优先级别与关系运算符相同。

微课 3-4
同一运算符和成员运算符

2. 同一表达式

由同一运算符将运算对象连接起来的式子称为同一表达式。

同一表达式的一般格式：对象1 同一运算符 对象2

同一表达式的值只有两个，要么是True，要么是False。

同一表达式通常作为条件表达式使用。

3.2.4 成员运算符

1. 成员运算符

成员运算符用于测试某个对象（或对象的引用）的值是否在指定的序列中。成员运算产生的结果是一个bool值，如果某个对象的值在指定的序列中，则值为True，否则值为False。

成员运算符包括in和not in，其运算规则见表3.4。

运算符	运算规则	示例
in	a in b：当a的值在序列b中时，a in b的值为True，否则a in b的值为False	>>>a=365 >>>a in [3,6,5,365] # 输出：True >>>a in [3,6,5] # 输出：False
not in	a not in b：当a的值不在序列b中时，a not in b的值为True，否则a not in b的值为False	>>>a=365 >>>a not in [3,6,5,365] # 输出：False >>>a not in [3,6,5] # 输出：True

表3.4 成员运算符及运算规则

说明：

1）成员运算符in、not都是Python3的关键字。

2）其中的序列可以是字符串、列表、元组、集合等，关于列表、元组、集合等参见第4章。

3）成员运算a in b通过将a的值与序列中每个对象的值进行比较，确定a是否在序列b中。

4）成员运算a not in b通过将a的值与序列中每个对象的值进行比较，确定a是否不在序列b中。

5）成员运算符的优先级别与关系运算符相同。

2. 成员表达式

由成员运算符将运算对象和序列连接起来的式子称为成员表达式。

成员表达式的一般格式：对象 成员运算符 序列

成员表达式的值只有两个，要么是True，要么是False。

成员表达式通常作为条件表达式使用。

3.2.5 用表达式表达实际问题

PPT3-5 用表达式表达实际问题

PPT

上述介绍的关系表达式、逻辑表达式、同一表达式和成员表达式都可以作为条件表达式，利用这些表达式可以表达实际问题。

【例3.1】 用Python表达式表达以下实际问题。

1. 数学表达式3≤x<5。

解：数学表达式3≤x<5的含义是：x大于等于3并且小于5，所以，用Python表达式应该表示成：x>=3 and x<5或3<=x<5。

微课 3-5 用表达式表达实际问题

2. 三条线段x、y、z构成一个三角形。

解：三条线段x、y、z构成一个三角形的条件是：任意两边之和大于第三边或任意两边之差小于第三边，所以，用Python表达式应该表示成：x+y>z and z+x>y and y+z>x或x−y<z and z−x<y and y−z<x。

3. p不等于0。

解：p不等于0，可以直接用关系表达式p!=0来表示，也可以用p来表示。这是因为：

① 如果p不等于0，就认为p的逻辑值为True，而表达式p!=0的值也为True，所以，当p不等于0时，表达式p!=0的值与表达式p的逻辑值相同，都为True；

② 如果p等于0，就认为p的逻辑值为False，而表达式p!=0的值也为False，所以，当p等于0时，表达式p!=0的值与表达式p的逻辑值相同，都为False。

综上，p与p!=0作为条件表达式是等价的。

因此，p不等于0可表示成p!=0或p。在程序设计中，经常使用p来代替p!=0。

同理，p等于0，可表示为p==0或not p。

4. n为偶数。

解： n为偶数，n被2除的余数就一定为0，所以可用关系表达式n%2==0来表示；另外，n被2除的余数为0，说明n/2与n//2相等，所有，又可以表示成n/2==n//2。还有，n%2==0可表示为not n%2。

因此，n为偶数，可表示为n%2==0或n/2==n//2或not n%2。

5. 年份year是闰年。

解：闰年的条件是符合下面两个条件之一。

① 能被4整除，但不能被100整除；

② 能被400整除。

所以，年份year是闰年的表达式为year%4==0 and year%100!=0 or year%400==0。

文本 参考答案
课堂实践 3.1

【课堂实践3.1】 用Python语言的表达式表达以下实际问题：

1）n为奇数。

2）字符串substr是字符串str的子串。

文本 参考答案
同步训练 3.2

【同步训练3.2】

一、单项选择题

1. 下列表达式中，值为True的是（　　）。

A. 5+4j > 2+3j　　B. 3>2>2　　C. 'abc'>'xyz'　　D. 1<2<3

2. 判断字符型变量c1是否为小写字母，不正确的表达式为（　　）。

A. 'a'<=c1<='z'　　B. c1>='a' and c1<='z'

C. c1>='a' or c1<='z'　　D. (c1>='a') and (c1<='z')

3. 如果a = 2，则表达式 not a<1 的值为（　　）。

A. 2　　B. 0　　C. False　　D. True

4. 表达式 1 is 1 and 2 is not 3 的值为（　　）。

A. 2　　B. 3　　C. False　　D. True

5. 表达式 'ab' in 'acbed' 的值为（　　）。

A. 0　　B. 1　　C. False　　D. True

二、知识填空题

1. 表达式 'y'<'x' == False 的结果是________。

2. 表达式1>0 and 5 的值为________。

3. 表达式5>3 or 8<=(a==10)的结果是________。

4. 表达式 3<5>2 的值为________。

5. 1 or 2 和 1 and 2 的输出分别是________和________。

3.3 选择结构

PPT3−6 单分支选择结构 if 语句

PPT

选择结构包括单分支选择结构if语句、二分支选择结构if…else语句和多分支选择结构if…elif语句三种。

3.3.1 单分支选择结构if语句

格式：

if 条件表达式:

  语句块

其中if是Python3的关键字，if后的条件表达式可以是任意表达式（非0等的值作为True，0等作为False），通常是关系表达式或逻辑表达式；条件表达式可以用一对圆括号括起来，也可以不括，条件表达式后的冒号必须写；语句块可以含一条语句，也可以含多条语句，语句块必须缩进，语句块中每条语句必须缩进相同的空格数。

微课 3−6 单分支选择结构 if 语句

执行过程：先计算条件表达式，如果条件表达式的值为True，则执行语句块中的语句，否则执行if语句的后继语句。流程图和N−S图如图3.7和图3.8所示。

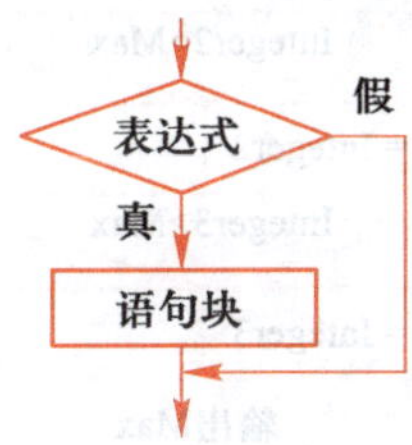

图 3.7 if 语句流程图

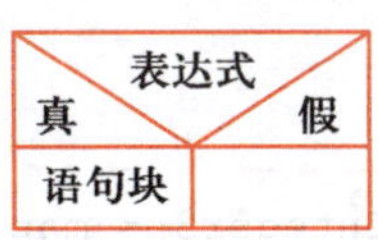

图 3.8 if 语句 N-S 图

说明：

1）如果语句块中只有一条语句，也可以写在条件表达式后冒号的后面。

2）语句块可能被执行，也可能不被执行。

【例3.2】 求最大值。

求输入的三个整数的最大值。

源代码 例 3.2

算法思路：对用户输入的三个整数Integer1、Integer2、Integer3，先认定其中的一个最大，如Integer1最大，由变量Max指向，然后Integer2、Integer3分别与Max进行比较，如果比Max大，就将其赋给Max，比较完成后，Max指向的就是三个数中的最大值。

算法的流程图和N−S图如图3.9和图3.10所示。

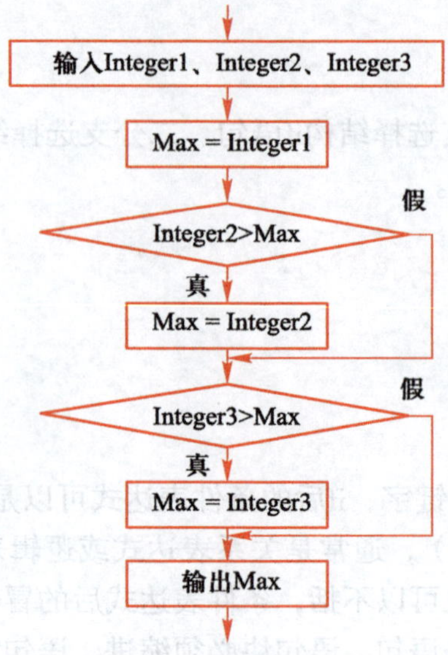

图 3.9
例 3.2 流程图

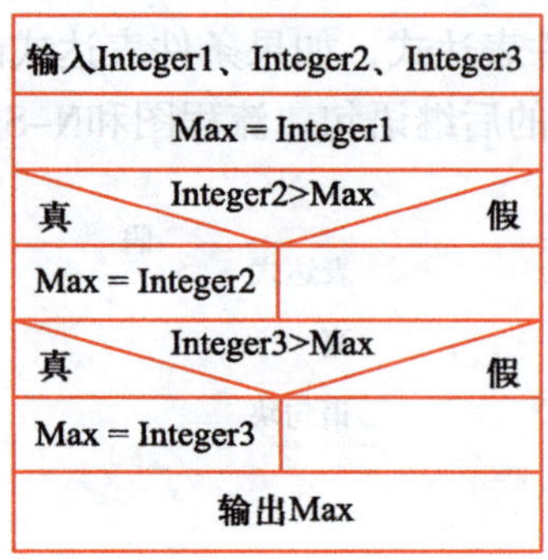

图 3.10
例 3.2 N-S 图

程序代码：

```
Integer1, Integer2, Integer3 = map( int,input(\
    "请输入三个整数，用空格分隔：").split())
Max = Integer1
if  Integer2 > Max:
    Max = Integer2
if  Integer3 > Max:
    Max = Integer3
print("三个整数的最大值为：",Max )
```

3.3.2 二分支选择结构if…else语句

PPT3-7
二分支选择结构 if…else 语句

PPT

格式：

if 条件表达式:

  语句块1

else:

  语句块2

其中if和else都是Python3的关键字，else必须与if缩进相同的空格数，条件表达式和else后的冒号必须写；else必须与if配对使用，不能单独使用；语句块2必须缩进，语句块中每条语句必须缩进相同的空格数；其他与单分支选择结构if语句相同。

微课 3-7
二分支选择结构
if…else 语句

执行过程：先计算条件表达式，如果条件表达式的值为True，则执行语句块1中的语句，接着执行该结构的后继语句，否则执行语句块2中的语句。流程图和N-S图如图3.11和图3.12所示。

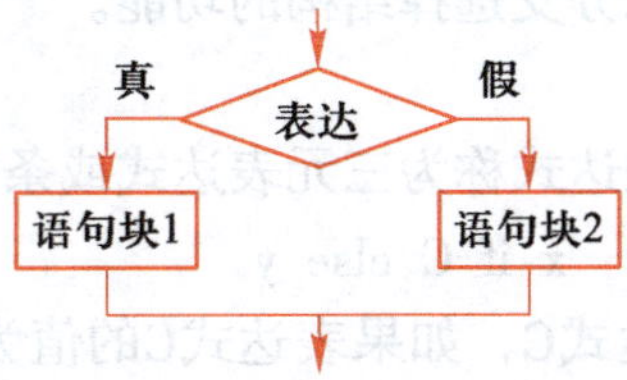

图 3.11
if…else 语句流程图

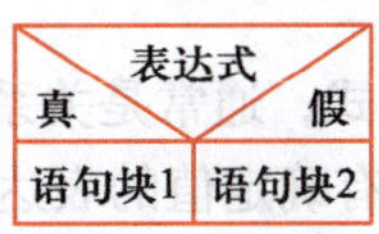

图 3.12
if…else 语句 N-S 图

说明：语句块1和语句块2只能执行其中的一个。

【例3.3】 判断闰年。

源代码
例 3.3

编写一个判断输入年份是否闰年的程序。

算法思路：判断用户输入的年份Year是闰年的表达式为Year%4==0 and Year%100!=0 or Year%400==0。

如果表达式的值为True，则输出是闰年，否则输出不是闰年。

算法的流程图和N-S图如图3.13和图3.14所示。

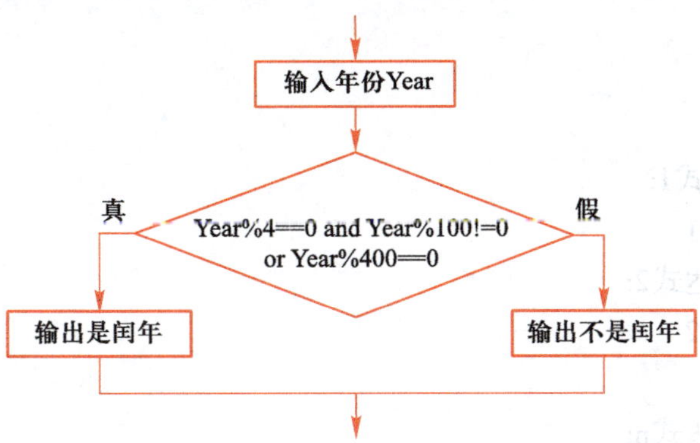

图 3.13
例 3.3 流程图

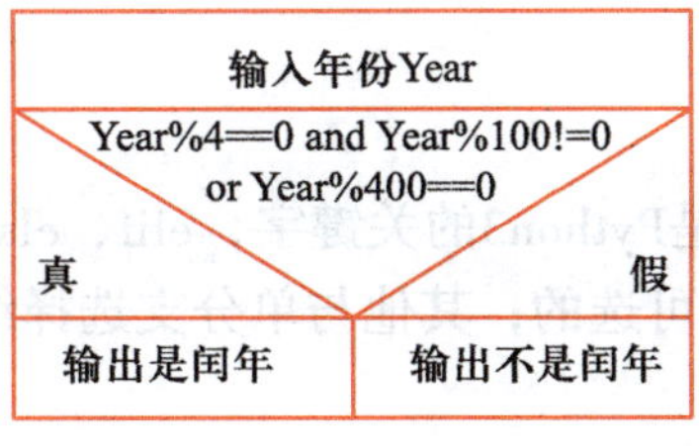

图 3.14
例 3.3 N-S 图

程序代码：

```
Year = int( input("请输入一个年份: "))
if Year%4==0 and Year%100!=0 or Year%400==0:
    print(Year ,"年是闰年。")
else:
    print(Year ,"年不是闰年。")
```

Python语言中，if…else语句可以用三元运算符来表示。

三元运算符用来完成二分支选择结构的功能。

三元运算符： if else。

由三元运算符构成的表达式称为三元表达式或条件表达式。

三元表达式的一般格式： x if C else y

执行过程： 先计算表达式C，如果表达式C的值为True（非0等），则计算表达式x并返回x的值，否则计算表达式y并返回y的值。

说明：

1）表达式C可以是任意表达式，通常是关系表达式或逻辑表达式。

2）表达式x和表达式必须是有确定值的表达式。

【示例3.3.1】

```
if a>b:
    max=a
else:
    max=b
```

可用三元表达式表示为max = a if a>b else b。

注意：因为(max = a)和(max = b)都没有确定的值，所有不能写成(max = a) if a>b else (max = b)，更不能写成max = a if a>b else max = b，否则都将出现语法错误。

3.3.3 多分支选择结构if…elif语句

PPT3-8
多分支选择结构 if…elif 语句

PPT

格式：

if 条件表达式1:
    语句块1
elif 条件表达式2:
    语句块2
…
elif 条件表达式n:
    语句块n
[else:
    语句块n+1]

微课 3-8
多分支选择结构 if…elif 语句

其中if、elif和else都是Python3的关键字，elif、else必须与if缩进相同的空格数；方括号的内容表示是可选的；其他与单分支选择结构if语句和二分支选择结构if…else语句相同。

执行过程： 先计算条件表达式1，如果条件表达式1的值为True，则执行语句块1中的语句，接着执行该结构的后继语句；否则计算条件表达式2，如果条件表达式2的值为True，执行语句块2中的语句，接着执行该结构的后继语句……如果前面n个条件表达式的值均为False，执行语句块n+1中的语句。流程图和N-S图如图3.15和图3.16所示。

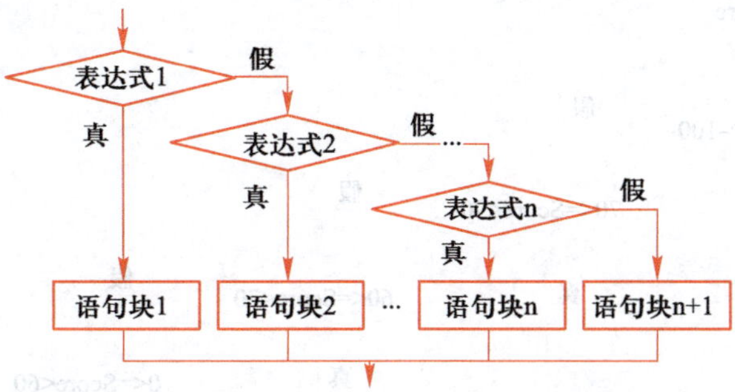

图 3.15
if…elif 语句流程图

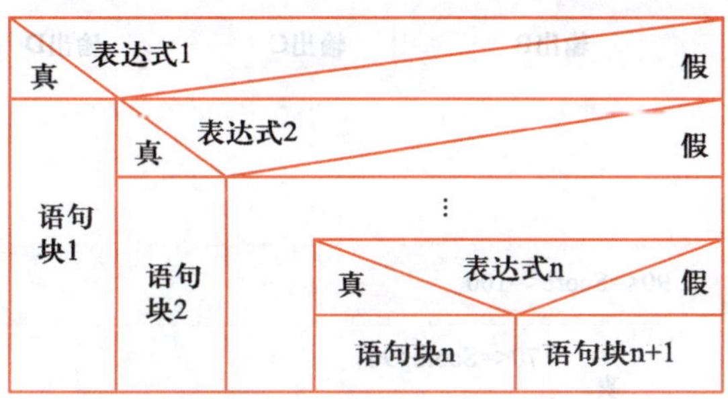

图 3.16
if…elif 语句 N-S 图

说明： 语句块1、语句块2……语句块n+1只能执行其中的一个。

【例3.4】 输出成绩等级。

源代码
例 3.4

输入一个百分制成绩，要求输出成绩等级，成绩等级为'A'、'B'、'C'、'D'。其中，90分以上为A，70~89为B，60~69为C，60分以下为D。

算法思路： 由于成绩有4个等级，共4种情况。另外，当用户输入的成绩超过0 ~ 100时，给出输入错误！的信息；因此，总计共有5种情况。所以此问题可以使用if…elif语句来解决。由用户输入成绩，根据成绩所在的范围输出成绩等级。

算法的流程图和N-S图如图3.17和图3.18所示。

程序代码：

```
Score = float( input( "请输入一个百分制成绩: "))
if 90<=Score <= 100:
    print(f"成绩{Score:.1f}的等级是: A")
elif 70 <= Score < 90:
    print(f"成绩{Score:.1f}的等级是: B")
elif 60 <= Score < 70:
```

```
    print(f"成绩{Score:.1f}的等级是: C")
elif 0<=Score<60:
    print(f"成绩{Score:.1f}的等级是: D")
else:
    print("输入错误！")
```

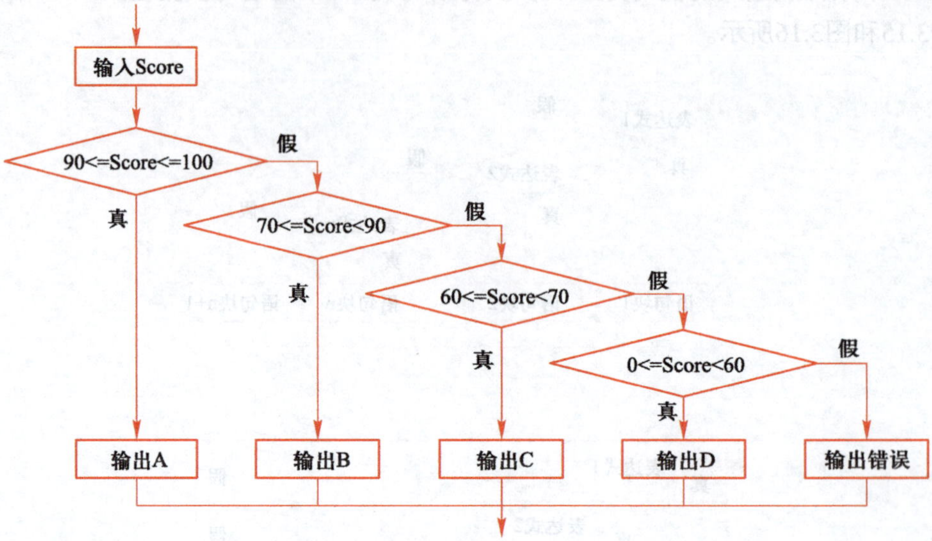

图 3.17
例 3.4 流程图

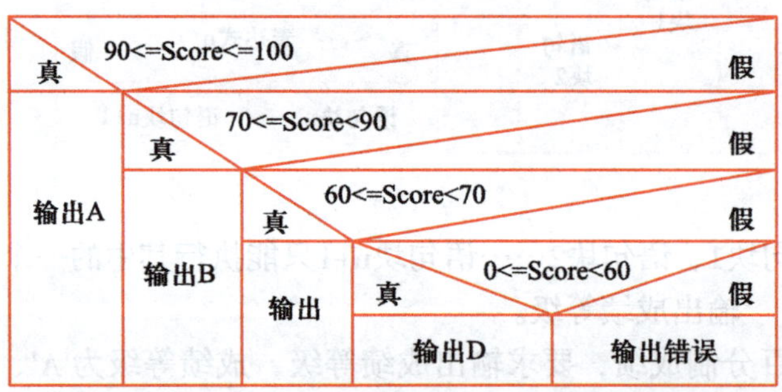

图 3.18
例 3.4 N-S 图

PPT3-9
选择结构应用实例

PPT

3.3.4 应用实例

【例3.5】 按升序输出。

键盘输入两个整数，按升序（从小到大）输出两个整数。

算法思路： 对输入的两个整数Integer1和 Integer2，如果Integer1>Integer2，就将这两个整数交换，否则什么也不做，这样小数被放在了Integer1中，大数被放在了Integer2中，依次输出Integer1和 Integer2即可。

算法的流程图和N-S图如图3.19和图3.20所示。

微课 3-9
选择结构应用实例

程序代码：

```
Integer1,Integer2=map( int,input("请输入两个整数，用空格分隔: ").split())
```

```
if Integer1 > Integer2:
    Integer1,Integer2 = Integer2,Integer1
print(f"升序输出：{Integer1},{Integer2}")
```

源代码
例 3.5

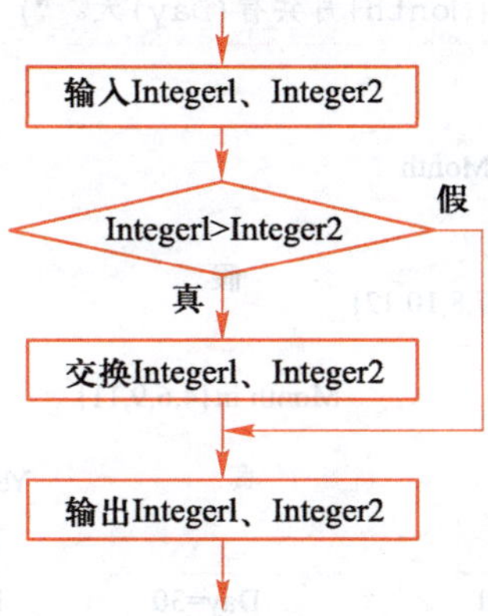

图 3.19
例 3.5 流程图

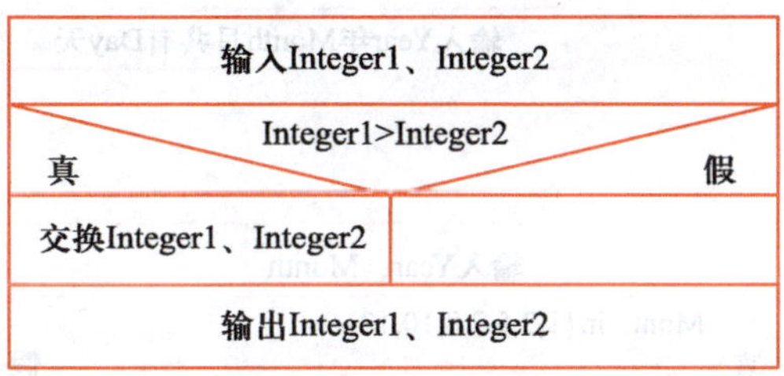

图 3.20
例 3.5 N-S 图

【例3.6】 求某年某月的天数。

源代码
例 3.6

键盘输入年月，输出该年月的天数。

算法思路： 每年的1、3、5、7、8、10、12月都有31天，每年的4、6、9、11月都有30天，如果当年是闰年，该年的2月有29天，否则该年的2月有28天。

分别用Year、Month和Day来表示年月日。解决此问题需要使用if…elif选择结构，条件表达式使用成员表达式。

如果Month为1、3、5、7、8、10、12之一，即Month in {1,3,5,7,8,10,12}，则置Day的值为31；如果Month为4、6、9、11之一，即Month in {4,6,9,11}，则置Day的值为30；如果Year是闰年（闰年的条件：Year%4==0 and Year%100!=0 or Year%400==0），则置Day的值为29，否则，置Day的值为28；最后输出Day的值。

算法的流程图和N–S图如图3.21和图3.22所示。

程序代码：

```
Year,Month = map( int,input( "请输入年月，用空格分隔：").split())
if Month in{ 1,3,5,7,8,10,12 }:
    Day = 31
elif Month in { 4,6,9,11 }:
    Day = 30
```

```
elif Year%4==0 and Year%100!=0 or Year%400==0:
    Day = 29
else:
    Day = 28
print(f"{Year}年{Month}月共有{Day}天。")
```

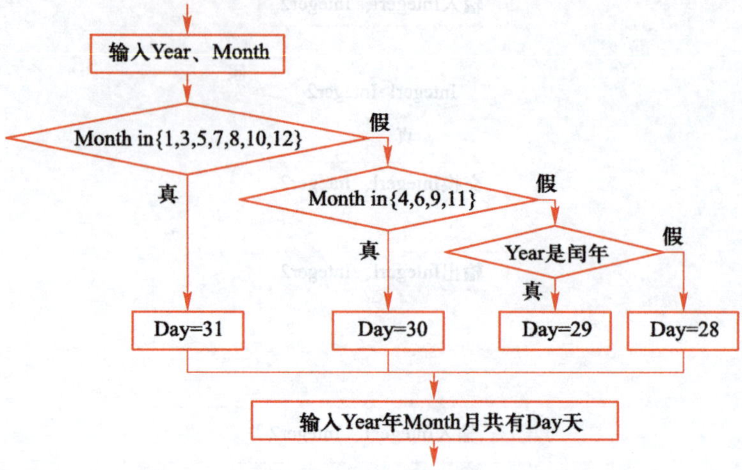

图 3.21
例 3.6 流程图

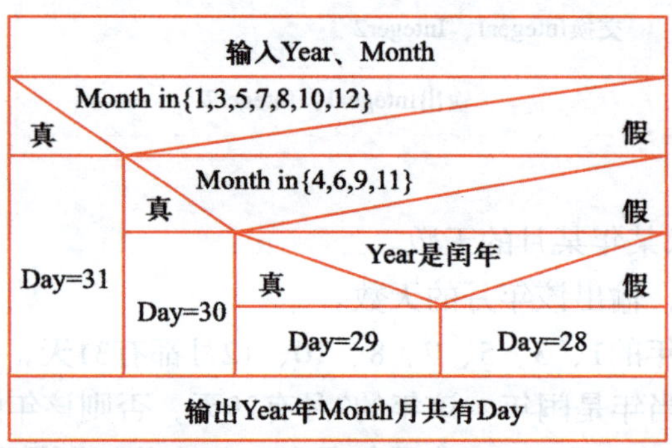

图 3.22
例 3.6 N-S 图

文本 参考答案
课堂实践 3.2

【课堂实践3.2】 判断输入字符类型。

编写程序，判断用户输入的字符是数字、字母、空格还是其他字符。

文本 参考答案
同步训练 3.3

【同步训练3.3】

一、单项选择题

1. 以下关于分支结构的描述中，不正确的是（ ）。

A. if 语句中条件部分可以使用任何能够产生True和False的语句和函数

B. 二分支结构有一种紧凑形式，使用关键字if和elif实现

C. 多分支结构用于设置多个判断条件以及对应的多条执行路径

D. if 语句中语句块执行与否依赖于条件判断

2. 以下关于Python控制结构的描述中，错误的是（ ）。

A. 每个if条件后要使用冒号“:”

B. 在Python中，没有switch-case语句

C. Python中的pass是空语句，一般用作占位语句

D. elif可以单独使用

3. 以下关于分支结构的描述中，错误的是（　　）。

A. 单分支结构是用if关键字判断满足一个条件，就执行相应的处理代码

B. 二分支结构是用if…else根据条件的真假，执行两种处理代码

C. 多分支结构是用if…elif…else处理多种可能的情况

D. Python在分支语句里使用如x<=y<=z的表达式是非法的

4. 表达式 't' if 'd' else 'f ' 的执行结果是（　　）。

A. True　　B. False　　C. 't'　　D. 'f '

二、程序填空题

1. 从键盘输入三条边，判断是否能够构成一个三角形。

```
side1 = float(input("the first side of triangle:"))
side2 = float(input("the second side of triangle:"))
side3 = float(input("the thrid side of triangle:"))
if_______:
    print (side1,side2,side3,"is sides of triangle")
else:
    print (side1,side2,side3,"is not sides of triangle")
```

2. 输入两个数，比较它们的大小并输出其中较大者。

```
x = int(input("Please enter first integer: "))
y = int(input("Please enter second integer: "))
if (x == y):
    print("两数相同！")
_______(x > y):
    print("较大数为：",x)
_______:
    print("较大数为：",y)
```

3. 输入年龄，判断该年龄属于哪个年龄段，根据程序注释完成下列填空。

```
age = int(input("请输入您的年龄"))
if age_______:
   if age_______:
      if age_______:
         if age_______:
            print("您是长寿老人!")   #大于等于100为长寿老人
         else:
            print("您是老年人!")  #大于等于80小于100为老年人
      else:
         print("您是中年人!")  #大于等于66小于80为中年人
   else:
      print("您是青年人!")  #大于等于18小于66为青年人
else:
   print("您是未成年人!")  #不满18为未成年人
```

三、程序阅读题

下面程序可以判断学生成绩的等级，如果a>90与a>60这两个条件换一下位置，是否可行？请给出判断结果并分析原因。

```
a = 92
if a == 60:
    print("刚好及格")
elif a>90:
    print("优秀")
elif a>60:
    print("过线")
else:
    print("不及格")
```

四、程序设计题

1. 编写程序，计算用户输入年份的二月份天数。

2. 某商场举行购物优惠活动（x代表购物款，y代表折扣）如下：

当x<1600时，y=0；

当1600<=x<2400时，y=5%；

当2400<=x<3200时，y=10%；

当3200<=x<6400时，y=15%，

当x>=6400时，y=20%。

编写程序，对输入的顾客购物款，显示应付的款数。

3.4 循环结构

循环结构包括while循环结构和for循环结构两种。while循环是一种条件控制循环，通过条件的真和假来控制；for循环是一种遍历控制循环，通过遍历的当前情况来控制循环。

3.4.1 while循环结构

PPT3-10
while 循环结构

PPT

格式：

while 条件表达式:
    语句块1
[else:
    语句块2]

其中while和else都是Python3的关键字，条件表达式用来进行条件判断，条件表达式和else后的冒号必须写，语句块1称为循环体，是需要进行重复操作的语句序列，方括号的内容表示是可选的。

微课 3-10
while 循环结构

执行过程：先计算条件表达式，如果条件表达式的值为True，则执行语句块1中的语句，然后重复计算条件表达式和执行语句块1中的语句，只有当条件表达式的值为False时，才不执行语句块1而去执行语句块2（有可选项情

况）或去执行该结构的后继语句。while语句的流程图和N–S图如图3.23和图3.24所示。

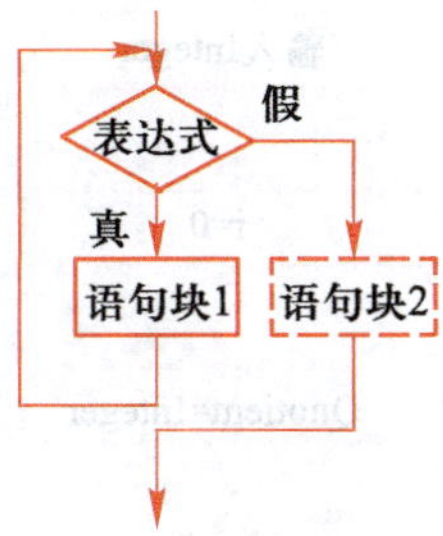

图 3.23
while 语句流程图

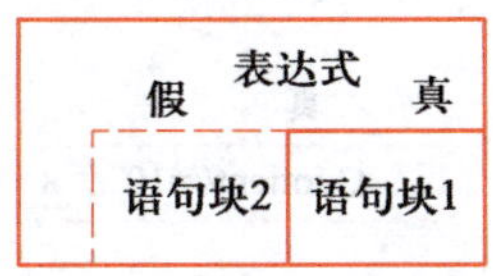

图 3.24
while 语句 N-S 图

说明：

1）else必须与while配对使用，不能单独使用，如果有else子句，else必须与while缩进相同的空格数；

2）语句块1和语句块2必须缩进，可以含一条语句，也可以含多条语句，同一个语句块中每条语句必须缩进相同的空格数；

3）else子句中的语句块2在循环正常结束时执行。

【例3.7】　输出正整数位数。

输入一个正整数，输出其位数。

源代码
例 3.7

算法思路：一个正整数被10整除后所得商的位数比原数少1，连续被10整除最终的商数一定为0。设置一个变量i，其初值为0，在正整数连续被10整除的过程中，每次都做i=i+1的操作，当所得商数为0时，变量i中存放的便是该正整数的位数。

算法的流程图和N–S图如图3.25和图3.26所示。

程序代码：

```
Integer = int( input("请输入一个正整数:"))
i=0  # 计数器，初值为0
Quotient = Integer  # Quotient用来表示商数
while Quotient:  # 条件Quotient等价于Quotient!=0
    Quotient //= 10  # 得到新的商数
    i = i + 1 # 计数器加1
print(f"正整数{Integer}是一个 {i} 位数" )
```

在例3.7程序中用到的变量i称为计数器。

在使用程序设计语言编写程序解决实际问题时，如果需要统计某类事物的个数，可以使用一个变量来表示，称为计数器。

计数器的初始值通常为0，可根据实际问题来确定。

计数器在使用时，应将计数器的操作i = i + 1放在循环体中，循环操作结束后计数器中存放的值就是某类事物的个数。

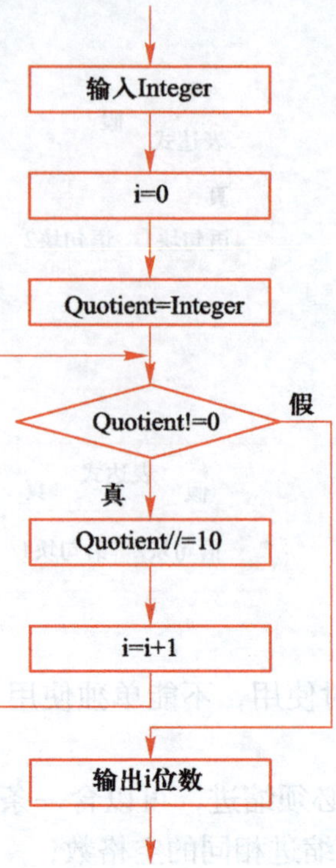

图 3.25
例 3.7 流程图

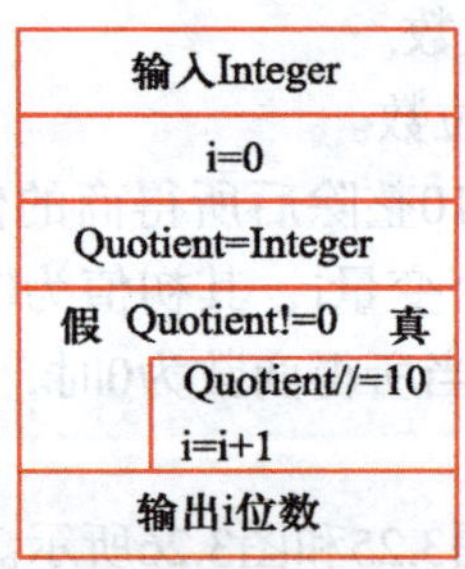

图 3.26
例 3.7 N-S 图

源代码
例 3.8

【例3.8】 求Fibonacci数列的第n项。

求斐波那契（Fibonacci）数列1，1，2，3，5，8，13，21，…的第n项，项数n由用户通过键盘输入。

算法思路： 对Fibonacci数列进行分析可以得到如下规律：数列的前两项为1，从第3项开始，每一项都是前两项的和。分别用fib1和fib2来表示数列的前两项，初值均为1，设置一个计数器i，初值为3，当i<=n时，为求得下一项将fib2作为新的fib1，fib1+fib2作为新的fib2，并将计数器i做加1操作，当i==n操作结束，fib2就是所求的第n项。

算法的流程图和N-S图如图3.27和图3.28所示。

程序代码：

```
n = int( input( "请输入项数:" ) )
i=3  # 计数器
fib1 = fib2 = 1
while i <= n:
    fib1,fib2 = fib2,fib1+fib2
    i = i + 1
print(f"第{n}项为:{fib2}")
```

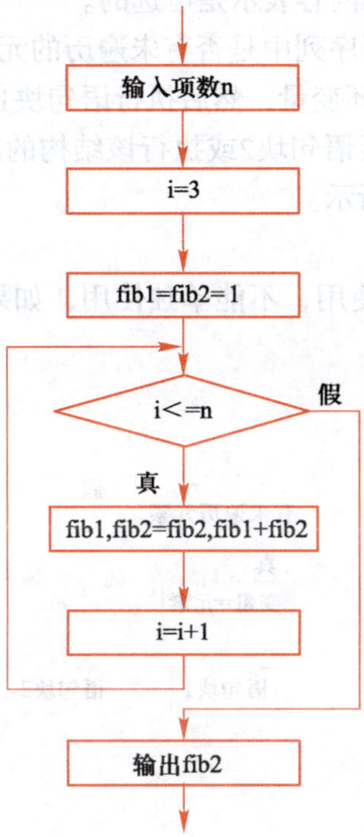

图 3.27
例 3.8 流程图

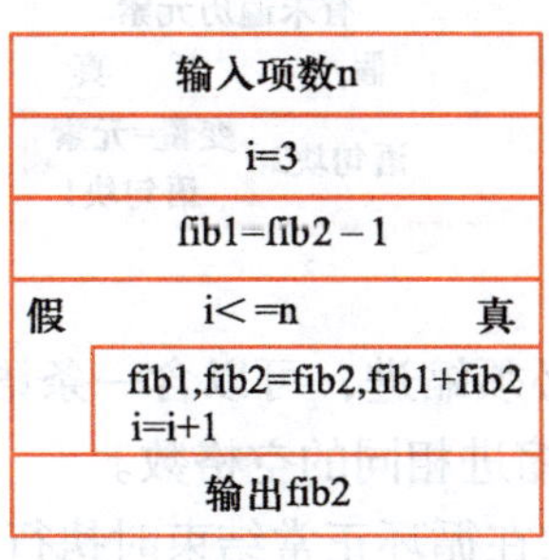

图 3.28
例 3.8 N-S 图

【课堂实践3.3】 计算给定数列前n项的和。

计算数列1/2，2/3，3/5，5/8，8/13，…前n项的和，n由用户通过键盘输入。

文本 参考答案
课堂实践 3.3

3.4.2 for循环结构

格式：

PPT3-11
for 循环结构

PPT

微课 3-11
for 循环结构

for 循环变量 in 遍历序列:
    语句块1
[else:
    语句块2]

其中for、in和else都是Python3的关键字，循环变量用于遍历遍历序列，in用来指明在哪遍历，无成员运算符的含义，遍历序列可以是字符串、列表、元组、集合等，遍历序列和else后的冒号必须写，语句块1称为循环体，是需要进行重复操作的语句序列，方括号的内容表示是可选的。

执行过程：先判断遍历序列中是否有未遍历的元素，若有，将遍历序列中第1个未遍历元素的值赋给循环变量，然后执行语句块1，再判断遍历序列中是否有未遍历的元素；若无，执行语句块2或执行该结构的后继语句。for语句的流程图和N-S图如图3.29和图3.30所示。

说明：

1）else必须与for配对使用，不能单独使用，如果有else子句，else必须与for缩进相同的空格数。

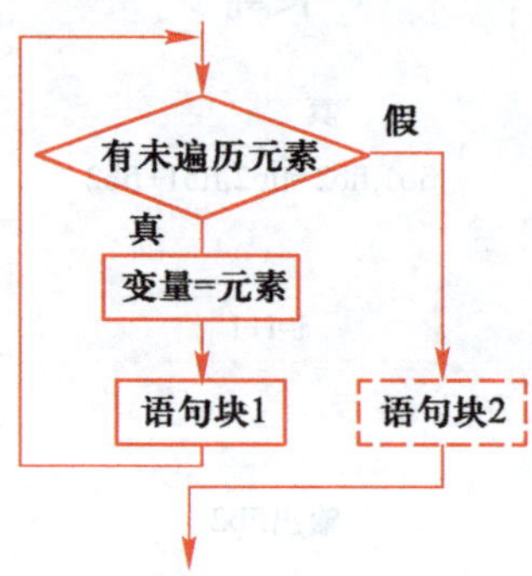

图 3.29
for 语句流程图

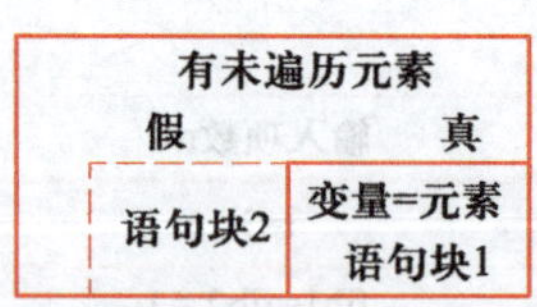

图 3.30
for 语句 N-S 图

2）语句块1和语句块2必须缩进，可以含一条语句，也可以含多条语句，同一个语句块中每条语句必须缩进相同的空格数。

3）else子句中的语句块2在循环正常结束时执行。

4）在“for 循环变量 in 遍历序列:”中含有两个操作，一是判断是否有未遍历的元素，二是将第1个未遍历元素赋给循环变量。

5）遍历序列中元素的个数决定循环体执行的次数，即循环的次数，如果遍历序列为空，则循环体一次也不执行。

【示例3.4.1】

```
i = j = 0
for c in "我学Python":
    i = i + 1
for c in "":
    j = j + 1
print( i,j )
```

程序执行结果：8　0。

6）循环变量可以在循环体中使用。

【示例3.4.2】

```
for c in "我学Python":
    print( c ,end = "")
```

程序执行结果：我学Python。

7）常使用内置函数range()创建整数遍历序列。

【示例3.4.3】

```
for x in range(5):
    print( x ,end = "")
```

程序执行结果：01234。

【例3.9】　计算1～100的和。

编写程序，计算1+2+3+…+100。

源代码 例 3.9

算法思路：要求1～100的和，可设变量Sum，初值为0，分别用1,2,…,100依次与Sum求和，而每一个数i与Sum求和的操作都是相同的，所以应选择循环结构，即通过逐步求部分和，最后求得1～100的和。

此问题既可以用while循环结构来解决，也可以用for循环结构来解决。

算法的while语句流程图和N–S图如图3.31和图3.32所示。

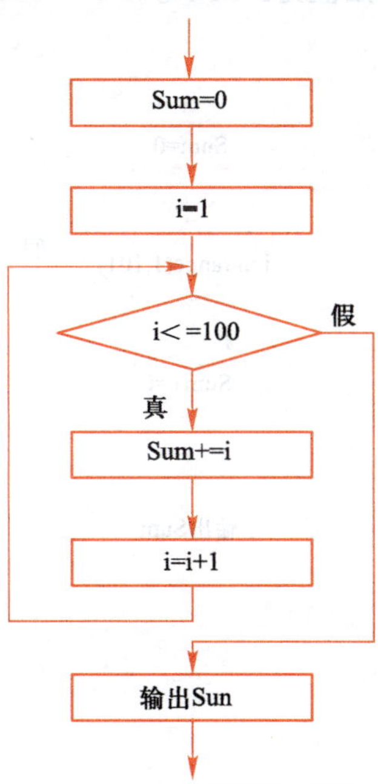

图 3.31 例 3.9 while 语句流程图

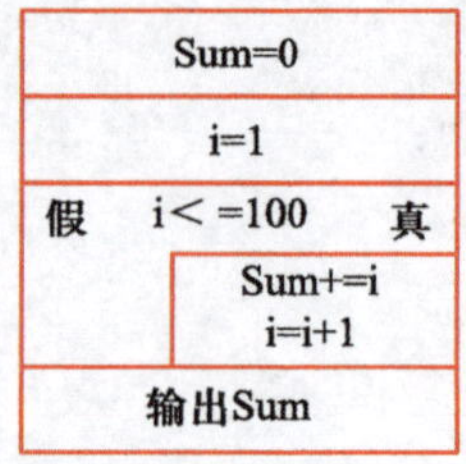

图 3.32
例 3.9 while 语句 N-S 图

程序代码1： 使用while循环结构。

```
Sum = 0
i = 1
while i <= 100:
    Sum += i
    i = i + 1
print(Sum)
```

算法的for语句流程图和N-S图如图3.33和图3.34所示。

程序代码2： 使用for循环结构。

```
Sum = 0
for i in range(1,101):
    Sum += i
print(Sum)
```

程序中用到的变量Sum称为累加器。

在编写程序解决实际问题时，如果需要进行求和（求积）处理，可以使用一个变量来表示求解过程中的和（积），称为累加器（累乘器）。

累加器（累乘器）在定义时应进行初始化，初始值可根据实际问题来确定，通常累加器（累乘器）的初始值为0（1）。

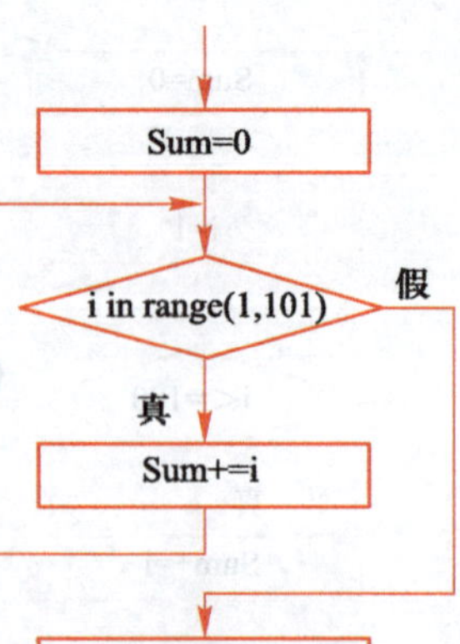

图 3.33
例 3.9 for 语句流程图

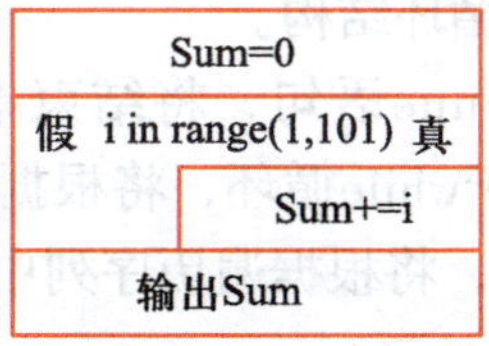

图 3.34
例 3.9 for 语句 N-S 图

如果用s（p）表示累加器（累乘器），j表示加数（乘数），则累加器（累乘器）的操作如下：

s = s + j（p=p*j）

累加器（累乘器）在使用时，应将累加器（累乘器）的操作s=s+j（p=p*j）放在循环体中，累加器（累乘器）的初值应在进行循环操作之前确定，循环操作结束后，累加器（累乘器）中存放的值就是所求的结果。

累加器与计数器的区别是：计数器每次只能加1，而累加器每次加任意的数。

【课堂实践3.4】 求自然数n的阶乘n!，其中n由用户通过键盘输入。

文本 参考答案
课堂实践 3.4

3.4.3 循环控制语句

在循环结构中，可以使用控制语句来改变程序的流程。控制语句主要有循环中断语句break、循环短路语句continue和空语句pass。

1. 循环中断语句break

格式： break

作用： 使程序流程跳出循环体结束循环。

PPT3-12
循环控制语句

PPT

说明：

1）break是Python3的关键字。

2）break语句只能用于循环结构。

3）在循环体中遇到break语句，将结束循环，去执行该循环结构的后继语句。

【示例3.4.4】 循环控制语句break。

```
for i in range( 1, 11 ):
    if i % 2 == 0:
        break
    print( i )
```

当i取1时，不满足条件（i % 2 == 0），执行print(i)；当i取2时，满足条件（i % 2 == 0），执行break语句，立刻退出循环，不再运行循环体余下代码，所以示例输出为1。

2. 循环短路语句continue

格式： continue

作用： 使程序流程结束本次循环。

微课 3-12
循环控制语句

说明：

1）continue是Python3的关键字。

2）continue语句只能用于循环结构。

3）在循环体中遇到continue语句，将结束本次循环，即不执行循环体中continue语句之后的语句。对于while循环，将根据条件表达式值的情况决定是否进入下次循环；而对于for循环，将根据遍历序列中是否有未遍历的元素决定是否进入下次循环。

需要注意的是，过多的break和continue语句会降低程序的可读性。所以，除非break和continue语句可以让代码更简单或更清晰，否则不要轻易使用。

【示例3.4.5】 循环短路语句continue。

```
for i in range( 1, 11 ):
    if i % 2 == 0:
        continue
    print( i )
```

当i取奇数（1,3,5,7,9）时，不满足条件（i % 2 == 0），执行print(i)；当i取偶数(2,4,6,8,10)时，满足条件（i % 2 == 0），执行continue语句，并将未遍历元素赋给循环变量i，所以示例输出为1，3，5，7，9。

3. 空操作语句pass

格式： pass

作用： 执行一次空操作。

说明：

1）pass是Python3的关键字。

2）pass语句相当于一个占位符，用于解决语法上需要而实际不需要的问题。

【示例3.4.6】 获取用户输入字符串的最后一个字符。

```
1   string = input( "请输入一个字符串:" )
2   for ch in string:
3       pass
4   print("用户输入字符串的最后一个字符是:",ch )
```

程序执行时，如果用户输入的是“我学Python”，则程序的执行结果如下。

请输入一个字符串:我学Python

用户输入字符串的最后一个字符是: n

如果在程序中没有第3行的pass语句，执行程序将给出提示信息IndentationError: expected an indented block，表示缩进异常。

3.4.4 循环嵌套

1. 循环嵌套

PPT3-13 循环嵌套

PPT

在一个循环结构的循环体内又包含另一个完整的循环结构，称为循环的嵌套。包含另一个循环结构的循环称为外循环，被包含的循环称为内循环。

循环嵌套在执行过程中，外循环执行一次，内循环执行一遍。break和continue都只对本层循环有效。

while、for循环可以互相嵌套，自由组合。外循环体中可以包含一个或多个循环结构，但必须完整包含，不能出现交叉现象。因此，内层循环应相对于外层循环整体缩进。

微课 3–13
循环嵌套

利用循环嵌套可以解决更复杂的需要重复操作的实际问题。但循环嵌套将大大降低程序执行的效率，所以，能够不使用循环嵌套解决的问题，尽量不使用，以提高程序执行效率。

2. 循环优化

由于循环嵌套将降低程序执行效率，特别是内层循环体中的语句将重复执行多次，导致执行效率降低。因此，为提高程序执行效率，对循环优化建议遵循以下原则：能在外循环体完成的操作就不要放在内循环体，能在循环体之外完成的操作就不要放在循环体内。

源代码
示例 3.4.7

检测程序执行的时间效率可以使用time函数库的perf_counter ()方法。

【示例3.4.7】 循环优化。

程序代码：

```
import time
str1 = "高级语言，我学Python。"
str2 = "人生苦短，我用Python。"
#优化前代码
start = time.perf_counter ()
for k in range(100000):
    for i in range(len(str1)):
        for j in range(len(str2)):
            str = str1[i] + str2[j]
end = time.perf_counter ()
print(f'Running time: {end-start:.6} Firsts')
#优化后代码
start = time.perf_counter ()
lstr1=len(str1)
lstr2=len(str2)
for k in range(100000):
    for i in range(lstr1):
        str3 = str1[i]
        for j in range(lstr2):
            str = str3 + str2[j]
end = time.perf_counter ()
print(f'Running time: {end-start:.6} Seconds')
```

上述优化后代码中，将优化前代码的计算字符串str1和str2的长度提到循环前进行，以避免重复计算str2的长度；将str1[i]赋给临时变量str3提到最内层循环的外面，以避免重复计算str1[i]，从而使程序得到优化。程序执行结果如下：

Running time: 5.34668 Firsts

Running time: 4.53979 Seconds

从程序执行结果可以看出，优化后的代码执行效率高于优化前的代码。

PPT3-14
循环结构应用实例
（1）

3.4.5 应用实例

【例3.10】 判断给定正整数是否是素数。

微课 3-14
循环结构应用实例（1）

算法思路： 素数是指只能被1和其自身整除的不等于1的正整数。对于给定的正整数n，定义变量Flag，Flag的值为True表示n是素数，值为False表示n不是素数。当n为1时，置初值为False，否则置初值为True。为了判断n是否为素数，可以用2到n-1之间的每一个整数i去除n，如果有某个整数i整除n，即n%i==0，则说明n不是素数，否则，n是素数。所以可以用循环结构（while和for均可，这里使用for循环结构）来解决，当有整数i整除n时，将Flag置为False，并跳出循环，循环结束后，可根据Flag的值确定n是否为素数。为提高程序的执行效率，减少循环执行的次数，实际上只要用2到int(n**0.5)之间的每一个整数去除n即可。算法的流程图和N-S图如图3.35和图3.36所示。

源代码
例 3.10

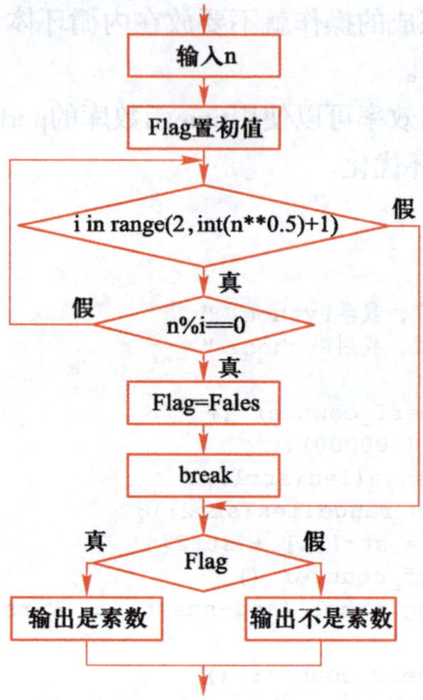

图 3.35
例 3.10 流程图

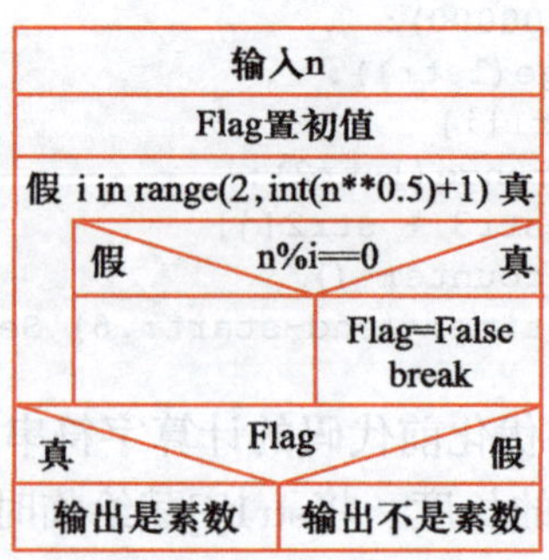

图 3.36
例 3.10 N-S 图

程序代码：

```
n = int( input( "请输入一个正整数:" ) )
Flag = False if n == 1 else True
for i in range( 2,int(n**0.5)+1):
```

```
        if n % i == 0:
            Flag = False
            break
    if Flag:
        print(n,"是素数。")
    else:
        print(n,"不是素数。")
```

说明： 程序中用到的变量Flag称为标志变量。

在解决实际问题时，如果某一个实际问题有两种（及以上）可能的结果，在程序中需要根据不同的结果统一做不同的处理，这时可以使用一个变量来表示可能出现的结果，称为标志变量。

如果实际问题只有两个结果，那么标志变量的值通常设定为False（或0）和True（或1），用 False（或0）代表“不是”，用True（或1）代表“是”；如果实际问题有两个以上的结果，那么标志变量可设定多个值，每个值代表一种可能的结果状态。

通常标志变量在定义时应进行初始化，先给定标志变量一个初始值，即先认定是其中的一种结果状态。这样做可以减少程序代码，使程序更加简单易读。

【例3.11】 统计输出指定范围内的素数。

输出指定范围[a,b]内的所有素数，并统计输出此范围内素数的个数，要求指定范围由用户输入。

PPT3-15 循环结构应用实例（2）

PPT

算法思路： 定义一个计数器count，置初值为0，用来统计素数的个数，对[a,b]内的每一个整数使用例3.10的算法判断其是否是素数，若是，则输出该素数，并将计数器加1，最后输出素数的个数。算法的流程图和N-S图如图3.37和图3.38所示。

微课 3-15 循环结构应用实例（2）

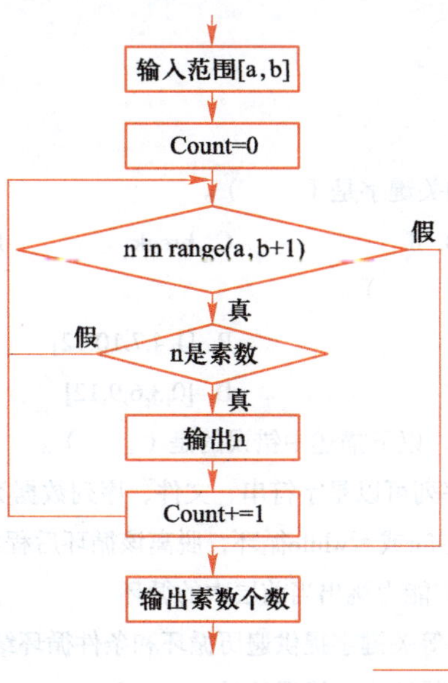

图 3.37 例 3.11 流程图

源代码
例 3.11

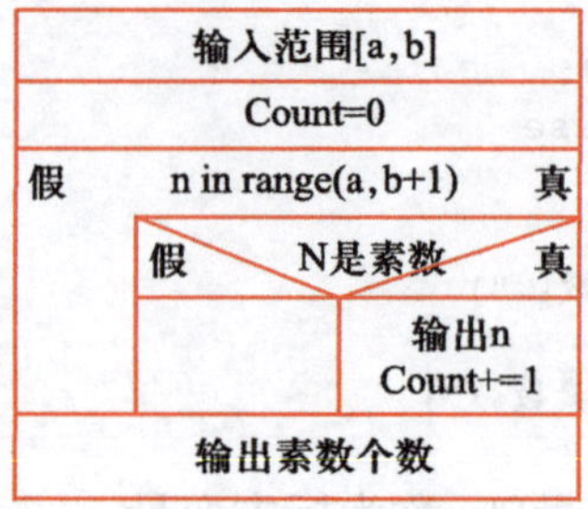

图 3.38
例 3.11 N-S 图

程序代码：

```
a,b = map( int,input( "请输入范围[a,b], 用空格分隔：").split())
Count = 0
print(f"范围[{a},{b}]内的素数有：",end="")
for n in range(a,b+1):
    Flag = False if n == 1 else True
    for i in range(2, int(n**0.5) + 1):
        if n % i == 0:
            Flag = False
            break
    if Flag:
        print(n,"\t",end="")
        Count += 1
print(f"\n范围[{a},{b}]内共有{Count}个素数。")
```

文本 参考答案
课堂实践 3.5

【课堂实践3.5】 验证哥德巴赫猜想。

对任意给定的偶数n，验证n可以写成两个素数之和，要求n由用户输入。德国数学家哥德巴赫于1742年提出了任一大于2的偶数都可写成两个素数之和的猜想，这一猜想是世界近代三大数学难题之一，至今未能给出理论证明。

【同步训练3.4】

文本 参考答案
同步训练 3.4

一、单项选择题

1. 可以结束一个循环的关键字是（　　）。

A. exit　　B. if　　C. break　　D. continue

2. range(1,12,3)的值是（　　）。

A. [1,4,7,10]　　B. [1,4,7,10,12]

C. [0,3,6,9]　　D. [0,3,6,9,12]

3. 关于Python循环结构，以下描述中错误的是（　　）。

A. 遍历循环中的遍历序列可以是字符串、文件、序列数据类型和range()函数等

B. break用来跳出最内层for或while循环，脱离该循环后程序从循环代码后继续执行

C. 每个continue语句只有能力跳出当前层次的循环

D. Python通过for、while等关键字提供遍历循环和条件循环结构

4. 以下关于循环结构的描述中，错误的是（　　）。

A. 遍历循环的循环次数由遍历序列中的元素个数来体现

B. 非确定次数循环的次数是根据条件判断来决定的

C. 非确定次数的循环用while语句来实现，确定次数的循环用 for 语句来实现

D. 遍历循环对循环的次数是不确定的

5. 以下代码段不会输出“A,B,C”的是（　　）。

A.
```
for i in range(3):
    print(chr(65+i),end=",")
```

B.
```
for i in [0,1,2]:
    print(chr(65+i),end=",")
```

C.
```
i = 0
while i < 3:
    print(chr(i+65),end=",")
    i += 1
    continue
```

D.
```
i = 0
while i < 3:
    print(chr(i+65),end=",")
    break
    i += 1
```

6. 设 x = 10，y = 20，下列语句能正确运行结束的是（　　）。

A. max = x >y ? x : y　　　　B. if(x>y) print(x)

C. while True: pass　　　　D. min = x if x < y else y

7. ls = [1,2,3,4,5,6], 以下关于循环结构描述错误的是（　　）。

A. 表达式 for i in range(len(ls)) 的循环次数跟 for i in ls 的循环次数是一样的

B. 表达式 for i in range(len(ls)) 的循环次数跟 for i in range(0,len(ls)) 的循环次数是一样的

C. 表达式 for i in range(len(ls)) 的循环次数跟 for i in range(1,len(ls)+1) 的循环次数是一样的

D. 表达式 for i in range(len(ls)) 跟for i in ls 的循环中i的值是一样的

8. 以下关于循环结构的描述中，错误的是（　　）。

A. 遍历循环使用for <循环变量> in <遍历序列>语句，其中遍历序列不能是文件

B. 使用range()函数可以指定for循环的次数

C. for i in range(5)表示循环5次，i的值是从0 ~ 4

D. 用字符串做遍历序列的时候，循环的次数是字符串的长度

二、程序填空题

1. 求200以内能被17整除的最大正整数。

```
for i in range(200,0,_______):
    if_______:
        print(i)
        break
```

2. 用户登录判断，最多3次机会。

```
user="root"
passwd="okooo123"
count = 0
while_______:
    username = input("user:")
    password = input("passwd:")
    if user == username and passwd == password:
        print("Welcome")
        break
    elif count != 2 and (user != username or passwd != password) :
        print("username or password is wrong")
        _______
    else:
        print("Too many times wrong !")
        _______
```

3. 把因数只包含2或3或5的自然数称为丑数，自然数1是丑数。下列程序用于判断用户输入的非零自然数是否为丑数。

```
n = int(input("请输入不等于0的自然数:"))
temp = n
for i in {2,3,5}:
    while_______:
        temp = temp // i
if_______:
    print(f"{n}是一个丑数")
else:
    print(f"{n}不是丑数")
```

三、程序阅读题

1. 以下程序的输出结果是________。

```
for num in range(1,4):
    sum *= num
print(sum)
```

2. 以下程序的输出结果是________。

```
y = 0
for i in range(0, 10, 2):
    y += i
print("y = ",y)
```

3. 若k为整型，则下述while循环执行的次数为________。

```
k = 1000
while k > 1:
    print(k)
    k = k/2
```

4. 下面代码执行后，m和n的值分别是________。

```
n = 123456789
m = 0
while n !=0:
    m = (10*m)+(n%10)
    n //= 10
```

5. 执行以下程序，输入“q”，输出结果是________。

```
k = 0
while True:
    s = input('输入q继续:')
    if s == 'q':
        k += 1
        continue
    else:
        k += 2
        break
print(k)
```

四、程序设计题

1. 编写程序，求1～100中所有偶数的和。

2. 编写程序，对用户从键盘输入的大于1的自然数，对其进行因式分解。例如，$10=2\times5$，$60=2\times2\times3\times5$。

3. 编写程序，假设一年期定期利率为 3.25%，计算一下需要经过多少年，一万元的一年定期存款连本带息能翻番？

4. 编写猜数游戏程序。预设一个0～9的整数，让用户猜一猜并输入所猜的数，如果大于预设的数，显示“太大”；小于预设的数，显示“太小”，如此循环，直至猜中该数，显示“恭喜！你猜中了！”。

5. 编写程序，分别使用嵌套for循环和嵌套while循环实现打印九九乘法表。

第4章 序列数据类型和操作

Python语言中的数据类型主要包括基本数据类型和序列数据类型。关于基本数据类型第2章已经介绍过，本章主要介绍各种序列数据类型，并给出序列类型的操作。

4.1 序列通用操作

在使用Python语言进行程序设计时，如果需要对多个数据进行操作，则需要使用序列类型。

4.1.1 序列及分类

PPT4-1
序列及分类
PPT

序列类型包括字符串、列表、元组、集合和字典，用来表示一组数据（对象）。序列中包含的对象称为元素，序列可以包含一个或多个元素，也可以没有任何元素，序列中含有元素的个数称为序列的长度。序列是Python语言中最主要的容器。

微课 4-1
序列及分类

1. 有序序列和无序序列

序列按其元素是否可通过位置偏移量进行索引，分为有序序列和无序序列。

将长度为N的序列中每个元素按从左到右的顺序依次进行编号（编号顺序为0,1,2,…,N−1）称为正索引，按从右到左的顺序依次进行编号（编号顺序为−1,−2,−3,…,−N）称为负索引。

通过索引来引用序列中的元素时，索引标号必须用方括号括起来。

【示例4.1.1】 索引的使用。

```
>>>Str="我学Python"
>>>Str[2] # 引用Str中索引编号为2的元素
'P'
>>>Str[-7] # 引用Str中索引编号为-7的元素
'学'
```

笔 记

元素可以通过索引进行访问的序列称为有序序列，否则称为无序序列。

字符串、列表和元组都是有序序列，而集合和字典是无序序列。

2. 可变序列和不可变序列

Python中一切皆为对象。在第1章中已经给出了对象的值（value）可以被改变的对象为可变对象，否则为不可变对象。而对于序列对象来说，序列中含有多个元素，不仅可以改变元素的值，也可以改变元素的个数。

序列按其元素的值或序列长度是否可以被修改，分为可变序列和不可变序列。

修改可变序列元素的值或修改可变序列的长度不创建新的序列对象。

列表、集合和字典是可变序列，而字符串和元组是不可变序列。

【示例4.1.2】 修改不可变序列元素的值。

```
>>>Str="我学Python"
>>>Str[1]="用"
Traceback (most recent call last):
    File "<pyshell#12>", line 1, in <module>
        Str[1]="用"
```

TypeError: 'str' object does not support item assignment

修改不可变序列元素的值将产生TypeError错误。

4.1.2　序列通用运算符

PPT4-2 序列通用运算符

PPT

在第2章和第3章中已经介绍了许多运算符，有些运算符可以对数字类型进行操作，而有些运算符可以对序列类型进行操作。另外，还有专门对序列类型进行操作的运算符。这些运算符有的可以对所有序列对象进行操作，而有的只能对部分序列对象进行操作。表4.1给出了序列通用运算符。

微课 4-2 序列通用运算符

表4.1　序列通用运算符

名称	运算符	运算规则	适用对象
加	+	seqa+seqb：将序列对象seqa和seqb连接为一个新的序列对象，其中seqa和seqb为相同类型的序列对象	字符串、列表、元组
加赋值	+=	seqa+=seqb：将序列对象seqa和seqb连接为一个新的序列对象赋给seqa，其中seqa和seqb为相同类型的序列对象	字符串、列表、元组
乘	*	seqa*n或n*seqa：将序列对象seqa重复复制n遍，如果n小于或等于0，将得到一个空序列	字符串、列表、元组
乘赋值	*=	seqa*=n：将序列对象seqa重复复制n遍赋给seqa，如果n小于或等于0，将得到一个空序列	字符串、列表、元组
索引	[]	seq[index]：获得序列对象seq的下标为index的元素，如果seq的长度为N，则index必须在[-N,N-1]范围内	字符串、列表、元组
切片	[::]	seq[start:end:step]：获得序列对象seq的从下标为start到下标为end-1范围内的步长为step的元素组成的子序列，其中start默认为0，end默认为最后一个元素的下标，step是默认为1的整数	字符串、列表、元组
关系	关系运算符	seqa关系运算符seqb：关系运算符包括<、<=、>、>=、==、!= 对有序序列，从序列对象seqa和seqb的第1个元素开始，依次按对应元素进行比较，如果当前元素有比较（除"=="外）结果，便是序列的比较结果，否则继续比较下一个元素；而对于"=="运算符必须出现不相等的情况或全部元素比较完毕。 对无序序列，判断两序列对象seqa和seqb是否有真子集、子集、真包含、包含、相等和不相等的集合关系	字符串、列表、元组、集合、字典
成员	in、not in	element in seq：判断元素element是否在序列seq中 element not in seq：判断元素element是否不在序列seq中 seqa in seqb：判断序列seqa是否是序列seqb的子序列 seqa not in seqb：判断序列seqa是否不是序列seqb的子序列	字符串、列表、元组、集合、字典

说明：

1）连接操作seqa+seqb和复制操作seqa*n都将创建一个新序列对象。

2）索引操作seq[index]中index如果不在[-N,N-1]范围内，将出现IndexError（索引错误）。

3）切片操作seq[start:end:step]将创建一个新序列对象。

4）切片操作seq[:]、seq[::]与seq相同，都是取序列对象seq的全部元素。

5）切片操作seq[::-1]将得到原序列seq的逆置序列。

6）以上各运算符对各种序列对象的使用示例将在后续章节中给出。

4.1.3 序列通用内置函数

PPT4-3 序列通用内置函数

PPT

微课 4-3 序列通用内置函数

对序列的操作不仅可以使用运算符，还可以使用Python语言提供的内置函数。在Python语言提供的内置函数中，有专门对序列类型进行操作的内置函数。这些内置函数有的可以对所有序列对象进行操作，有的只能对部分序列对象进行操作。表4.2给出了序列通用内置函数。

表4.2 序列通用内置函数

调用格式	函数功能	适用对象
all(seq)	判断序列seq中是否所有元素都为真	字符串、列表、元组、集合、字典
any(seq)	判断序列seq中是否存在元素为真	字符串、列表、元组、集合、字典
filter(function, seq)	将序列seq中的每个元素作为参数传递给函数function进行判断，将返回 True 的元素放到迭代器对象中	字符串、列表、元组、集合
len(seq)	求序列seq的长度	字符串、列表、元组、集合、字典
max(seq[, key=function])	对序列对象seq中元素按函数function指定的方法求最大值，function默认为None	字符串、列表、元组、集合、字典
min(seq[, key=function])	对序列对象seq中元素按函数function指定的方法求最小值，function默认为None	字符串、列表、元组、集合、字典
reversed(seq)	将序列对象seq逆置，创建一个迭代器对象	字符串、列表、元组
sorted(seq, key, reverse)	将序列对象seq的元素按指定关键字key排序，生成一个可迭代对象。其中key是一个含有一个参数的函数，用来指定按哪个关键字排序，reverse=False（默认）表示升序，reverse=True表示降序	字符串、列表、元组
sum(seq)	对序列seq中各元素求和，返回数字型数据，其中seq中元素必须是数字类型	列表、元组、集合、字典
zip(seq1,seq2,…)	将各序列对象中对应的元素打包成一个个元组，然后返回由这些元组组成的可迭代对象。如果各序列的元素个数不一致，则返回列表长度与最短的对象相同	字符串、列表、元组、集合、字典

说明：

1）函数filter(function, seq)、max(seq[,key=function])、min(seq[,key=function])、sorted(seq, key, reverse)中都有一个参数是函数，这些函数参数使用自定义函数会

更加灵活方便地实现所需要的功能。关于自定义函数将在第5章介绍。

2）函数调用filter(function,seq)在不需要参数function时，应写成filter(None, seq)。

3）函数filter和reversed返回的是一个迭代器对象，可以使用函数list、tuple、set等转换为所需要的序列类型。

4）函数max和min中，序列对象seq中元素的类型必须是可比较的相同类型。

5）函数max和min的参数也可以不是序列对象，而是可比较的相同类型。

6）对使用zip函数打包的序列seq，可以使用zip(*seq)进行解包。

7）以上各内置函数对各种序列对象的使用示例将在后续章节中给出。

【同步训练4.1】

文本 参考答案
同步训练 4.1

一、单项选择题

1. 以下不是序列类型的是（　　）。

A. 集合类型　　B. 列表类型　　C. 字典类型　　D. 引用类型

2. 以下关于有序序列的描述中，正确的是（　　）。

A. 列表和集合都是有序序列　　B. 元组和集合都是有序序列

C. 集合和字典都是无序序列　　D. 集合和字典都是有序序列

3. 以下关于有序序列的描述中，错误的是（　　）。

A. 字符串、列表和元组都是有序序列，而集合和字典是无序序列

B. 字符串、列表和字典都是有序序列，而元组和集合是无序序列

C. 有序序列的元素既可以进行正索引引用，也可以进行负索引引用

D. 元素可通过位置偏移量进行索引的序列是有序序列

4. 以下关于可变序列的描述中，错误的是（　　）。

A. 字符串、列表和元组都是可变序列，而集合和字典是不可变序列

B. 字符串、列表和字典都是可变序列，而元组和集合是不可变序列

C. 不可变序列的元素可以是可变序列

D. 修改可变序列元素的值或修改可变序列的长度，不创建新的序列对象

5. 使用以下序列运算符对序列对象进行操作，不创建新序列对象的是（　　）。

A. +　　B. *　　C. [::]　　D. ==

6. 关于Python中序列类型的通用操作符，以下描述中错误的是（　　）。

A. 如果 x 不是 s 的元素，x not in s 返回 True

B. 如果 s 是一个序列，s = [1,"kate",True]，s[3] 返回 True

C. 如果 s 是一个序列，s = [1,"kate",True]，s[−1] 返回 True

D. 如果 x 是 s 的元素，x in s 返回 True

二、知识填空题

1. Python中的序列类型分为有序序列和无序序列，其中字符串、列表和元组为________序列；集合和字典为________序列。

2. Python中的数据类型分为可变类型和不可变类型，序列类型可分为可变序列和不可变序列，其中字符串、列表和字典为________序列；元组和集合为________序列。

3. 任意长度的Python有序序列中最后一个元素的索引为________。

4. 求序列对象的长度使用内置函数________，将有序序列对象逆置使用内置函数________。

5. 取有序序列seq的前三个元素用seq[0:3]和________，后三个元素用________。

6. 取有序序列seq的索引为偶数的元素用________，索引为奇数的元素用________。

4.2 字符串

4.2.1 创建字符串

PPT4-4
创建字符串

PPT

微课 4-4
创建字符串

笔 记

字符串（str）类型是Python语言中最常见的数据类型，也是一种不可变的序列，可以使用以下两种方法创建字符串。

1. 直接创建

通过在撇号（包括单撇号"'"、双撇号""" 或三撇号"'''"）内包含字符的方式创建字符串。

【示例4.2.1】 直接创建字符串。

```
>>>string1='Hello World!'                        #单撇号创建字符串
>>>string2="Beautiful is better than ugly."      #双撇号创建字符串
>>>string3='''Explicit is better than implicit.'''  #三撇号创建字符串
>>>print(string1)
Hello World!
>>>print(string2)
Beautiful is better than ugly.
>>>print(string3)
Explicit is better than implicit.
```

2. 用内置函数str()创建

调用格式： str(object='')

功能： 返回对象object的字符串形式。

【示例4.2.2】 使用str()创建字符串。

```
>>>string4= str()
>>>string5= str(123)
>>>string6= str(range(5))
>>>print(string4)
'' #空字符串
>>>print(string5)
'123'
>>>print(string6)
'range(0, 5)'
```

4.2.2　字符串操作

在4.1节中已经介绍了序列通用运算符和序列通用内置函数，下面就结合示例说明涉及字符串操作的序列运算符及内置函数的用法。

PPT4-5
字符串操作

PPT

微课 4-5
字符串操作

笔 记

1. 字符串运算符示例

【示例4.2.3】　运算符“+”的使用。

```
>>>a="Hello"
>>>b="World!"
>>>a+" "+b # 连接运算符（+）
'Hello World!'
```

【示例4.2.4】　运算符“+=”的使用。

```
>>>a="Hello"
>>>b="World!"
>>>a+=b
>>>a
'HelloWorld!'
```

【示例4.2.5】　运算符“*”的使用。

```
>>>a="Hello"
>>>a*3
'HelloHelloHello'
```

【示例4.2.6】　运算符“[]”的使用。

```
>>>a="Hello"
>>>a[1]
'e'
>>>a[-4]
'e'
```

【示例4.2.7】　运算符“[::]”的使用。

```
>>>a= "我学python"
>>>a
'我学python'
>>>a[:]
'我学python'
>>>a[::]
'我学python' # a、a[:]、a[::]相同
>>>a[2:]
'python'
>>>a[2:5]
'pyt'
>>>a[2:5:]
```

笔 记

```
'pyt'
>>>a[2:5:1]
'pyt' # a[2:5]、a[2:5:]、a[2:5:1]相同
>>>a[5:2]
''
>>>a[5:2:-1]
'hty'
>>>a[5::-1]
'htyp学我'
```

2. 字符串内置函数操作示例

【示例4.2.8】 函数filter()的使用。

```
>>>str1="03014105900"
>>>Int=filter(int, str1) # 过滤掉数字0，得到可迭代对象Int
>>>for x in Int:
        print(x,end='')
314159
```

【示例4.2.9】 函数len()的使用。

```
>>>str1="我学Python!"
>>>len(str1)
9
```

【示例4.2.10】 函数max()的使用。

```
>>>str1="python"
>>>max(str1)
y
>>>max(-5,2,3,key=abs) # 取绝对值最大的项
-5
```

【示例4.2.11】 函数min()的使用。

```
>>>str1="python"
>>>min(str1)
h
>>>min(-5,2,3,key=abs) # 取绝对值最小的项
2
```

【示例4.2.12】 函数reversed ()的使用。

```
>>>str1="python"
>>>seq= reversed(str1)
>>>for x in seq:
        print(x,end='')
nohtyp
```

【示例4.2.13】 函数sorted ()的使用。

```
>>>str1="python"
>>>seq= sorted (str1) # 默认升序
>>>for x in seq:
        print(x,end='')
hnopty
>>>seq1= sorted (str1, reverse=True) # 降序
>>>for x in seq1:
        print(x,end='')
ytponh
```

【示例4.2.14】 函数zip ()的使用。

```
>>>str1="python"
>>>str2="java"
>>>L=zip(str1,str2) # 打包成每个元素是元组的可迭代序列
>>>for x in L:
        print(x,end='')
('p','j')('y','a')('t','v')('h','a')
```

3. 用关键字del删除字符串的引用

【示例4.2.15】 删除指定字符串元素。

```
>>>str1="我学Python!"
>>>del str1   # 删除字符串"我学Python!"的引用str1
```

4. 遍历字符串

遍历是指对给定序列中的每一个元素访问且仅访问一次，访问所做的操作可根据实际问题而定，这里假设访问所做的操作就是输出元素的值。下面通过示例说明遍历的方法。

【示例4.2.16】 遍历指定字符串元素。

```
>>>Str1 ="我学Python!"
>>>for x in Str1:
        print(x, end = "\t")
我  学  P  y  t  h  o  n  !
```

4.2.3 字符串操作常用方法

Python语言提供了丰富的字符串操作的方法，专门用于对字符串进行操作。表4.3列出了字符串操作常用的方法。

笔 记

PPT4-6 字符串操作常用方法

PPT

表4.3 字符串操作常用方法

调用格式	方法功能	示例
str.capitalize()	将字符串str的首字母大写，其余部分小写	>>>str1="pyThon" >>>str1.capitalize() # 'Python'

微课 4-6
字符串操作常用方法

续表

调用格式	方法功能	示例
str.casefold()	将字符串str的所有字母转换成小写，用于不区分大小写的字符串比较	>>>str1="PyThon" >>>str1. casefold () # 'python'
str.center(width[, fillchar])	将字符串str居中，得到用fillchar填充至指定宽度width的新字符串，默认使用空格填充	>>>str1="Python" >>>str1.center(9,'#') # '##Python#'
str.count(sub[, start[, end]])	在字符串str的[start, end)范围内查找字符串sub出现的次数	>>>str1="abababab" >>>str1.count('aba',1) # 1 >>>str1.count('aba',-8,-1) # 2
str.endswith (suffix[,start[, end]])	判断字符串str在[start, end)范围内的子串是否以suffix结尾，默认在整个字符串内判断	>>>str1="Python" >>>str1. endswith ('on') # True
str.find (sub[, start[,end]])	在字符串str的[start, end)范围内查找是否包含子串sub，若是返回索引值，否则返回-1，默认在整个字符串内查找	>>>str1="abababab" >>>str1. find ('aba',1) # 2 >>>str1. find ('aba',-8,-1) # 0 >>>str1. find ('abc') # -1
str.rfind (sub[, start[,end]])	返回子串sub在字符串str的[start, end)范围内最后一次出现的位置，若不含子串sub返回-1	>>>str1="abababab" >>>str1. rfind ('aba',1) # 4 >>>str1. rfind ('aba',-8,-1) # 4
str.index (sub[, start[,end]])	与find方法相同，差别仅在于若不含子串sub会报ValueError异常	>>>str1="abababab" >>>str1. index ('abc') ValueError: substring not found
str.isalnum()	判断字符串str是否由字符串或数字组成，空字符串返回False，中文按字母处理	>>>str1="我学python" >>>str1.isalnum() # True
str.isalpha()	判断字符串str是否只由字母组成，空字符串返回False	>>>str1="我学python" >>>str1. isalpha () # True
str.join(seq)	以str为连接符，将元素为字符串的序列seq中的元素连接成一个新的字符串	>>>str1="python" >>>'-'.join(str1) # 'p-y-t-h-o-n'
str.lower()	将字符串str的所有字母转换为小写字母，仅对 ASCII 编码的字母有效	>>>str1="我学PyThon" >>>str1. Lower() # '我学python'
str.replace (old,new,count)	依次将字符串str中的old子串替换为new子串，count用来指定替换次数，缺省时为全部替换	>>>str1="abababab" >>>str1.replace('a','A',3) # 'AbAbAbab'
str.split (sep=None, maxsplit=-1)	以sep为分隔符对字符串str进行切片，产生含有maxsplit+1个子字符串的列表。缺省sep以空格为分隔符，缺省maxsplit对切片数量没有限制	>>>str1="p-y-t-h-o-n" >>>str1.split('-',-1) ['p','y','t','h','o', 'n'] >>>str1.split(sep='-',maxsplit=2) ['p','y','t-h-o-n']

续表

调用格式	方法功能	示例
str.swapcase()	将字符串str的大小写字母反转	>>>str1="我学PyThon" >>>str1.swapcase() # '我学pYtHON'
str.title()	返回“标题化”的字符串，即所有单词都是以大写开始，其余字母均为小写	>>>str1="I learning python!" >>>str1.title () # 'I Learning Python!'
str.upper()	将字符串所有字母变为大写，会自动忽略不可转成大写的字符	>>>str1="我学PyThon" >>>str1.upper () # '我学PYTHON'

4.2.4 应用实例

PPT4-7
字符串应用实例

PPT

微课 4-7
字符串应用实例

【例4.1】 检测回文。

回文是指正读与反读一样的字符串，如abcdedcba。检测用户输入的字符串是否是回文。

算法思路： 同时从前向后和从后向前扫码字符串，比较对应位置的字符是否相同。如果有不同的，则不是回文；如果所有都相同，则是回文。

设置一个标志变量Flag，初值为True，用来表示是否是回文，Start初值为0是字符串的正向索引，用来从前向后扫码字符串，End初值为字符串长度-1，是字符串的反向索引，用来从后向前扫码字符串。

扫描时，如果对应字符不同，将标志变量Flag置为False并结束扫码；如果对应字符相同继续扫码，直到Start>End。

源代码
例 4.1

程序代码：

```
Palindrome = input("请输入一个字符串: ")
Flag = True
Start = 0
End = len(Palindrome) - 1
while Start<=End:
    if Palindrome[Start] != Palindrome[End]:
        Flag = False
        break
    Start += 1
    End -= 1
if Flag:
    print(Palindrome,"是回文!")
else:
    print(Palindrome,"不是回文!")
```

【例4.2】 文本加密解密。

将文本中的每个字符通过某种方法得到的字符组成新文本的过程称为加密；由加密文本得到原文本的过程称为解密。

采用对文本中的每个字符都加上一个相同的偏移量（称为密钥）对文本进行加密，并解密。文本和偏移量由用户输入。

算法思路：对输入文本的每一个字符，将其转换为整数与密钥相加，将所得整数转换为Unicode字符，将所有字符连接成字符串形成加密文本。

使用内置函数ord()将字符转换为整数，使用内置函数chr()将整数转换为字符，使用序列操作符"+="将所有字符连接成字符串形成加密文本。

源代码
例 4.2

由于Unicode字符对应的整数区间为[0, 1114111]，共有1114112个，为使整数与密钥相加后仍在区间[0, 1114111]范围内，所以需要用1114112做求余操作。

解密只需对密文做同样的操作，而把整数与密钥相加改为整数与密钥相减即可。

程序代码：

```
Text = input("请输入一段文本：")
Key = int(input("请输入密钥（整数）："))
# 加密
Ciphertext = ""
for ch in Text:
    Ciphertext += chr((ord(ch) + Key) % 1114112 )
print(f"密文为：{Ciphertext}")
# 解密
Plaintext = ""
for ch in Ciphertext:
    Plaintext += chr((ord(ch) - Key) % 1114112 )
print(f"明文为：{Plaintext}")
```

文本 参考答案
课堂实践 4.1

【课堂实践4.1】 输入一行字符，分别统计出其中英文字母、空格、数字和其他字符的个数。

【同步训练4.2】

一、单项选择题

1. 以下关于Python语言字符串的描述中，错误的是（　　）。

A. 字符串是字符的序列，可以按照单个字符或者字符片段进行索引

文本 参考答案
同步训练 4.2

B. 字符串包括两种序号体系：正索引和负索引

C. Python语言字符串提供区间访问方式，采用[N:M]格式，表示字符串中N ~ M的索引子字符串（包含N和M）

D. 字符串是用一对双撇号""或者单撇号''括起来的零个或者多个字符

2. 以下关于Python语言字符串的描述中，错误的是（　　）。

A. 可以使用datatype()测试字符串的类型

B. 输出带有撇号的字符串，可以使用转义字符"\"

C. 字符串是一个字符序列，字符串中的编号叫"索引"

D. 字符串可以保存在变量中，也可以单独存在

3. 字符串s = "I love Python"，以下程序的输出结果是（　　）。

```
s = "I love Python"
ls = s.split()
ls.reverse()
print(ls)
```

A. 'Python', 'love', 'I'　　　　　　　B. Python love I

C. None　　　　　　　　　　　　　D. ['Python', 'love', 'I']

4. 以下关于字符串类型的操作描述中，错误的是（　　）。

A. str.replace(x,y)方法把字符串str中所有的x子串都替换成y

B. 想把一个字符串str所有的字符都大写，用str.upper()

C. 想获取字符串str的长度，用字符串处理函数 str.len()

D. 设 x = 'aa'，则执行x*3的结果是'aaaaaa'

5. 设 str = 'python'，想把字符串的第一个字母大写，其他字母还是小写，正确的语句是（　　）。

A. print(str[0].upper()+str[1:])　　　　B. print(str[1].upper()+str[-1:1])

C. print(str[0].upper()+str[1:-1])　　　D. print(str[1].upper()+str[2:])

二、知识填空题

1. str ="Python语言程序设计"，表达式 str.isnumeric()的结果是________；表达式'Hello' > 'hello'的结果是________。

2. 字符串TempStr = "Hello World"，若要输出"World"子串，则使用语句________操作实现。

三、程序阅读题

1. 以下程序的输出结果是（　　）。

```
for i in range(3):
    for s in "abcd":
        if s=="c":
            break
        print (s,end="")
```

2. 以下程序的输出结果是（　　）。

```
for s in "abc":
    for i in range(3):
        print (s,end="")
        if s=="c":
            break
```

四、程序设计题

1. 假设有一段英文，其中有单独的字母I误写为i，编写程序进行纠正。

2. 编写程序，计算字符串中子串出现的次数。

3. 输入星期几的首字母，用来判断是星期几，如果首字母一样，则继续判断第2个字母，依此类推。

4.3 列表

像字符串类型一样，列表（list）类型也是序列数据类型，也可以通过下标或者切片操作的方式来访问某一个或者某一块连续的元素。但是，列表又有很多不同于字符串的特性：列表是一种可变序列类型，而字符串是一种不可变序列类型；列表可以包含任意数量元素、任意类型的Python对象，而字符串只能由字符组成，且不能试图改变它的某个值。

使用列表可以处理更多的数据，解决更复杂的实际问题，特别是需要修改数据的实际问题。

4.3.1 创建列表

PPT4-8 创建列表

PPT

微课 4-8 创建列表

笔 记

列表是用一对方括号括起来的一组数据，每一个数据称为一个元素，元素之间用逗号分隔，元素的类型可以是各种类型，甚至是列表类型。通常用列表来处理相同类型的数据，列表中元素的个数没有限制，通过插入和删除等修改操作可以改变列表的长度。使用以下3种方法来创建列表。

1. 直接创建

通过将一组由逗号分隔的元素用方括号括起来创建列表。

创建列表的一般格式： list_name=[element0, element1, element2, …, elementN]

其中，list_name是所创建列表的名字，elementi（i=0,1,2,…,N）是列表元素，可以是任意类型。

【示例4.3.1】 直接创建列表。

```
>>>List1 = [] # 创建一个空列表
>>>List1
[]
>>>List2 = [1,2,3,2,5]   # 创建一个同类型数据的列表
>>>List2
[1, 2, 3, 2, 5]
>>>List3 = [123,4.56,'abc',True]   # 创建一个不同类型数据的列表
>>>List3
[123, 4.56, 'abc', True]
>>>List4 = [78, List2, "python"]   # 以列表为元素创建列表
>>>List4
[78, [1, 2, 3, 2, 5], 'python']
```

2. 用内置函数list()创建

调用格式： list(iterable)

功能： 以可迭代对象iterable的元素为元素创建列表，缺省iterable则创建一个空列表。

【示例4.3.2】 用函数list()创建列表。

```
>>>List1 = list() # 创建一个空列表
>>>List1
[]
>>>List2 =list(range(5)) # 以range(5)创建一个列表
```

笔 记

```
>>>List2
[0, 1, 2, 3, 4]
>>>str1="Python" # 以字符串创建一个列表
>>>List3 = list(str1)
>>>List3
['P', 'y', 't', 'h', 'o', 'n']
```

3. 推导式创建

调用格式：[f(x) for x in iterable[if 条件]]

功能：以函数值f(x)为元素创建列表，其中x为可迭代序列iterable中满足条件的元素，缺省条件为所有元素。

【示例4.3.3】 推导式创建列表。

```
>>>List1 = [ 3*x+2 for x in range(5)] # 缺省条件推导式创建列表
>>>List1
[2, 5, 8, 11, 14]
>>>List2 = [ 3*x+2 for x in range(5) if x%2==1] # 带条件推导式创建列表
>>>List2
[5, 11]
```

4.3.2 列表操作

PPT4-9 列表操作

在4.1节中已经介绍了序列通用运算符和序列通用内置函数，下面就结合示例说明涉及列表操作的序列运算符及内置函数的用法。

1. 运算符操作列表示例

【示例4.3.4】 运算符“+”的使用。

```
>>>List1 = [1,2,3]
>>>List2 = [2,5]
>>>List1 + List2
[1, 2, 3, 2, 5]
```

微课 4-9 列表操作

【示例4.3.5】 运算符“+=”的使用。

```
>>>List1 = [1,2,3]
>>>List2 = [2,5]
>>>List1 += List2
>>>List1
[1, 2, 3, 2, 5]
```

【示例4.3.6】 运算符“*”的使用。

```
>>>List2 = [2,5]
>>>List2 * 3
[2, 5, 2, 5, 2, 5]
```

【示例4.3.7】 运算符“[]”的使用。

笔 记

```
>>>List1 = [1, 2, 3, 2, 5]
>>>List1[2]
3
```

【示例4.3.8】 运算符“[::]”的使用。

```
>>>List1 = [1, 2, 3, 2, 5]
>>>List1[2:]
[3, 2, 5]
>>>List1[1:5:2]
[2, 2]
>>>List1[2:2]
[]
```

【示例4.3.9】 访问二维列表元素。

```
>>>List1 = [[1, 2, 3],[4, 5,6],[7,8,9]]
>>>List1[1]
[4, 5, 6]
>>>List1[1][1]
5
>>>List1[1][1:]
[5, 6]
```

2. 内置函数操作列表示例

【示例4.3.10】 函数filter()的使用。

```
>>>List1 = [0,1,2,0,3]
>>>List2=list(filter(int, List1)) # 过滤掉数字0，用得到的可迭代对象创建列表
>>>List2
[1, 2, 3]
```

【示例4.3.11】 函数len()的使用。

```
>>>List1 = [0,1,2,0,3]
>>>len(List1)
5
>>>List2 = [[1, 2, 3],[4, 5,6]]
>>>len(List2)
2
>>>len(List2[0])
3
```

【示例4.3.12】 函数max()的使用。

```
>>>List1 = [0,1,2,-5,3]
>>>max(List1)
3
```

笔 记

```
>>>max(List1,key=abs) # 取绝对值最大的项
-5
```

【示例4.3.13】 函数min()的使用。

```
>>>List1 = [0,1,2,-5,3]
>>>min(List1)
-5
>>>min(List1,key=abs) # 取绝对值最小的项
0
```

【示例4.3.14】 函数reversed ()的使用。

```
>>>List1 = [0,1,2,-5,3]
>>>List2 = list(reversed(List1))
>>>List2
[3, -5, 2, 1, 0]
```

【示例4.3.15】 函数sorted ()的使用。

```
>>>List1 = [0,1,2,-5,3]
>>>List2 = list(sorted (List1)) # 默认升序
>>>List2
[-5, 0, 1, 2, 3]
>>>List3 = list(sorted (List1, reverse=True)) # 降序
>>>List3
[3, 2, 1, 0, -5]
```

【示例4.3.16】 函数sum ()的使用。

```
>>>List1 = [1, 2, 3, 2, 5]
>>>sum(List1)
13
```

【示例4.3.17】 函数zip ()的使用。

```
>>>List1 = [0,1,2,-5,3]
>>>List2 = [6,4]
>>>List3 = list(zip(List1,List2)) # 打包成每个元素是元组的列表
>>>List3
[(0, 6), (1, 4)]
```

3. 修改列表

列表是可变对象，可以对列表进行修改，不仅可以修改列表的元素，还可以修改列表的长度，即修改列表元素的个数。

【示例4.3.18】 一次修改一个元素。

```
>>>List1 = [123,4.56, 'abc',True,[321, '321', 'efg']]
>>>List1[1] = 456 # 修改列表中索引为1的元素
>>>List1
```

笔 记

```
[123, 456,'abc', True, [321, '321', 'efg']]
>>>List1[-1] = 'de'  # 修改列表中索引为-1的元素
>>>List1
[123, 456, 'abc', True, 'de']
```

【示例4.3.19】 一次修改多个元素。

```
>>>List1 = [123, 456, 'abc', True, 'de']
>>>List1[2:3] = [78,90]  # 修改列表中的多个元素
>>>List1
[123, 456, 78, 90, True,'de']
```

【示例4.3.20】 向列表插入元素。

```
>>>List1 = [123, 456, 78, 90, True,'de']
>>>List1[4:4]=[ 'a', 'b', 'c']  # 通过切片在指定位置插入多个元素
>>>List1
[123, 456, 78, 90, 'a', 'b', 'c',True, 'de']
```

4. 用关键字del删除列表或元素

【示例4.3.21】 删除列表元素。

```
>>>List1 = [123, 456, 78, 90, True,'de']
>>>del List1[4]  # 删除列表List1的元素List1[4]
>>>List1
[123, 456, 78, 90, 'de']
```

【示例4.3.22】 删除列表。

```
>>>List1 = [123, 456, 78, 90, True,'de']
>>>del List1  # 删除列表List1
```

5. 遍历列表

同字符串一样，可以对列表进行遍历。下面通过示例说明遍历的方法。

【示例4.3.23】 遍历指定列表元素。

```
>>>List1 = [123, 456, 78, 90, 'a', 'b', 'c', True, 'de']
>>>for x in List1:
        print(x, end = "\t")
123    456    78    90    a    b    c    True    de
```

4.3.3 列表操作常用方法

PPT4-10
列表操作常用方法
PPT

不仅可以通过运算符和内置函数对列表进行操作，还可以通过Python语言提供的列表对象的专用方法对列表进行操作。表4.4给出了列表操作常用的方法。

微课 4–10
列表操作常用方法

表4.4 列表操作常用方法

调用格式	方法功能	示例
List.append(obj)	在列表List末尾添加新元素obj	>>>List1 = [0,1,2,-5,3] >>>List1.append(7) >>>List1 [0,1,2,-5,3,7]
List.clear()	清空列表List	>>>List1 = [0,1,2,-5,3] >>>List1.clear() >>>List1 []
List.copy()	复制列表List	>>>List1 = [0,1,2,-5,3] >>>List2 = List1.copy() >>>List2 [0,1,2,-5,3]
List.count(obj)	统计元素对象obj在列表List中出现的次数	>>>List1 = [1, 2, 3, 2, 2] >>>List1.count(2) 3
List.extend(seq)	在列表List末尾一次性追加另一个序列seq中的多个值	>>>List1 = [1, 2, 3] >>>List1.extend([4,5]) >>>List1 [1, 2, 3, 4, 5]
List.index(obj)	从列表List中找出元素obj第一个匹配项的索引位置	>>>List1 = [1, 2, 3, 2, 5] >>>List1.index(2) 1
List.insert(index, obj)	将对象obj插入列表List的指定位置index	>>>List1 = [1, 2, 3, 2, 5] >>>List1.insert(2, 4) >>>List1 [1, 2, 4, 3, 2, 5]
List.pop([index=-1])	删除列表List中索引为index的元素，并且返回该元素的值	>>>List1 = [1, 2, 3, 2, 5] >>>List1.pop(1) 2 >>>List1 [1, 3, 2, 5]
List.removc(obj)	删除列表List中元素obj的第一个匹配项，如果列表List中没有obj，则抛出ValueError异常	>>>List1 = [1, 2, 3, 2, 5] >>>List1.remove(2) >>>List1 [1, 3, 2, 5]
List.reverse()	将列表List逆置	>>>List1 = [1, 2, 3, 2, 5] >>>List1.reverse() >>>List1 [5, 2, 3, 2, 1]
List.sort(key=None, reverse=False)	对原列表List进行排序，其中key是一个含有一个参数的函数，用来指定按哪个关键字排序，reverse=False （默认)为升序，reverse=True表示降序	>>>List1 =[5, 2, 3, 2, 1] >>>List1.sort() >>>List1 [1, 2, 2, 3, 5]

笔 记

说明：

1）方法List.copy()，复制列表对象List，创建一个新列表对象，是原列表对象List的副本。

【示例4.3.24】

```
>>>List1 = [1, 3, 2]
>>>List2 = List1.copy()
>>>List2.append(5)
>>>List1
[1, 3, 2]
>>>List2
[1, 3, 2, 5]
```

2）方法List.copy()，仅复制列表对象List，不复制List的子对象，称为浅复制，即新列表对象与原列表对象共享子对象。

【示例4.3.25】

```
>>>List1 = [1, 3, [2, 5],8 ]
>>>List2 = List1.copy()
>>>List2[2].append(4)  # 在List2的子对象List2[2]的结尾添加对象4
>>>List1
[1, 3, [2, 5, 4], 8]  # 对List2子对象的修改，实际也修改了List1的子对象
>>>List2
[1, 3, [2, 5, 4], 8]
```

3）方法List.index(obj)，如果在列表List中找不到obj，则抛出ValueError异常。

【示例4.3.26】

```
>>>List1 = [1, 2, 3, 2, 5]
>>>List1.index(4)
Traceback (most recent call last):
    File "<pyshell#54>", line 1, in <module>
        List1.index(4)
ValueError: 4 is not in list
```

4）方法List.pop([index=-1])，默认删除最后一个元素。

【示例4.3.27】 删除最后一个元素。

```
>>>List1 = [1, 3, 2, 5]
>>>List1.pop()
5
>>>List1
[1, 3, 2]
```

5）方法List.sort(key=None, reverse=False)，其中的参数key是含有一个参数的

函数，用来指定按哪个关键字排序，该参数通常使用自定义函数。关于自定义函数将在第5章介绍。

PPT4-11
列表应用实例（1）

PPT

4.3.4 应用实例

微课 4-11
列表应用实例（1）

【例4.3】 选择排序。

对给定的一组数据进行升序排序，这组数据由用户输入。

对数据进行排序，可以使用内置函数sorted()或列表方法sort()来实现，也可以自己编写程序来实现。排序的方法很多，这里使用选择排序对数据进行排序。

假设共有n个数据放在列表List1中，待排序区间为[i,n-1]，初始时为[0,len(List1)-1]。

算法思路：先认定List1[i]最小，即将p=i，然后从j=i+1到n-1比较List1[j]与List1[p]，如果List1[j]<List1[p]，则p=j，即始终用p存放较小元素的索引。比较结束后，如果p！=i，就将List1[i]与List1[p]交换，这样，将当前最小数放到List1[i]中。i从0开始到n-2，重复上述过程，便对List1中的数据排好序。

源代码
例 4.3

程序代码：

```
List1 = list(map( int,input("请输入一组整数，用空格分隔：").split()))
n = len(List1)
print("排序前的列表为:",List1)
for i in range(n-1):
    p = i
    for j in range(i+1,n):
        if List1[j] < List1[p]:
            p = j
    if p != i:
            List1[i],List1[p] = List1[p],List1[i]
print("排序后的列表为:",List1)
```

PPT4-12
列表应用实例（2）

PPT

【例4.4】 有序列表的插入。

已知一个按升序排序的整数列表，将用户输入的整数插入到列表中，使得插入后的列表仍然有序。要求列表和待插入的整数由用户输入。

设List1是含有n个整数已按升序排序的列表，x是待插入的整数。

算法思路：i从n-1开始，依次将List[i]与x进行比较，如果List[i]<=x，i+1就是x应插入的位置，使用insert()列表方法将x插入，跳出循环。需要注意的是，如果i从n-1到0一直有List[i]>x，此时0是x应插入的位置。

微课 4-12
列表应用实例（2）

程序代码：

```
List1 = list(map( int,input("请输入一组整数，用空格分隔：").split()))
x = int(input("请输入待插入的数据："))
n = len(List1)
List1.sort()
print(f"插入元素{x}前的列表为：",List1)
for i in range(n-1,-1,-1) :
    if List1[i] <= x:
        List1.insert(i + 1, x)
```

```
            break
    if List1[0] > x:List1.insert(0 , x)
print(f"插入元素{x}后的列表为：",List1)
```

源代码
例 4.4

【课堂实践4.2】 列表元素删除。

在给定的整数列表中删除指定值的所有元素，列表元素和待删除元素由用户输入。要求不使用列表方法remove()。

文本 参考答案
课堂实践 4.2

【同步训练4.3】

文本 参考答案
同步训练 4.3

一、单项选择题

1. 以下关于列表和字符串的描述中，错误的是（　　）。

A. 列表使用正向递增序号和反向递减序号的索引体系

B. 列表是一个可以修改数据项的序列类型

C. 字符和列表均支持成员关系运算符in和长度计算函数len()

D. 字符串是单一字符的无序组合

2. 关于Python语言中的列表，下列描述中错误的是（　　）。

A. Python列表是包含0个或者多个对象引用的有序序列

B. Python列表用方括号[]表示

C. Python列表是一个可以修改数据项的序列类型

D. Python列表的长度是不可变的

3. 以下关于列表操作的描述中，错误的是（　　）。

A. 通过append 方法可以向列表添加元素

B. 通过extend 方法可以将另一个列表中的元素逐一添加到列表中

C. 通过insert(index,object) 方法在指定位置 index 前插入元素 object

D. 通过add 方法可以向列表添加元素

4. 已知以下程序段，要想输出结果为“1,2,3”，应该使用的表达式是（　　）。

```
x = [1,2,3]
z = []
for y in x:
    z.append(str(y))
```

A. print(z)　　　　B. print(",".join(x))

C. print(x)　　　　D. print(",".join(z))

5. 给出如下代码：

```
import random as ran
listV = []
ran.seed(100)
for i in range(10):
    i = ran.randint(100,999)
    listV.append(i)
```

以下语句中能输出随机列表元素最大值的是（　）。

A. print(listV.max())　　B. print(listV.pop(i))

C. print(max(listV))　　D. print(listV.reverse(i))

二、知识填空题

1. 在列表中查找元素时可使用________运算符，如果要从小到大排列列表的元素，可使用________方法。

2. ________方法用于生成一个新列表，复制ls的所有元素；________方法用于列表ls的所有元素反转；________在ls最后增加一个元素。

3. 语句listV = list(range(5)) print(2 in listV)的输出结果是________，语句a = [5,1,3,4] print(sorted(a,reverse = True))的输出结果是________。

4. 语句s =["seashell","gold","pink","brown","purple","tomato"] print(s[4:])的输出结果是________。

三、程序阅读题

1. 以下程序的输出结果是（　）。

```
dat=['1', '2', '3', '0', '0', '0']
for item in dat:
    if item == '0':
        dat.remove(item)
print(dat)
```

2. 以下程序的输出结果是（　）。

```
list = [10,23,66,26,35,1,76,88,58]
list.reverse( )
print(list[3])
list.sort( )
print(list[3])
```

3. 以下程序的功能是（　）。

```
x = list(range(20))
for index, value in enumerate(x):
    if value == 3:
        x[index] = 5
```

四、程序设计题

1. 假设有个列表存储了奇数个数字，试编写程序输出中间位置的数字。

2. 编写程序，用户输入一个列表和两个整数作为下标，然后输出列表中介于两个下标之间的元素组成的子列表。例如，用户输入“[1，2，3，4，5，6]”和“2，5”，程序输出“[3，4，5，6]”。

3. 编写程序，生成一个包含20个随机整数的列表，然后对其中偶数下标的元素进行降序排列，奇数下标的元素不变。

4. 编写程序，实现删除列表重复元素的功能。

5. 编写程序，实现删除列表中的素数。

4.4 元组

元组（tuple）和列表非常相似，它们的元素都是用逗号分隔，元素为任意类型。其主要区别在于：从形式上看，列表是用方括号把元素括起来，而元组是用圆括号把元素括起来；从可变性上看，列表是可变序列类型，而元组是不可变序列类型。

使用元组可以处理更多的数据，解决更复杂的不需要修改数据的实际问题。

4.4.1 创建元组

PPT4−13
创建元组

PPT

微课 4−13
创建元组

元组是用一对圆括号括起来的一组数据，每一个数据称为一个元素，元素之间用逗号分隔，元素的类型可以是各种类型。使用以下3种方法创建元组。

1. 直接创建

通过将一组由逗号分隔的元素用圆括号括起来或缺省圆括号创建元组。

创建元组的一般格式： tuple_name=(element0, element1, element2, ⋯, elementN,)

其中，tuple_name是所创建元组的名字，elementi（i=0,1,2,⋯,N）是元组的元素，可以是任意类型，圆括号可写也可以不写。

需要注意的是，当创建仅含一个元素的元组时，元素后面的逗号不能省略（Python解析器将认为含单元素的括号里面的内容是一个表达式，而不是元组的元素）；创建含多个元素的元组时，最后一个元素后面的逗号可省略。

【示例4.4.1】 直接创建元组。

```
>>>Tuple1 = () # 创建空元组
>>>Tuple1
()
>>>Tuple2 = (50,)  # 创建单元素元组，需在元素后面添加逗号，否则括号会被当作运算符使用
>>>Tuple2
(50,)
>>>Tuple3 = 1, 2, 3, 4, 5 # 缺省圆括号创建元组
>>>Tuple3
(1, 2, 3, 4, 5)
>>>Tuple4 = (123,4.56, 'abc',True) # 创建不同类型元素的元组
>>>Tuple4
(123, 4.56, 'abc', True)
```

笔 记

2. 用内置函数tuple()创建

调用格式： tuple(iterable)

功能： 以可迭代对象iterable的元素为元素创建元组，缺省iterable则创建一个空元组。

【示例4.4.2】 用函数tuple()创建元组。

```
>>>Tuple1 = tuple() # 创建一个空元组
>>>Tuple1
()
>>>Tuple 2 = tuple (range(5)) # 以range(5)创建一个元组
>>>Tuple 2
(0, 1, 2, 3, 4)
>>>str1="Python" # 以字符串创建一个元组
>>>Tuple3 = tuple(str1)
>>>Tuple3
('P', 'y', 't', 'h', 'o', 'n')
>>>List1=[1,2,3] # 以列表创建一个元组
>>>Tuple4 = tuple(List1)
>>>Tuple4
(1,2,3)
```

3. 推导式创建

调用格式： tuple (f(x) for x in iterable[if 条件])

功能： 以函数值f(x)为元素创建可迭代对象，其中x为可迭代序列iterable中满足条件的元素，缺省条件为所有元素，再用tuple()将可迭代对象创建为元组。

【示例4.4.3】

```
>>>Tuple1 = tuple( 3*x+2 for x in range(5)) # 缺省条件推导式创建元组
>>>Tuple1
(2, 5, 8, 11, 14)
>>>Tuple2 = tuple( 3*x+2 for x in range(5) if x%2==1) # 带条件推导式创建元组
>>>Tuple2
(5, 11)
```

4.4.2 元组操作

在4.1节中已经介绍了序列通用运算符和序列通用内置函数，下面就结合示例说明涉及元组操作的序列运算符及内置函数的用法。

1. 运算符操作元组示例

【示例4.4.4】 运算符“+”的使用。

```
>>>Tuple1 = (1,2,3)
>>>Tuple2 = (2,5)
>>>Tuple1 + Tuple2
(1, 2, 3, 2, 5)
```

【示例4.4.5】 运算符“+=”的使用。

```
>>>Tuple1 = (1,2,3)
>>>Tuple2 = (2,5)
```

笔 记

PPT4-14 元组操作

PPT

微课 4-14 元组操作

笔 记

```
>>>Tuple1 += Tuple2
>>>Tuple1
(1, 2, 3, 2, 5)
```

【示例4.4.6】 运算符“*”的使用。

```
>>>Tuple2 = (2,5)
>>>Tuple2 * 3
(2, 5, 2, 5, 2, 5)
```

【示例4.4.7】 运算符“[]”的使用。

```
>>>Tuple1 = (1, 2, 3, 2, 5)
>>>Tuple1[2]
3
```

【示例4.4.8】 运算符“[::]”的使用。

```
>>>Tuple1 = (1, 2, 3, 2, 5)
>>>Tuple1[2:]
(3, 2, 5)
>>>Tuple1[1:5:2]
(2, 2)
>>>Tuple1[2:2]
()
```

【示例4.4.9】 访问二维元组元素。

```
>>>Tuple1 = ((1, 2, 3),(4, 5,6),(7,8,9))
>>>Tuple1[1]
(4, 5, 6)
>>>Tuple1[1][1]
5
>>>Tuple1[1][1:]
(5, 6)
```

2. 内置函数操作元组示例

【示例4.4.10】 函数filter()的使用。

```
>>>Tuple1 = (0,1,2,0,3)
>>>Tuple2=tuple(filter(int, Tuple1)) # 过滤掉数字0，用得到的可迭代对象创建元组
>>>Tuple2
(1, 2, 3)
```

【示例4.4.11】 函数len()的使用。

```
>>>Tuple1 = (0,1,2,0,3)
>>>len(Tuple1)
5
```

笔 记

```
>>>Tuple2 = ((1, 2, 3),(4, 5,6))
>>>len(Tuple2)
2
>>>len(Tuple2[0])
3
```

【示例4.4.12】 函数max()的使用。

```
>>>Tuple1 = (0,1,2,–5,3)
>>>max(Tuple1)
3
>>>max(Tuple1,key=abs) # 取绝对值最大的项
–5
```

【示例4.4.13】 函数min()的使用。

```
>>>Tuple1 = (0,1,2,–5,3)
>>>min(Tuple1)
–5
>>>min(Tuple1,key=abs) # 取绝对值最小的项
0
```

【示例4.4.14】 函数reversed ()的使用。

```
>>>Tuple1 = (0,1,2,–5,3)
>>>Tuple2 = tuple(reversed(Tuple1))
>>>Tuple2
(3, –5, 2, 1, 0)
```

【示例4.4.15】 函数sorted ()的使用。

```
>>>Tuple1 = (0,1,2,–5,3)
>>>Tuple2 = tuple(sorted (Tuple1)) # 默认升序
>>>Tuple2
(–5, 0, 1, 2, 3)
>>>Tuple3 = tuple(sorted (Tuple1, reverse=True)) # 降序
>>>Tuple3
(3, 2, 1, 0, –5)
```

【示例4.4.16】 函数sum ()的使用。

```
>>>Tuple1 = (1, 2, 3, 2, 5)
>>>sum(Tuple1)
13
```

【示例4.4.17】 函数zip ()的使用。

```
>>>Tuple1 = (0,1,2,–5,3)
>>>Tuple2 = (6,4)
>>>Tuple3 = tuple(zip(Tuple1,Tuple2)) # 打包成每个元素是元组的元组
```

```
>>>Tuple3
((0, 6), (1, 4))
```

3. 修改元组中的可变元素

PPT4-15
修改和删除元组及元组操作常用方法

元组是不可变对象，一旦创建，不能修改元素的值。但如果元组元素是可变对象，则可以修改其可变元素的值，也可以使用可变元素的方法对可变元素操作。

【示例4.4.18】 修改元组中可变元素的值。

```
>>>Tuple1 = (1,[2,3],-5,3)
>>>Tuple1[1][0] = 4
>>>Tuple1
(1, [4, 3], -5, 3)
```

【示例4.4.19】 使用可变元素的方法对可变元素进行操作。

```
>>>Tuple1 = (1,[2,3],-5,3)
>>>Tuple1[1].append(5)
>>>Tuple1
(1, [2, 3, 5], -5, 3)
```

微课 4-15
修改和删除元组及元组操作常用方法

4. 用关键字del删除元组

【示例4.4.20】 删除元组。

```
>>>Tuple1 = (1,[2,3],-5,3)
>>>del Tuple1  # 删除元组Tuple1
```

5. 遍历元组

同字符串和列表一样，可以对元组进行遍历。下面通过示例说明遍历的方法。

【示例4.4.21】 遍历指定元组元素。

```
>>>Tuple1 = (123, 456, 78, 90, 'a', 'b', 'c', True, 'de')
>>>for x in Tuple1:
        print(x, end = "\t")
123    456    78    90    a    b    c    True    de
```

4.4.3 元组操作常用方法

Python语言提供元组对象的专用方法对元组进行操作。表4.5给出了元组操作常用的方法。

表4.5 元组操作常用方法

调用格式	方法功能	示例
Tuple.count(obj)	统计元素对象obj元组Tuple中出现的次数	>>>Tuple1 = (1, 2, 3, 2, 2) >>>Tuple1.count(2) 3
Tuple.index(obj)	从元组Tuple中找出元素obj第一个匹配项的索引位置	>>>Tuple1 = (1, 2, 3, 2, 5) >>>Tuple1.index(2) 1

4.4.4 应用实例

PPT4-16
元组应用实例

【例4.5】 求最大值及索引。

求整数元组中元素的最大值及索引，元组元素由用户输入。

假设这组数据共有n个数放在元组Tuple1中，用Max表示这组整数中的最大数，k表示最大数的索引。

算法思路： 先认定第1个元素Tuple1[0]最大，即Max= Tuple1[0]，并记录其索引k=0；然后将其他各数Tuple1[i]（i=1,2,⋯,n−1）依次与当前最大数Max比较，如果Tuple1[i]>Max，就将Tuple1[i]记为当前最大数，并记录其索引，全部元素比较完毕，Max就是这组数据中的最大数，k就是最大数的索引。

微课 4-16
元组应用实例

程序代码：

```
Tuple1 = tuple(map( int,input("请输入一组整数，用空格分隔：").split()))
Max = Tuple1[0]
k = 0
n = len(Tuple1)
for i in range(1,n):
    if Tuple1[i] > Max:
        Max,k = Tuple1[i],i
print(f"最大值为：{Max}，索引为：{k}")
```

【例4.6】 二分查找。

在一组数据中查找给定的值，如果找到则给出找到信息，如果没找到则给出没找到信息。假设这组数据和给定值都由用户来输入。

源代码
例 4.5

在一组数据中查找给定的值，可以使用元组方法index()进行顺序查找，但顺序查找效率较低，故采用效率较高的二分查找。二分查找要求这组数据必须已经排好序，这里假设为升序。

假设这组数据放在元组Tuple1中，给定值为key，待查找区间为[Low,High]，初始时为[0,len(Tuple1)−1]，取区间[Low,High]的中间点Mid=(Low+High)//2，用标志变量Flag表示是否查找成功，初值为False。

算法思路： 先将元组Tuple1的中间点Mid元素的值与key比较，如果相等，则查找成功，将Flag置为True，Mid就是找到元素的索引；否则，如果Tuple1[Mid]>key，则继续在左半个区间[Low,High]（此时High=Mid−1）内查找，如果tuple1[Mid]<key，则继续在右半个区间[Low,High]（此时Low=Mid+1）内查找。重复上述过程，直到找到，或区间[Low,High]为空（即Low>High）为止。

源代码
例 4.6

注意：在使用循环（循环条件为Low<=High）查找的过程中，可能会出现Low>len(tuple1)−1的情况，此时应使用break跳出循环。

程序代码：

```
Tuple1 = tuple(map(int,input("请按升序输入一组整数，用空格分隔：").split()))
key = int(input("请输入待查找的数据："))
Low = 0
High = High1 = len(Tuple1) - 1
```

```
Flag = False
while Low <= High:
    Mid = (Low+High)//2
    if Tuple1[Mid] == key:
        Flag = True
        break
    if Tuple1[Mid] > key:
        High = Mid - 1
    else:
        Low = Mid + 1
if Flag:
    print(f"找到，是第{Mid+1}个元素。")
else:
    print("没找到。")
```

文本 参考答案
课堂实践 4.3

【课堂实践4.3】 求整数元组中元素的最大值和次大值，元组元素由用户输入。

【同步训练4.4】

一、单项选择题

1. 关于Python语言的元组类型，以下描述中错误的是（　　）。

A. 元组中元素必须是相同类型

B. 元组一旦创建就不能被修改

C. 一个元组可以作为另一个元组的元素，采用多级索引获取信息

D. 元组采用逗号和圆括号（可选）来表示

文本 参考答案
同步训练 4.4

2. 元组变量t=("cat","dog","tiger","human")，t[::-1]的结果是（　　）。

A. {'human','tiger','dog','cat'}

B. ['human','tiger','dog','cat']

C. 运行出错

D. ('human','tiger','dog','cat')

3. 以下对s.index(x)的描述中，正确的是（　　）。

A. 返回序列s中序号为x的元素

B. 返回序列s中x的长度

C. 返回序列s中元素x所有出现位置的序号

D. 返回序列s中元素x第一次出现的序号

4. 以下不是Python语言中序列类型的是（　　）。

A. 列表类型　　B. 字符串类型

C. 元组类型　　D. 数组类型

5. 下列函数中，用于返回元组中元素最大值的是（　　）。

A. len　　B. max　　C. min　　D. tuple

二、知识填空题

1. Python语言的序列中可变数据类型有________，不可变数据类型有________。

2. 任意长度的Python列表、元组和字符串中，最后一个元素的索引为________。

3. Python中的内置函数________可以返回列表、元组、字典、集合、字符串以及range对象中元素的个数；________用来返回数值型序列中所有元素之和。

4. 语句x = (3,) 执行后x的值为________，是________类型数据；语句x = (3) 执行后x的值为________，是________类型数据。

5. 语句tuple(reversed(("cat","dog","tiger","human")))执行后的结果是________。

三、程序设计题

假设有两个3 × 3的矩阵，试编写程序，计算这两个矩阵的和并输出。

4.5 集合

集合（set/frozenset）中元素互不相同且无序，具有数学中集合的三个特性，即确定性、互异性和无序性。

集合分为可变集合（set）和不可变集合（frozenset）。对于可变集合，可对集合中的元素添加和删除；而不可变集合则不可以添加和删除元素。

集合的基本用途包括成员关系测试和从序列中删除重复项。

4.5.1 创建集合

集合是用一对花括号括起来的一组数据，每一个数据称为一个元素，元素之间用逗号分隔，元素的类型必须是不可变类型。使用以下5种方法来创建集合。

PPT4-17 创建集合

PPT

微课 4-17 创建集合

1. 直接创建

通过将一组由逗号分隔的元素用花括号括起来创建可变集合。

创建可变集合的一般格式： set_name={element1, element2, element3, …, elementN}

其中，set_name是所创建集合的名字，elementi（i=1,2,…,N）是集合元素，至少含有一个元素，元素类型必须是不可变类型。

【示例4.5.1】 直接创建可变集合。

```
>>>Set1={3,(6,8),3,"python"} # 创建时可以有相同元素
>>>Set1
{3, (6, 8), 'python'} # 结果元素都不同
```

2. 用内置函数set()创建可变集合

调用格式： set(iterable)

功能： 以可迭代对象iterable的元素为元素创建集合，缺省iterable则创建一个空集合。

【示例4.5.2】 创建空集合。

```
>>>Set1 = set() # 创建一个空集合
>>>Set1
set() # set()用来表示空集合，而{}用来表示空字典，以示区别
```

笔 记

```
>>>type(Set1)
<class 'set'>
```

【示例4.5.3】 用字符串创建集合。

```
>>>Set1 = set("python")
>>>Set1
{'n','t','h','p','o','y'}
```

【示例4.5.4】 用列表创建集合。

```
>>>Set1 = set([1,2,3,2,5])
>>>Set1
{1, 2, 3, 5}
```

【示例4.5.5】 用元组创建集合。

```
>>>Set1 = set((1,2,3,2,5))
>>>Set1
{1, 2, 3, 5}
```

【示例4.5.6】 用range()创建集合。

```
>>>Set1 = set(range(5))
>>>Set1
{0, 1, 2, 3, 4}
```

3. 用内置函数frozenset()创建不可变集合

调用格式： frozenset(iterable)

功能： 以可迭代对象iterable的元素为元素创建集合，缺省iterable则创建一个空集合。

【示例4.5.7】 创建不可变空集合。

```
>>>Set1 = frozenset() # 创建一个不可变空集合
>>>Set1
frozenset() # 不可变空集合
```

【示例4.5.8】 用字符串创建不可变集合。

```
>>>Set1 = frozenset("python")
>>>Set1
frozenset({'n', 't', 'h', 'p', 'o', 'y'})
```

【示例4.5.9】 用列表创建不可变集合。

```
>>>Set1 = frozenset([1,2,3,2,5])
>>>Set1
frozenset({1, 2, 3, 5})
```

【示例4.5.10】 用元组创建不可变集合。

```
>>>Set1 = frozenset((1,2,3,2,5))
>>>Set1
frozenset({1, 2, 3, 5})
```

笔 记

【示例4.5.11】 用range()创建不可变集合。

```
>>>Set1 = frozenset(range(5))
>>>Set1
frozenset({0, 1, 2, 3, 4})
```

4. 推导式创建可变集合

格式：{f(x) for x in iterable[if 条件]}

作用：以函数值f(x)为元素创建集合，其中x为可迭代序列iterable中满足条件的元素，缺省条件为所有元素。

【示例4.5.12】

```
>>>Set1 = { 3*x+2 for x in range(5)} # 缺省条件推导式创建可变集合
>>>Set1
{2, 5, 8, 11, 14}
>>>Set2 = { 3*x+2 for x in range(5) if x%2==1} # 带条件推导式创建可变集合
>>>Set2
{11, 5}
```

5. 推导式创建不可变集合

调用格式：frozenset (f(x) for x in iterable[if 条件])

功能：以函数值f(x)为元素创建可迭代对象，其中x为可迭代序列iterable中满足条件的元素，缺省条件为所有元素，再用frozenset()将可迭代对象创建为集合。

【示例4.5.13】

```
>>>Set1 = frozenset( 3*x+2 for x in range(5)) # 缺省条件推导式创建不可变集合
>>>Set1
frozenset({2, 5, 8, 11, 14})
>>>Set2 = frozenset ( 3*x+2 for x in range(5) if x%2==1) # 带条件推导式创建不可变集合
>>>Set2
frozenset({11, 5})
```

4.5.2 集合操作

PPT4-18
运算符操作集合

PPT

由于集合中的元素无序，所以不支持索引、切片等操作。集合除支持序列部分通用操作外，还有自己专门的操作，如集合的并、交、差、对称差等。以下操作既适用于可变集合，也适用于不可变集合。

1. 运算符操作集合示例

集合运算符包括序列部分通用运算符和集合专用运算符，含义与数学中的集合运算基本相同，表4.6给出了集合操作符。

微课 4-18
运算符操作集合

表4.6 集合操作符

运算符	对应数学符号	运算规则	示例
in	∈	x in A：判断x是否属于A，如果x属于A，则返回True，否则返回False	>>>Set1={1,2,3} >>>2 in Set1 True >>>4 in Set1 False
not in	∉	x not in A：判断x是否不属于A，如果x不属于A，则返回True，否则返回False	>>>Set1={1,2,3} >>>2 not in Set1 False >>>4 not in Set1 True
<	⊂	A<B：判断A是否是B的真子集，如果A中的元素都是B中的元素且B中有元素不在A中，则返回True，否则返回False	>>>Set1={1,2,3} >>>Set2={1,2,3,4,5} >>>Set1<Set2 True >>>Set2<Set1 False
<=	⊆	A<=B：判断A是否是B的子集，如果A中的元素都是B中的元素，则返回True，否则返回False	同运算符 <
>	⊃	A>B：判断A是否是B的真超集，如果B中的元素都是A中的元素且A中有元素不在B中，则返回True，否则返回False	>>>Set1={1,2,3,4,5} >>>Set2={1,2,3} >>>Set1>Set2 True >>>Set2>Set1 False
>=	⊇	A>B：判断A是否是B的超集，如果B中的元素都是A中的元素，则返回True，否则返回False	同运算符 >
==	=	A==B：判断A与B是否相等，如果A是B的子集并且B是A的子集，则返回True，否则返回False	>>>Set1={1,2,3,4,5} >>>Set2={1,2,3} >>>Set1==Set2 False
!=	≠	A!=B：判断A与B是否不相等，如果A不是B的子集或B不是A的子集，则返回True，否则返回False	>>>Set1={1,2,3,4,5} >>>Set2={1,2,3} >>>Set1!=Set2 True
&	∩	A&B：求A与B的交集，即求既属于A又属于B的元素组成的新集合	>>>Set1={1,2,3,4,5} >>>Set2={1,2,3,6} >>>Set1&Set2 {1, 2, 3}
|	∪	A|B：求A与B的并集，即求属于A或属于B的元素组成的新集合	>>>Set1={1,2,3,4,5} >>>Set2={1,2,3,6} >>>Set1|Set2 {1, 2, 3,4,5,6}

续表

运算符	对应数学符号	运算规则	示例
-	-	A-B：求A与B的差集，即求属于A而不属于B的元素组成的新集合	>>>Set1={1,2,3,4,5} >>>Set2={1,2,3,6} >>>Set1-Set2 {4,5}
^	Δ	A^B：求A与B的对称差集，即求属于A而不属于B的元素或属于B而不属于A的元素组成的新集合	>>>Set1={1,2,3,4,5} >>>Set2={1,2,3,6} >>>Set1^Set2 {4,5,6}

2. 内置函数操作集合示例

【示例4.5.14】 函数filter()的使用。

```
>>>Set1 = {0,1,2,3}
>>>Set2=set(filter(int, Set1)) # 过滤掉数字0，用得到的可迭代对象创建集合
>>>Set2
{1, 2, 3}
```

【示例4.5.15】 函数len()的使用。

```
>>>Set1 = {0,1,2,3}
>>>len(Set1)
4
```

【示例4.5.16】 函数max()的使用。

```
>>>Set1 = {0,1,2,-5,3}
>>>max(Set1)
3
>>>max(Set1,key=abs) # 取绝对值最大的项
-5
```

【示例4.5.17】 函数min()的使用。

```
>>>Set1 = {0,1,2,-5,3}
>>>min(Set1)
-5
>>>min(Set1,key=abs) # 取绝对值最小的项
0
```

【示例4.5.18】 函数sum ()的使用。

```
>>>Set1 = {1, 2, 3, 5}
>>>sum(Set1)
11
```

【示例4.5.19】 函数zip ()的使用。

```
>>>Set1 = {0,1,2,-5,3}
>>>Set2 = {6,4}
```

PPT4-19
内置函数等操作集合

PPT

微课 4-19
内置函数等操作集合

笔 记

```
>>>Set3 = set(zip(Set1, Set2)) # 打包成每个元素是元组的集合
>>>Set3
{(1, 6), (0, 4)}
```

3. 用关键字del删除集合

【示例4.5.20】 删除集合。

```
>>>Set1 = {0,1,2,-5,3}
>>>del Set1
```

4. 遍历集合

【示例4.5.21】 遍历指定集合元素。

```
>>>Set1 = {123, 456, 78, 90,'a','b','c',True,'de'}
>>>for x in Set1:
        print(x, end = "\t")
c   True   456   a   b   de   78   90   123
```

4.5.3 集合操作常用方法

PPT4-20 集合操作常用方法

PPT

Python语言提供集合对象的专用方法对集合进行操作，有些方法的功能与集合操作符的功能相同。表4.7给出了集合操作常用的方法，在这些方法中对集合进行修改的方法不适用于不可变集合。

微课 4-20 集合操作常用方法

表4.7 集合操作常用方法

调用格式	方法功能	等价操作	示例
Set.add(obj)	将对象obj添加到集合Set中，不适用于不可变集合	—	>>>Set1 = {1, 2, 3} >>>Set1.add(5) >>>Set1 {1, 2, 3, 5}
Set.clear( )	删除集合Set中的所有元素，不适用于不可变集合	—	>>>Set1 = {1, 2, 3} >>>Set1. clear () >>>Set1 set()
Set.copy( )	复制集合，返回集合Set的副本	—	>>>Set1 = {1, 2, 3} >>>Set2 = Set1. copy () >>>Set2 {1, 2, 3}
Set1.difference(Set2)	求集合Set1与Set2的差集	Set1–Set2	同表4.6中运算符“–”的示例
Set1.difference _update(Set2)	用集合Set1与集合Set2的差集更新集合Set1，不适用于不可变集合	Set1–= Set2	>>>Set1={1,2,3,4,5} >>>Set2={1,2,3,6} >>>Set1. difference_update(Set2) >>>Set1 {4,5}
Set.discard(obj)	从集合Set中删除对象obj，如果obj不在Set 中，也不抛出KeyError异常，不适用于不可变集合	—	>>>Set1={1,2,3,4,5} >>>Set1. discard (4) >>>Set1 {1, 2, 3, 5}

续表

<table>
<tr><th>调用格式</th><th>方法功能</th><th>等价操作</th><th>示例</th></tr>
<tr><td>Set1.intersection(Set2)</td><td>求集合Set1与Set2的交集</td><td>Set1 & Set2</td><td>同表4.6中运算符“&”的示例</td></tr>
<tr><td>Set1.intersection_update(Set2)</td><td>用集合Set1与集合Set2的交集更新集合Set1，不适用于不可变集合</td><td>Set1 &= Set2</td><td>>>>Set1={1,2,3,4,5}
>>>Set2={1,2,3,6}
>>>Set1. intersection_update(Set2)
>>>Set1
{1, 2, 3}</td></tr>
<tr><td>Set1.isdisjoint(Set2)</td><td>判断集合Set1与集合Set2是否相离，如果Set1与Set2没有共同元素，则返回True，否则返回False</td><td>—</td><td>>>>Set1={1,2,3,4,5}
>>>Set2={1,2,3,6}
>>>Set1. isdisjoint (Set2)
False</td></tr>
<tr><td>Set1.issubset(Set2)</td><td>判断集合Set1是否是Set2的子集，若是返回True，否则返回False</td><td>Set1 <= Set2</td><td>>>>Set1={1,2,3}
>>>Set2={1,2,3,4,5}
>>>Set1.issubset(Set2)
True</td></tr>
<tr><td>Set1.issuperset(Set2)</td><td>判断集合Set1是否是Set2的超集，若是返回True，否则返回False</td><td>Set1 >= Set2</td><td>>>>Set1={1,2,3}
>>>Set2={1,2,3,4,5}
>>>Set1. issuperset (Set2)
False</td></tr>
<tr><td>Set.pop( )</td><td>删除集合Set中的任意一个元素并将该元素返回，不适用于不可变集合</td><td>—</td><td>>>>Set1={1,2,3,4,5}
>>>Set1. pop ()
1</td></tr>
<tr><td>Set.remove(obj)</td><td>从集合Set中删除对象obj，若obj不在Set中，抛出KeyError异常，不适用于不可变集合</td><td>—</td><td>>>>Set1={1,2,3,4,5}
>>>Set1.remove(2)
>>>Set1
{1, 3, 4, 5}</td></tr>
<tr><td>Set1.symmetric_difference(Set2)</td><td>求集合Set1与Set2的对称差集</td><td>Set1 ^ Set2</td><td>同表4.6中运算符“∧”的示例</td></tr>
<tr><td>Set1.symmetric_difference_update(Set2)</td><td>用集合Set1与集合Set2的对称差集更新集合Set1，不适用于不可变集合</td><td>Set1^= Set2</td><td>>>>Set1={1,2,3,4,5}
>>>Set2={1,2,3,6}
>>>Set1.symmetric_difference_update(Set2)
>>>Set1
{4,5,6}</td></tr>
<tr><td>Set1.union(Set2)</td><td>求集合Set1与Set2的并集</td><td>Set1| Set2</td><td>同表4.6中运算符“|”的示例</td></tr>
<tr><td>Set1.update(Set2)</td><td>用集合Set1与集合Set2的并集更新集合Set1，不适用于不可变集合</td><td>Set1 |= Set2</td><td>>>>Set1={1,2,3,4,5}
>>>Set2={1,2,3,6}
>>>Set1.update(Set2)
{1, 2, 3,4,5,6}</td></tr>
</table>

PPT4-21
集合应用实例

PPT

微课 4-21
集合应用实例

4.5.4 应用实例

【例4.7】 求字符串中不同字符的个数。

对用户输入的字符串，求字符串中不同字符（区分大小写）的个数。例如，字符串"abcABdeab"中不同字符的个数是7。

算法思路： 利用集合中无重复元素的特性，用字符串创建一个集合，求集合的长度即可。

程序代码：

```
Str1 = input("请输入一个字符串:")
Set1 = set(Str1)
n = len(Set1)
print(f"输入字符串中不同字符共有{n}个。")
```

源代码
例 4.7

【例4.8】 求公约数。

对用户输入的两个正整数，求这两个正整数的所有公约数。例如，正整数6的约数有1、2、3、6，正整数8的约数有1、2、4、8，正整数6和8的公约数为1和2。

源代码
例 4.8

算法思路： 设输入的两个正整数分别是Int1、Int2，由于两个正整数的公约数一定在[1,min(Int1,Int2)]范围内，所以设置一个集合Set1，初值为{1}，用来存放公约数。用[2,min(Int1,Int2)]范围内的每一个数k去除Int1和Int2，如果均能整除，k就是公约数，将k添加到集合Set1中，最后输出Set1中的元素即可。

程序代码：

```
Int1,Int2 = map(int,input("请输入两个正整数, 用空格分隔: ").split())
Set1 = {1}
for k in range(2,min(Int1,Int2)+1):
    if Int1 % k ==0 and Int2 % k ==0:
        Set1.add(k)
print(f"正整数{Int1}与{Int2}的公约数有: ",end=" ")
for k in Set1:
    print(k,"\t",end="")
```

文本 参考答案
课堂实践 4.4

【课堂实践4.4】 求不同约数。

对用户输入的两个正整数，求这两个正整数的所有不同约数。例如，正整数6的约数有1、2、3、6，正整数8的约数有1、2、4、8，则正整数6和8的不同约数为3、4、6、8。

【同步训练4.5】

文本 参考答案
同步训练 4.5

一、单项选择题

1. 以下关于序列数据类型的描述中，错误的是（　　）。

A. 集合类型是一种具体的数据类型

B. 序列类型和映射类型都是一类数据类型的总称

C. Pytho语言中的集合类型跟数学中的集合概念一致，都是多个数据项的无序组合

D. 字典类型的键可以用的数据类型包括字符串、元组以及列表

2. S和T是两个集合，下列对S^T的描述中正确的是（　　）。

A. S和T的并运算，包括在集合S和T中的所有元素

B. S和T的交运算，包括同时在集合S和T中的元素

C. S和T的差运算，包括在集合S但不在T中的元素

D. S和T的对称差运算，包括集合S和T中的非相同元素

3. 以下表达式中，正确定义了一个集合数据对象的是（　　）。

A. x = { 200, 'flg', 20.3}　　B. x = (200, 'flg', 20.3)

C. x = [200, 'flg', 20.3]　　D. x = {'flg' : 20.3}

4. 以下程序的输出结果是（　　）。

```
ss = list(set("jzzszyj"))
ss.sort( )
print(ss)
```

A. ['z', 'j', 's', 'y']　　B. ['j', 's', 'y', 'z']

C. ['j', 'z', 'z', 's', 'z', 'y', 'j']　　D. ['j','j','s','y','z','z','z']

二、知识填空题

1. 集合是一种________元素集。

2. 集合的基本用途包括________和________。

3. 求集合并集、交集和差集的方法是________、________和________。

4.6 字典

提起字典，首先想到的就是日常学习中的新华字典，通过拼音或部首检字表快速找到对应的字。在Python语言中，字典是一种存储数据的容器，它和列表等一样，都可存储多个数据。

字典是键值对的集合，字典中的每个元素都包括“键”和“值”两部分，键必须是唯一的不可变的类型，如字符串、整型、元组（元素不包含可变数据类型）都可作为字典的键；值可以是任何类型，包括可变类型。

字典是无序的可变数据类型，可存储任意多个键值对。字典中的每个元素不能通过索引、切片等来访问，只能通过键来访问对应的值；两个键不能相同，一个键只能对应一个值，但多个键可以对应相同的值。

字典用来解决数据之间具有对应关系（映射关系）的实际问题。

4.6.1 创建字典

PPT4-22 创建字典

PPT

字典是用一对大括号括起来的键值对的集合，每个键值对是一个元素，元素之间用逗号分隔。创建字典可以使用以下4种方法。

微课 4-22
创建字典

1. 直接创建

通过将一组由逗号分隔的键值对用大括号括起来创建字典，其中每个键值对的键和值之间用冒号隔开。

创建字典的一般格式：dict_name={key1:value1, key2:value2, …, keyN:valueN}

其中，key1，key2，…，keyN表示字典的键；value1，value2，…，valueN表示字典的键对应的值。

【示例4.6.1】 直接创建字典。

```
>>>Dict1={} # 创建一个空字典
>>>Dict1
{} # {}是空字典，而不是空集合
>>>Dict2={'name':'zhangsan','age':21}
>>>Dict2
{'name': 'zhangsan', 'age': 21}
```

2. 用内置函数dict()创建

内置函数dict()有以下4种调用格式，用来创建字典。

（1）无参数

调用格式： dict()

功能： 创建一个空字典。

【示例4.6.2】 创建空字典。

```
>>>Dict1=dict() # 创建一个空字典
>>>Dict1
{}
```

笔 记

（2）映射函数作为参数

调用格式： dict(mapping)

其中，mapping是具有映射功能的函数，用函数mapping作用结果的每一项必须有两个对象，第一个对象称为字典的键，第二个对象称为键对应的值，如果键有重复，其值为最后重复项的值。

功能： 以映射对象的两个对象作为键值对创建字典。

【示例4.6.3】 zip()函数作为参数。

```
>>>Dict1 = dict(zip(['one', 'two', 'three'], [1, 2, 3]))
>>>Dict1
{'one': 1, 'two': 2, 'three': 3}
>>>Dict2 = dict(zip(['one', 'two', 'three', 'two', 'two'], [1, 2, 3,4]))
>>>Dict2
{'one': 1, 'two': 4, 'three': 3} # 键'two'多次出现，以最后一个值4作为键值
```

【示例4.6.4】 map()函数作为参数。

```
>>>Dict1 = dict(map(divmod,[11, 11,11, 11, 11, 11,11,11], [2,3,4,5,6,7,8]))
>>>Dict1
```

笔 记

{5: 1, 3: 2, 2: 1, 1: 3} # 键2出现两次，值分别是3,1，取后一个值1；键1出现3次，取后一个值3

（3）可迭代对象作为参数

调用格式： dict(iterable)

其中，iterable是可迭代对象，迭代对象的每个元素必须有两个对象，第一个对象称为字典的键，第二个对象称为键对应的值，如果键有重复，其值为最后重复项的值。

功能： 以可迭代对象的元素（有两个对象）作为键值对创建字典。

【示例4.6.5】 列表、元组作为迭代对象。

```
>>>LT1 = dict((('num', '103'), ('name', 'Lisi'), ('age', 21))) # 以元组为元素的元组作为迭代对象
>>>LT1
{'num': '103', 'name': 'Lisi', 'age': 21}
>>>LT2 = dict((['num', '103'], ['name', 'Lisi'], ['age', 21])) # 以列表为元素的元组作为迭代对象
>>>LT2
{'num': '103', 'name': 'Lisi', 'age': 21}
>>>LT3 = dict([('num', '103'), ('name', 'Lisi'), ('age', 21)]) # 以元组为元素的列表作为迭代对象
>>>LT3
{'num': '103', 'name': 'Lisi', 'age': 21}
>>>LT4 = dict([['num', '103'], ['name', 'Lisi'], ['age', 21]]) # 以列表为元素的列表作为迭代对象
>>>LT4
{'num': '103', 'name': 'Lisi', 'age': 21}
```

（4）关键字参数表作为参数

调用格式： dict(**kwargs)

其中，**kwargs是不限定长度的关键字参数表，每个关键字参数是形如name=value的赋值表达式，以name作为键，value作为键的值构成键值对。

功能： 以关键字参数构成的键值对创建字典。

【示例4.6.6】 关键字参数表作为参数。

```
>>>Dict1=dict(one=1, two=2, three=3)
>>>Dict1
{'one': 1, 'two': 2, 'three': 3}
```

3. 字典推导式创建

格式： {f(x):g(x) for x in iterable[if 条件]}

功能： 以函数值f(x)作为键，函数值g(x)作为键的值构成的键值对创建字典，其中x为可迭代序列iterable中满足条件的元素，缺省条件为所有元素。

笔 记

【示例4.6.7】 字典推导式创建字典。

```
>>>Dict1 = {i**2:i for i in range(5)}
>>>Dict1
{0: 0, 1: 1, 4: 2, 9: 3, 16: 4}
>>>Dict2 = {i**2:i for i in range(6) if i%2==1}
>>>Dict2
{1: 1, 9: 3, 25: 5}
```

4. 通过dict.fromkeys()方法创建

调用格式： dict.fromkeys(iterable[,value=None])

其中，dict可以是字典对象；iterable是可迭代对象，用于创建键；value是可选参数，用于创建值，是所有键的初始值，默认为None。

功能： 以迭代对象iterable中的元素为键，value为值的键值对创建字典，通常用于初始化字典, 设置value为默认值。

【示例4.6.8】 通过dict.fromkeys()方法创建。

```
>>>Dict1 = dict.fromkeys(range(3),2)  # 使用dict调用fromkeys()方法
>>>Dict1
{0: 2, 1: 2, 2: 2}
>>>Dict2 = {}.fromkeys(range(3)) # 使用空字典调用fromkeys()方法
>>>Dict2
{0: None, 1: None, 2: None}
>>>Dict1 = {3:7}
>>>Dict2 = Dict1.fromkeys(range(3),2)  # 使用字典对象Dict1调用fromkeys()方法
>>>Dict2
{0: 2, 1: 2, 2: 2}
>>>Dict1
{3: 7}
```

4.6.2 字典操作

PPT4−23 字典操作

PPT

同集合一样，字典不支持索引、切片等操作，但支持键索引、关系和成员操作，支持赋值用于修改操作，支持序列部分通用内置函数操作，支持遍历操作。

1. 运算符操作字典示例

字典运算符包括序列部分通用操作符和赋值操作符。

【示例4.6.9】 键索引[键]的使用。

```
>>>Dict1 = {'name':'zhangsan','age':21}
>>>Dict1['name'] # 键'name'作为索引求该键的值
'zhangsan'
>>>Dict1['age'] # 键'age'作为索引求该键的值
21
```

微课 4−23
字典操作

笔 记

【示例4.6.10】 字典嵌套键索引的使用。

```
>>>Dict1={'name':'zhangsan','age':21,'score':{'C':78, 'python':85， 'java':73}}
>>>Dict1['score']['python'] # 字典嵌套字典使用键索引
85
>>>Dict2={'name':'zhangsan','age':21,'score':[['C',78], ['python',85], ['java',73]]}
>>>Dict2['score'][1][1] # 字典嵌套列表使用序号索引
85
>>>Dict3={'name':'zhangsan','age':21,'score':(('C',78), ('python',85), ('java',73))}
>>>Dict3['score'][1][1] # 字典嵌套元素使用序号索引
85
```

【示例4.6.11】 关系运算符的使用。

```
>>>Dict1={'name':'zhangsan','age':21,'score':{'C':78, 'python':85, 'java':73}}
>>>Dict1['score']['C']==Dict1['score']['python']
False
>>>Dict1['score']['C']<=Dict1['score']['python']
True
>>>Dict1['score']['C']>Dict1['score']['python']
False
```

【示例4.6.12】 成员运算符的使用。

```
>>>Dict1={'name':'zhangsan','age':21,'score':{'C':78, 'python':85, 'java':73}}
>>>'score' in Dict1
True
>>>'python' in Dict1
False
>>>'python' in Dict1['score']
True
>>>'python' not in Dict1
True
>>>'python' not in Dict1['score']
False
```

2. 内置函数操作字典示例

【示例4.6.13】 函数len()的使用。

```
>>>Dict1 = {'name':'zhangsan','age':21, 'score':{'C':78, 'python':85, 'java':73}}
>>>len(Dict1)
3
```

【示例4.6.14】 函数max()的使用。

```
>>>Dict1={1: 4, 2: 3, 3: 2}
>>>max(Dict1) # 对键求最大值
```

笔 记

```
3
```

【示例4.6.15】 函数min()的使用。

```
>>>Dict1={1: 4, 2: 3, 3: 2}
>>>min(Dict1) # 对键求最小值
1
```

【示例4.6.16】 函数sum ()的使用。

```
>>>Dict1={1: 4, 2: 3, 3: 2}
>>>sum(Dict1) # 对键求和
6
```

【示例4.6.17】 函数zip ()的使用。

```
>>>Dict1={'one': 1, 'two': 2, 'three': 3}
>>>Dict2 = {'name':'zhangsan','age':21}
>>>Dict3= dict(zip(Dict1, Dict2))
>>>Dict3
{'one':'name','two':'age'}  # 以Dict1的键作为键，Dict2的键作为值构成键值对
```

3. 修改字典

字典是可变对象，可以对字典进行修改，添加元素或修改键值。

【示例4.6.18】 使用赋值“=”运算符添加元素。

```
>>>Dict1 = {'name':'zhangsan','age':21}
>>>Dict1['score'] = 89  # 键'score'不在字典Dict1中，则向字典Dict1添加键值对'score':89
>>>Dict1
{'name': 'zhangsan', 'age': 21, 'score': 89}
```

【示例4.6.19】 使用赋值“=”运算符修改键值。

```
>>>Dict1 = {'name':'zhangsan','age':21}
>>>Dict1['age'] = 23 # 键'age'在字典Dict1中，则修改键'age'的值为23
>>>Dict1
{'name':'zhangsan','age':23}
```

4. 用关键字del删除字典或元素

【示例4.6.20】 删除字典元素。

```
>>>Dict1={'one': 1, 'two': 2, 'three': 3}
>>>del Dict1['two'] # 删除元素
>>>Dict1
{'one': 1,'three': 3}
```

【示例4.6.21】 删除字典。

```
>>>Dict1={'one': 1, 'two': 2, 'three': 3}
>>>del Dict1 # 删除字典
```

5. 遍历字典

【示例4.6.22】 遍历指定字典的键。

```
>>>Dict1={'one': 1, 'two': 2, 'three': 3}
>>>for x in Dict1:
        print(x, end = "\t")
one two three
```

4.6.3 字典操作常用方法

Python语言提供字典对象的专用方法对字典进行操作。表4.8给出了字典操作常用的方法。

PPT4−24
字典操作常用主法

PPT

微课 4−24
字典操作常用方法

表4.8 字典操作常用方法

调用格式	方法功能	示例
Dict.clear()	删除字典Dict中的所有元素	>>>Dict1={'one': 1,'two': 2,'three': 3} >>>Dict1.clear() >>>Dict1 {}
Dict.copy()	浅复制字典Dict	>>>Dict1={'one': 1,'two': 2,'three': 3} >>>Dict2=Dict1.copy() >>>Dict2 {'one': 1, 'two': 2, 'three': 3}
Dict.get(key[, default])	获取键key的值。如果键key在字典Dict中，返回键key对应的值，否则，返回default，default的默认值为None	>>>Dict1={'one': 1,'two': 2,'three': 3} >>>Dict1.get('two') 2 >>>Dict1.get('four',4) 4
Dict.items()	获取以元组为元素的列表，元组由字典Dict中的键值对组成	>>>Dict1={'one': 1,'two': 2,'three': 3} >>>Dict1.items() dict_items([('one',1), ('two',2), ('three',3)])
Dict.keys()	获取字典Dict中以键为元素的列表	>>>Dict1={'one': 1,'two': 2,'three':3} >>>Dict1.keys() dict_keys(['one','two','three'])
Dict.pop(key[, default])	删除字典Dict中键为key的元素，并返回该键对应的值。如果键key不在字典Dict中，则返回指定值default，若未指定default，则给出KeyError异常	>>>Dict1={'one': 1,'two': 2,'three':3} >>>Dict1.pop('two') 2 >>>Dict1 {'one': 1, 'three': 3}
Dict.popitem()	删除字典Dict中的一个元素，并返回被删除元素键值对组成的元组。如果字典Dict为空，则给出KeyError异常	>>>Dict1={'one':1,'two':2, 'three':3} >>>Dict1.popitem() ('three', 3) >>>Dict1 {'one': 1, 'two': 2}

续表

调用格式	方法功能	示例
Dict.setdefault(key[, default])	向字典Dict中添加元素。若指定键key在字典中不存在，则向字典Dict添加元素key:default，并返回defaul，defaul的默认值为None；若指定键key在字典中存在，则返回该元素的值，添加元素失败	>>>Dict1={'one':1,'two':2,'three':3} >>>Dict1.setdefault('four',4) 4 >>>Dict1 {'one': 1,'two': 2,'three':3,'four': 4} >>>Dict1.setdefault('two',4) 2 >>>Dict1 {'one': 1,'two': 2,'three':3,'four': 4}
Dict.update([other])	把字典other中的所有元素添加到字典Dict中。如果other中元素的键与Dict中元素的键相同，则覆盖Dict中的元素	>>>Dict1={'one': 1, 'two': 2, 'three': 3} >>>Dict2={'three': 6, 'four': 4,'five':5} >>>Dict1.update(Dict2) >>>Dict1 {'one':1,'two': 2,'three':6,'four':4, 'five': 5}
Dict.values()	获取由字典Dict中各元素的值组成的列表	>>>Dict1={'one': 1, 'two': 2, 'three': 3} >>>Dict1.values() dict_values([1, 2, 3])

4.6.4 应用实例

PPT4-25 字典应用实例

PPT

微课 4-25 字典应用实例

源代码 例4.9

【例4.9】 简易系统登录程序。

设计某系统登录程序，如果用户输入的账号是已注册账号，要求输入密码，若密码输入正确给出“登录成功！”的信息，若连续3次密码输入错误，给出相应信息；如果输入的账号不是已注册账号，给出“您不是注册用户，请注册。”等信息。

系统中每个用户都有账号和密码，账号和密码存在对应关系，可以使用字典类型，将已注册用户以账号为键、密码为值构造字典Dict1 = {'zhangsan':'123456','lisi':'000000','wangwu':'654321','zhaoliu':'111111'}。用Username表示用户输入的账号，用Password表示用户输入的密码。

算法思路： 对用户输入的账号，判断其是否是字典Dict1中的键，若不是，给出“请注册”等信息；若是，通过循环要求用户输入密码，如果Password==Dict1[Username]，即密码输入正确，给出“登录成功!”的信息，否则要求重新输入。

程序代码：

```
print("欢迎来到XXX系统，请登录：")
Dict1 = {'zhangsan':'123456','lisi':'000000','wanwu':'654321',
  zaoliu':'111111'}
Username = input("请输入账号:")
if Username in Dict1:
    for i in range(3):
        Password = input("请输入密码:")
        if Password == Dict1[Username]:
```

```
                print("登录成功！")
                break
            elif i < 2:
                print("密码错，请重新输入！")
            else:
                print("已三次密码错误，请注册！")
    else:
        print("您不是注册用户，请注册。")
```

【例4.10】 求输入日期是这一年的第几天。

由用户输入一个日期（年月日），求用户输入的日期是这一年的第几天。

设用户输入的日期是Year年Month月Day日，定义一个变量Days用来存放总的天数。由于一年中除2月可能是28天，也可能是29天，其他每个月的天数是一定的，月份与天数之间存在对应关系，可以用字典类型来解决。以月份为键，天数为值，构造一个字典如下：

Dict1 = {1:31,2:[28,29],3:31,4:30,5:31,6:30,7:31,8:31,9:30,10:31,11:30,12:31}。

算法思路： 变量Days的初值设为Day，将从1月到Month−1月各月m的天数Dict1[m]加到Days中，如果m==2并且Year是闰年，将Dict1[m][1] 加到Days中；如果m==2并且Year不是闰年，将Dict1[m][0] 加到Days中，Days中的值就是所求。

源代码 例 4.10

程序代码：

```
Year,Month,Day = map( int,input("请输入年月日，用空格分隔：").split())
Dict1 = {1:31,2:[28,29],3:31,4:30,5:31,6:30,7:31,8:31,9:30,10:31,11:30,12:31}
Days = Day
for m in range(1,Month):
    if m == 2 and (Year % 4 == 0 and Year % 100 != 0 or Year % 400 == 0):
        Days += Dict1[m][1]
    elif m == 2:
        Days += Dict1[m][0]
    else:
        Days += Dict1[m]
print(f"{Year}年{Month}月{Day}日是这一年的第{Days}天。")
```

【课堂实践4.5】 求从用户输入的日期（年月日）到年底还有多少天。

文本 参考答案 课堂实践 4.5

【同步训练4.6】

一、单项选择题

1. 以下关于字典类型的描述中，正确的是（　　）。

A. 字典类型可迭代，即字典的值还可以是字典类型的对象

B. 在 for x in d: 中，假设d是字典，则x是字典中的键值对

C. 字典类型的键可以是列表和其他数据类型

D. 字典类型的值可以是任意数据类型的对象

2. 以下选项中，不是建立字典的方式是（　　）。

A. d = {[1,2]:1, [3,4]:3}　　　　B. d = {(1,2):1, (3,4):3}

C. d = {'张三':1, ‘李四’:2}　　　　D. d = {1:[1,2], 3:[3,4]}

3. 给定字典d，以下对d.values()的描述正确的是（　　）。

A. 返回一种dict_values类型，包括字典d中的所有值

B. 返回一个集合类型，包括字典d中的所有值

C. 返回一个列表类型，包括字典d中的所有值

D. 返回一个元组类型，包括字典d中的所有值

文本 参考答案 同步训练 4.6

二、知识填空题

1. 字典d= {'a': 1, 'b': 2, 'b': '3'}，当执行print(d['b'])后，输出的结果是________。

2. 假设将单词保存在变量word中，使用一个字典类型counts={}，统计单词出现的次数可采用语句________。

3. 关于字典操作的内置方法中，________方法可以获取字典的值视图。

4. 字典d={'Name':'Kate','No':'1001','Age':'20'}，表达式len(d)的值为________。

5. 字典dict = {'Name':'baby','Age':7}，当执行print(dict.items())后，输出的结果为________。

三、程序设计题

1. 编写程序，使用字典存储学生信息，学生信息包含了学号和姓名，并按照学号从小到大输出学生信息。

2. 已知一个字典包含若干员工信息（姓名和性别），编写程序，删除性别为女的员工信息。

第5章

函数与模块

函数是语句的集合，用来实现某一个功能，利用函数可以使程序代码具有重用性，减少代码的冗余。模块是函数的集合，在Python语言中专门为解决某类实际问题而设计的常量、变量、函数等组合在一起构成一个模块。Python语言功能强大，主要体现在提供了丰富的标准库和非常强大的第三方库，即模块，一般遇到的实际问题几乎都可以找到相应的模块来解决。

5.1 函数（function）

在第1章中已经介绍了函数的概念和分类，函数包括内置函数、标准库函数、第三方库函数和自定义函数，关于内置函数已经在前面各章中作了介绍，本节将介绍自定义函数。

5.1.1 函数定义与调用

PPT5-1
函数定义与调用

PPT

1. 函数定义

函数定义的一般格式如下：

def 函数名(形式参数表):

[文档字符串]
语句块
[return 表达式]

（以上三项合称：函数体）

说明：

1）def是Python的关键字，用来定义函数。

2）函数名是为所定义的函数起的名字，必须符合标识符的命名规则，应做到“见名知意”。

微课 5-1
函数定义与调用

3）形式参数简称形参，形参表是由一个或多个形参组成，两个形参之间用逗号分隔，形参可有可无，可根据实际问题而定，形参是为实现本函数的功能所提供的数据。

4）函数名后的一对圆括号（西文）是函数必不可少的组成部分，无论是否有形式参数都必须写。

5）冒号“:”是函数定义不可少的组成部分，用来表示函数体的开始。

6）“def　函数名(形式参数表):”称为函数头，由关键字def、函数名、(参数表)及冒号组成，结尾必须是冒号。

7）[文档字符串]、语句块、[return 表达式]统称为函数体。

8）文档字符串是可选项，是用三撇号（即三个单撇号）括起来的字符串，用来对所定义的函数进行功能等文字描述。

9）语句块是语句集合，是本函数功能的具体实现，函数体中的所有语句（包括文档字符串和return语句）必须缩进，同一级结构缩进相同的空格数。

10）return 语句是可选项，用来返回本函数执行的结果。

【示例5.1.1】　函数定义示例。

```
def Max3(a,b,c):
    '''
    功能描述：求三个整数的最大值

    详细描述：参数a,b,c及返回值都是int或float类型，
              结果返回a,b,c中的最大值
    '''
```

```
8       max = a
9       if b > max:
10          max = b
11      if c > max:
12          max = c
13      return max
```

以上代码定义了一个函数Max3，用来完成求参数a、b、c的最大值。定义中，第1行为函数头；第2～7行为文档字符串；第8～12行为完成本函数功能的语句块；第13行为return 语句。

2. 函数调用

函数定义后，需要调用所定义的函数，才能完成函数的功能。

如果一个函数由另外一个函数调用，则称这个函数为被调函数，另外一个函数称为主调函数。

函数调用的一般格式： 函数名(实际参数表)

函数调用的作用： 使程序流程转向被调函数，执行被调函数，完成被调函数的功能。

说明：

1）实际参数简称实参，实参表中的实参与函数定义中形参表的形参一一对应，每个实参对象必须有确定的值，两个实参之间用逗号分隔，实参可以是常量，也可以是变量，还可以是表达式等。

2）函数调用必须在函数定义后进行，否则将给出NameError异常。

3）在进行函数调用时，把实参传递给对应的形参，实际上是做了一个赋值“形参=实参”操作。

【示例5.1.2】 函数定义示例。

```
1   def Max3(a,b,c):
2       max = a
3       if b > max:
4           max = b
5       if c > max:
6           max = c
7       return max
8
9   x,y,z = 3,6,5
10  m = Max3(x,y,z)   # 函数调用
11  print("三个整数的最大值为：",m)
```

程序中的第9行采用同步赋值，使变量x、y、z分别成为对象3、6、5的引用；第10行中的Max3(x,y,z)为函数调用，将实参x、y、z依次传递给对应的形参a、b、c，即完成a=x、b=y、c=z的操作，使形参a、b、c也成为对象3、6、5的引用；在Max3函数体中形参a、b、c将分别带着3、6、5的值完成函数体中各语句的操作。

PPT5-2
return 语句

PPT

微课 5-2
return 语句

3. return 语句

return 语句的一般格式：return 表达式

作用：使程序流程从被调函数返回到主调函数的函数调用处，并将被调函数的返回值带回到函数调用处。

说明：

1）return是Python的关键字，表达式可以是任何类型，return语句执行后，将把程序流程转到函数调用处。

2）return语句可以返回多个对象的值，即一个Python函数可以返回多个值，此时实际返回的是一个元组（只是去掉了一对圆括号而已），可以通过同步赋值来接收返回的多个值。

【示例5.1.3】 函数返回多个值。

```
def MaxSecond (a,b,c):
    max,max2 = a,b
    if b > max:
        max,max2 = b,max
    if c > max:
        max,max2 = c,max
    elif c > max2:
        max2 = c
    return max,max2

x,y,z = 3,6,5
m,m2 = MaxSecond (x,y,z)
print(f"三个整数的最大值为：{m},次大值为：{m2}")
```

3）当函数没有返回值时，表达式可以省略不写，甚至整个return语句都可以省略不写，此时函数将返回None。

【示例5.1.4】 缺省return语句，返回None。

```
def Hello ():
    print("Hello!")

print(Hello())
```

程序执行结果：

Hello!

None

4）在一个函数体内，可以有多个return语句，但只能执行其中的一个。

【示例5.1.5】 有多个return语句。

```
def Min (a,b):
    if a < b:
        return a
    else:
        return b
```

```
x,y = 3,6
print("两个整数的最小值为：",Min(x,y))
```

程序的函数Min()定义中，有两个return语句，但只能执行其中的一个。

5.1.2 函数参数

PPT5−3 函数参数

PPT

微课 5−3 函数参数

Python函数参数支持多种方式，包括关键字参数、默认值参数、可变长参数等，通过这些参数可以灵活地定义和调用函数。

1. 必选参数和位置参数

在函数定义时，未加任何修饰的形参称为必选参数。后面将介绍的默认值参数和可变长参数都是加了修饰的形参。

在进行函数调用时，函数的实参按函数定义的形参顺序进行参数传递，这样的实参称为位置参数。

说明：位置参数可以是常量，也可以是变量，还可以是表达式。

【示例5.1.6】 必选参数和位置参数。

```
1    def Quotient (a,b):   # 形参a、b都是必选参数
2        return a//b
3
4    a, b = 3, 7
5    print(f"{9}//{b}={Quotient(9,b)}")   # 位置参数有常量，也有变量
6    print(f"{b}//{a}={Quotient(b,a)}")   # 位置参数为变量
7    print(f"(5+6)//(7-2)={Quotient(5+6,7-2)}")   # 位置参数为表达式
```

程序第6行的函数调用Quotient(b,a)中，虽然实参变量名与形参变量同名，也要按给定的位置进行参数传递，即把b传给a（a=b），把a传给b（b=a）。

2. 关键字参数

在进行函数调用时，也可以不按顺序进行参数传递。

通过把函数的实参按“形参名=值”赋值的方式给指定的形参进行参数传递，这样的实参称为关键字参数。

说明：

1）使用关键字参数可以不按顺序进行参数传递。

【示例5.1.7】 关键字参数。

```
def Quotient (a,b):
    return a//b

print(f"7//3={Quotient(b=3,a=7)}")   # 将值3传给形参b，值7传给形参a
```

2）关键字参数可以与位置参数混用，但位置参数必须出现在前面。

【示例5.1.8】 关键字参数与位置参数混用。

```
def Fun (a,b,c):
    return a+b-c

print(f"5+7-3={Fun(5,c=3,b=7)}")   # 位置参数在关键字参数前面
```

3. 默认值参数

在函数定义的形参表中使用“形参=值”定义的形参称为默认值参数，默认值参数不是必选参数，所以也称为可选参数。

说明：

1）默认值参数必须定义在必选参数之后，否则，将给出SyntaxError异常。

【示例5.1.9】 默认值参数。

```
def Area (r,pi=3.14159):   # 形参pi是默认值参数,定义在形参r之后
    return pi*r**2
```

2）默认值参数可以有多个。

【示例5.1.10】 多个默认值参数。

```
def Volume (r,pi=3.14159,h=1):   # 默认值参数都定义在形参r之后
    return pi*r**2*h
```

3）在进行函数调用时，默认值参数的实参可给可不给，但对必选参数必须给出实参。

【示例5.1.11】 默认值参数的函数调用。

```
def Area (r,pi=3.14159):
    return pi*r**2

r,p,h = 5,3.14,4
print(f"半径为{r}的圆面积为:{Area(r):.2f}")   # 只给出必选参数的实参
print(f"半径为{r}的圆面积为:{Area(r,p):.2f}")   # 给出所有实参
```

程序执行结果：

半径为5的圆面积为：78.54

半径为5的圆面积为：78.50

4）默认值参数仅计算一次，当默认值是可变类型时，默认值可能会发生改变。

【示例5.1.12】 默认值是可变类型。

```
def Fun (e,L=[]):   # 参数的默认值是空列表,是可变类型
    L.append(e)
    return L

print(Fun(1))
print(Fun(2))
print(Fun(3))
```

程序执行结果：

[1]

[1, 2]

[1, 2, 3]

4. 可变长参数

PPT5–4
可变长参数

PPT

在进行程序设计时可能会遇到函数参数的个数不确定的情况，这时需要使用可变长参数来实现。Python有以下两种可变长参数。

（1）元组可变长参数

在函数定义的形参表中使用“*形参名”定义的形参称为元组可变长参数。

元组可变长参数相当于定义了任意多个（包括0个）形参，可接收任意多个实参进行参数传递，并将接收到的实参组成一个元组。

微课 5–4
可变长参数

说明：

1）一个函数最多定义一个元组可变长参数。

2）在函数调用时，可以使用任意多个实参。

【示例5.1.13】 元组可变长参数。

```
def Sum (*args):  # 元组可变长参数
    s = 0
    for i in args:
        s += i
    return s

print(Sum())  # 无实参
print(Sum(1,2,3))  # 三个实参
```

程序执行结果：

0

6

（2）字典可变长参数

在函数定义的形参表中使用“**形参名”定义的形参称为字典可变长参数。

字典可变长参数相当于定义了任意多个（包括0个）形参，可接收任意多个实参进行参数传递，并将接收到的实参组成一个字典。

说明：

1）一个函数至多定义一个字典可变长参数。

2）在函数调用时，只能使用任意多个关键字参数作为实参。

【示例5.1.14】 字典可变长参数。

```
def Sum (**kwargs):  # 字典可变长参数
    s = 0
    for i in kwargs:
        s += kwargs[i]
    return s

print(Sum())  # 无实参
print(Sum(one=1,two=2,three=3))  # 三个关键字参数实参
```

程序执行结果：

0

6

5.1.3 参数传递

PPT5-5
参数传递

PPT

Python函数形参是没有类型的，形参的类型是由对应实参的类型决定的，实参传递什么类型，形参就具有什么类型。

1. 不可变对象作为参数

不可变对象作为函数参数，当把实参传递给形参时，使得形参成为实参对象的引用。如果在被调函数中修改了形参的值，只是改变了形参的指向，对实参并不产生影响。

【示例5.1.15】 不可变对象作为参数。

```
def Fun (a):
    a=7
    print("形参:",a)

x = "hello"
Fun(x)   # 字符串对象作为函数参数
print("实参:",x)
```

程序执行结果：

形参：7

实参：hello

微课 5-5
参数传递

2. 可变对象作为参数

可变对象作为函数参数，当把实参传递给形参时，使得形参成为实参对象的引用。如果在被调函数中修改了形参对象的值，也就是修改了实参对象。

【示例5.1.16】 可变对象作为参数。

```
def Fun (L):
    L.append(5)
    print("形参:",L)

x = [1,2,3]
Fun(x)   # 列表对象作为函数参数
print("实参:",x)
```

程序执行结果：

形参：[1, 2, 3, 5]

实参：[1, 2, 3, 5]

3. 序列对象元素作为参数

1）序列对象元素（含字典的键，但不含字典）作为函数参数，需要将序列通过“*序列名”进行解包，通常作为元组不定长参数的实参。

【示例5.1.17】 序列解包作为参数。

```
def SeqLen (*S):
    print(S)
    return len(S)

a,b,c,d,e = "Python",[1,2],(3,4,5),{6,7,8,9},{'x':1,'y':2,'z':3}
print("字符串长度为:",SeqLen(*a))
print("列表长度为:",SeqLen(*b))
print("元组长度为:",SeqLen(*c))
print("集合长度为:",SeqLen(*d))
print("字典长度为:",SeqLen(*e))
```

程序执行结果：

('P', 'y', 't', 'h', 'o', 'n')

字符串长度为: 6

(1, 2)

列表长度为: 2

(3, 4, 5)

元组长度为: 3

(8, 9, 6, 7)

集合长度为: 4

('x', 'y', 'z')

字典长度为: 3

2）字典对象元素作为函数参数，需要将字典通过“**字典名”进行解包，通常作为字典不定长参数的实参。

【示例5.1.18】 字典解包作为参数。

```
def DictLen (**D):
    print(D)
    return len(D)

d = {'x':1,'y':2,'z':3}
print("字典长度为:",DictLen(**d))
```

程序执行结果：

{'x': 1, 'y': 2, 'z': 3}

字典长度为: 3

5.1.4 匿名函数

PPT5-6 匿名函数

PPT

匿名函数就是没有函数名的函数，如果函数体的语句可以用表达式表示，并且表达式的值就是函数返回值，这样的函数可以用更简单的匿名函数。

1. 匿名函数的定义

匿名函数定义的一般格式：lambda 参数表:表达式

功能：返回表达式的值。

微课 5–6
匿名函数

说明：

1）lambda是Python的关键字。

2）参数表由多个（含0个）参数组成，参数之间用逗号分隔，参数支持默认值参数、可变长参数。

【示例5.1.19】 使用默认值参数。

```
lambda x,n=2:x**n   # 参数n的默认值为2
```

【示例5.1.20】 使用可变长参数。

```
lambda y,*x:2*y+1 if y in x else 2*y   # 参数x为元组可变长参数
```

3）可以将匿名函数赋给变量，用变量调用匿名函数。

【示例5.1.21】 用变量调用匿名函数。

```
Pow = lambda x,n=2:x**n
print(Pow(2))
print(Pow(2,10))
```

程序执行结果：

4

1024

4）匿名函数用圆括号括起来，后面跟上用圆括号括起来的实参表直接调用匿名函数。

【示例5.1.22】 直接调用匿名函数。

```
a=(lambda y,*x:2*y+1 if y in x else 2*y)(3,1,3,5,7,9)
print(a)
```

程序执行结果：

7

2. 作为函数参数

函数不仅可以单独调用，也可以作为函数参数，特别是匿名函数经常作为函数参数与部分内置函数配合使用，达到所需要的效果。

（1）与filter()函数配合使用

【示例5.1.23】 过滤掉3的倍数的元素。

```
1   List1 = list(filter(lambda x:x%3!=0, range(10)))
2   print(List1)
```

程序中的第1行，对range(10)中的每个元素x，按条件x%3!=0（不是3的倍数）进行过滤，将满足条件的元素组成一个列表List1，不满足条件的元素（是3的倍数）被过滤掉。

程序执行结果：

[1, 2, 4, 5, 7, 8]

（2）与max()、min()函数配合使用

【示例5.1.24】 求最长字符串和最短字符串。

```
1    List = ["C++","java","python"]
2    Str1 = max(List,key=lambda x:len(x))
3    Str2 = min(List,key=lambda x:len(x))
4    print(Str1,Str2)
```

程序中的第2行，对列表List中的每个元素x，按字符串的长度进行比较求最大值；第3行，对列表List中的每个元素x，按字符串的长度进行比较求最小值。

程序执行结果：

python C++

（3）与map()函数配合使用

【示例5.1.25】 求矩阵的转置矩阵。

```
1    List = [(1,2,3),(4,5,6),(7,8,9)]
2    List1 = list(map(lambda x,y,z:(x,y,z),List[0],List[1],List[2]))
3    print(List1)
```

程序中第1行的列表List表示一个矩阵，第2行分别对List[0]、List[1]、List[2]中的元素x、y、z组成的元组构成新列表，List1来表示矩阵的转置。

程序执行结果：

[(1, 4, 7), (2, 5, 8), (3, 6, 9)]

（4）与sorted()函数配合使用

【示例5.1.26】 按第3个字符对字符串排序。

```
1    List = ["C++","java","python"]
2    List1=sorted(List,key=lambda x:x[2])
3    print(List1)
```

程序中的第2行，对List中的元素x按第3个字符x[2]进行排序构成新列表List1。

程序执行结果：

['C++', 'python', 'java']

5.1.5 变量的作用域

PPT5-7 全局变量和局部变量

PPT

Python程序中所使用的变量，在不同的位置创建，其起作用的范围是不同的。变量起作用的范围称为变量的作用域。按照变量的作用域可以把变量分为全局变量和局部变量。

1. 全局变量

在所有函数之外定义的变量称为全局变量。

说明：

1）全局变量的作用域是从定义点到程序结束。

微课 5-7 全局变量和局部变量

【示例5.1.27】 全局变量的作用域。

```
1    def Func():
2        LocalVar = GlobalVar + 200
3        print(LocalVar,GlobalVar)
4
5    GlobalVar = 100
6    Func()
7    print(GlobalVar)
```

程序的第5行创建的变量GlobalVar是全局变量；第2、3行中的变量GlobalVar是第5行创建的全局变量；由于第6行的函数调用Func()是在创建变量GlobalVar之后进行的，所以变量GlobalVar在函数Func内起作用。

程序执行结果：

300 100

100

如果把程序中的第5行和第6行代码交换，执行程序将给出提示信息NameError: name 'GlobalVar' is not defined，表示函数Func()中的变量GlobalVar没有定义。

2）不能在函数中修改不可变全局变量，否则将给出UnboundLocalError异常。

【示例5.1.28】 在函数中修改不可变全局变量将给出异常。

```
1    def Func():
2        GlobalVar += 200
3        print(GlobalVar)
4
5    GlobalVar = 100
6    Func()
7    print(GlobalVar)
```

程序的第2行试图修改不可变全局变量GlobalVar的值，执行程序将给出提示信息UnboundLocalError: local variable 'GlobalVar' referenced before assignment，表示变量GlobalVar是局部变量。

3）使用关键字global将函数中使用的与全局变量同名的变量声明为全局变量，就可以在函数中使用不可变全局变量了。

【示例5.1.29】 在函数中使用和修改不可变全局变量。

```
def Func():
    global GlobalVar
    GlobalVar += 200
    print(GlobalVar)

GlobalVar = 100
Func()
print(GlobalVar)
```

程序的第2行使用关键字global声明本函数Func()中用到的变量GlobalVar是全局变量，这样，第3行就可以修改全局变量GlobalVar的值了。

程序执行结果：

300

300

4）可变的全局变量可在函数中直接使用和修改。

【示例5.1.30】 在函数中直接使用可变全局变量。

```
1    def Func():
2        GlobalVar.append(400)
3        GlobalVar[0] += 200
4        print(GlobalVar)
5
6    GlobalVar = [100]
7    Func()
8    print(GlobalVar)
```

程序的第6行创建了可变对象GlobalVar是全局变量，在函数Func()中可直接使用并修改可变全局变量GlobalVar。

程序执行结果：

[300, 400]

[300, 400]

2. 局部变量

在函数内定义的变量称为局部变量，包括函数参数。

说明：

1）局部变量只在所定义的函数内起作用。

【示例5.1.31】 局部变量的作用域。

```
1    def Func(par):
2        LocalVar = GlobalVar + par
3        print(LocalVar)
4
5    GlobalVar = 100
6    Func(200)
7    # print(GlobalVar,LocalVar)
```

程序中第1行的形参par和第2行中的变量LocalVar都是局部变量，只在函数Func()中起作用。

程序执行结果：

300

如果将第7行注释符号"#"去掉，试图在函数Func()之外访问局部变量LocalVar，执行程序将给出提示信息NameError: name 'LocalVar' is not defined，表示变量LocalVar没有定义。

2）使用关键字global声明在函数内创建的变量是全局变量，这样就可以在函数之外使用了。

【示例5.1.32】 将函数内创建的变量声明为全局变量。

```
1    def Func(par):
2        global LocalVar
3        LocalVar = GlobalVar + par
4        print(LocalVar)
5
6    GlobalVar = 100
7    Func(200)
8    print(GlobalVar,LocalVar)
```

程序的第2行使用关键字global将函数Func()内创建的变量LocalVar声明为全局变量，这样第8行就可以访问变量LocalVar了。

程序执行结果：

300

100 300

3. LEGB规则

PPT5-8 LEGB 规则和命名空间

PPT

作用域是一个列表，用来记录该作用域中的函数、变量、方法等，包括以下4种。

1）L（local）：局部作用域。

2）E（enclosing）：嵌套作用域。

3）G（global）：全局作用域。

4）B（built-in）：内置作用域。

微课 5-8 LEGB 规则和命名空间

系统依据LEGB规则确定程序中用到的变量、函数等的作用域。LEGB规则如下：先在L（local，局部作用域）中查找，再在E（enclosing，嵌套作用域）中查找，然后在G（global，全局作用域）中查找，最后在B（built-in，内置作用域）中查找。

使用内置函数dir()显示相应的作用域。

【示例5.1.33】 查看各作用域。

```
def Func(par):
    LocalVar=[3]
    LocalVar[0] = GlobalVar + par
    def Func1():
        LocalVar1 = 2
        print("局部作用域:",dir())
    Func1()
    print("嵌套作用域:",dir())

GlobalVar = 100
Func(200)
print("全局作用域:",dir())
```

程序执行结果：

局部作用域：['LocalVar1']

笔 记

嵌套作用域：['Func1', 'LocalVar', 'par']

全局作用域：['Func','GlobalVar','__annotations__','__builtins__','__cached__', '__doc__','__file__','__loader__','__name__','__package__','__spec__']

4. 命名空间

命名空间是一个字典，用来记录程序中用到的各种对象的名字、值和地址等，包括以下3种。

1）局部命名空间：每个函数的命名空间，用来记录函数的参数及值、变量及值、内嵌的函数及地址。

2）全局命名空间：每个模块的命名空间，用来记录模块的变量、函数、类、其他导入的模块、模块级的变量、常量等及它们的值、地址等。

3）内置命名空间：记录内置的函数和异常。

系统依据命名空间对程序中用到的标识符进行查找，命名空间的查找顺序如下：先在局部命名空间中查找，再在全局命名空间中查找，最后在内置命名空间中查找。

使用内置函数locals()显示局部命名空间，使用内置函数globals()显示全局命名空间。

【示例5.1.34】 查看局部和全局命名空间。

```
def Func(par):
    LocalVar=[3]
    LocalVar[0] = GlobalVar + par
    def Func1():
        LocalVar1 = 2
        print("函数Func1的局部命名空间:",locals())
    Func1()
    print("函数Func的局部命名空间:",locals())

GlobalVar = 100
Func(200)
print("全局命名空间:",globals())
```

程序执行结果：

函数Func1的局部命名空间：{'LocalVar1': 2}

函数Func的局部命名空间：{'par': 200, 'LocalVar': [300], 'Func1': <function Func.<locals>.Func1 at 0x000002426CFF9D08>}

全局命名空间：{'__name__': '__main__', '__doc__': None, '__package__': None, '__loader__': <_frozen_ importlib_external.SourceFileLoader object at 0x000002426CE97550>, '__spec__': None, '__annotations__': {}, '__builtins__: <module 'builtins' (built-in)>, '__file__': 'C:/Users/ASUS/PycharmProjects/ test1/004.py', '__cached__': None, 'Func': <function Func at 0x000002426CFF9BF8>, 'GlobalVar': 100}

PPT5–9
函数的各种调用方式

微课 5–9
函数的各种调用方式

5.1.6 函数的各种调用方式

Python中的一切都是对象，函数也是对象，各类对象都有它所能做的操作，函数对象也有它所能做的操作。

Python函数使用起来非常灵活，可以赋给一个变量，也可以作为函数的参数、序列对象的元素、函数的返回值等。所有这些的最终目的都是为了调用函数，实现函数的功能。

函数调用除直接调用外，还有嵌套调用和递归调用。

1. 嵌套调用

如果在函数F1的函数体内调用函数F2，则把这一过程称为函数的嵌套调用。

【示例5.1.35】 函数的嵌套调用。

```
1   def Func2(a,b):
2       return a if a > b else b
3
4   def Func1(a,b,c):
5       temp = Func2(a,b)
6       max = Func2(temp,c)
7       return max
8
9   Int1,Int2,Int3 = map( int,input("请输入三个整数,用空格分隔:").split())
10  print(Func1(Int1,Int2,Int3))
```

程序的第1、2行定义了函数Func2，用来求两个整数的最大值；第4～7行定义了函数Func1，通过调用求两个整数的最大值函数Func2，来求三个整数的最大值；第10行调用函数Func1，函数Func1又调用了函数Func2，通过函数的嵌套调用完成求三个整数的最大值。

2. 函数名赋给变量

将函数名赋给变量后，可以通过变量调用函数。

【示例5.1.36】 使用变量调用函数。

```
1   def Sum (a,b):
2       return a+b
3
4   S, x, y = Sum, 3, 6
5   m = S (x,y)
6   print("两个整数的和为:", m)
```

程序的第4行将函数名Sum赋给变量S，第5行使用变量S调用函数Sum()。

3. 函数名作为参数

在前面各章介绍的内置函数中，有许多函数需要有函数作为参数，如filter()函数、max()函数、min()函数、sorted()函数等，函数名作为函数参数可以灵活地进行函数调用，以哪个函数名作为参数，就可以调用哪个函数。

【示例5.1.37】 函数名作为参数。

```
1   def Add(a,b):
2       return a+b
3
4   def Sub(a,b):
5       return a-b
6
7   def Function(func,a,b):
8       return func(a,b)  # 调用函数func,具体是哪个函数随参数而定
9
10  print(Function(Add, 5, 3))  # 函数名Add作为函数参数
11  print(Function(Sub, 5, 3))  # 函数名Sub作为函数参数
```

程序的第10、11行分别以函数名Add和Sub作为参数调用函数Function()，通过函数Function()完成调用函数Add()和函数Sub()，实现它们的功能。

4. 函数名作为序列对象的元素

函数名作为序列对象的元素，通过将所访问的元素作为函数参数调用相应的函数，使程序更加灵活。

【示例5.1.38】 函数名作为序列对象的元素。

```
1   def Add(a,b):
2       return a+b
3
4   def Sub(a,b):
5       return a-b
6
7   def Function(func,a,b):
8       return func(a,b)  # 调用函数func,具体是哪个函数随参数而定
9
10  FuncList = [Add,Sub]  # 函数名作为列表元素
11  ElemList = [(1,2),(4,3)]
12  ResList = []
13  for x in FuncList:
14      for t in ElemList:
15          ResList.append(Function(x,*t))  # 函数名x作为函数Function参数
16  print(ResList)
```

程序中第10行定义了一个以函数名为元素的列表FuncList；第11行定义了一个以元组为元素的列表ElemList，每个元组由要做和与差操作的两个整数组成；第13～15行分别遍历列表FuncList和ElemList，以它们的元素为参数调用函数Function()，实现对函数Add()和Sub()的调用，将计算结果添加到ResList结果列表中。

程序执行结果：

[3, 7, –1, 1]

5. 函数名作为函数的返回值

PPT5-10 函数名作为函数的返回值

为了介绍函数名作为函数的返回值，需要先介绍函数的嵌套定义。

（1）函数的嵌套定义

在一个函数的函数体内定义另外一个函数称为函数的嵌套定义，在函数体

内定义的另外一个函数称为内部函数或内嵌函数，内部函数所在的函数称为外部函数。

【示例5.1.39】 函数的嵌套定义。

```
1    def OutFunc(a,n):
2        p = a ** n
3        def InFunc(b):
4            return p+b
5        return InFunc(5)
6
7    r = OutFunc(2,3)
8    print(r)
```

程序第1 ~ 5行定义了函数OutFunc()，在函数OutFunc()的函数体内（第1 ~ 4行）定义了函数InFunc()，这是函数的嵌套定义，其中函数OutFunc()是外部函数，函数InFunc()是内部函数；第5行调用内部函数InFunc()（以5为参数）并返回调用结果作为函数OutFunc()的返回值。

微课 5-10
函数名作为函数的返回值

说明：

1）在内部函数中，可以引用外部函数中的对象，但不能修改；如果必须修改外部函数中的对象，可以使用关键字nonlocal先对要修改的对象进行声明，表示内部函数要修改的对象是外部函数的对象，然后才能进行修改。

【示例5.1.40】 修改外部函数的对象。

```
1    def OutFunc(a,n):
2        p = a ** n
3        def InFunc(b):
4            nonlocal p   # 声明InFunc()中要修改的对象p是外部函数的对象
5            p += b
6            return p
7        return InFunc(5)
8
9    r = OutFunc(2,3)
10    print(r)
```

程序中，如果注释掉第4行的语句，执行程序将给出UnboundLocalError异常。

2）示例5.1.39的程序用来求a^n+b，但只能求a^n+5，如果想求其他的b值，需要修改函数的定义，将5改为所需要的值；另外，这样定义的函数OutFunc()的内部函数InFunc()只能在外部函数内调用，在函数OutFunc()之外调用将给出NameError异常。

这种函数嵌套定义的作用是使数据隐藏起来，使外部不可见，但这样做程序比较死板，不灵活。

如果将程序的第5行由原来的返回内部函数InFunc(5)的调用结果，改为返回内部函数InFunc()的名字InFunc，上述问题就都得到了解决。

（2）内部函数名作为外部函数的返回值，但内部函数与外部函数无关联

【示例5.1.41】 函数名作为函数参数。

```
1   def OutFunc(a,n):
2       p = a ** n
3       def InFunc(b):
4           return 3+b
5       return InFunc
6
7   r = OutFunc(2,3)
8   t = OutFunc(2,5)
9   print(r(5),t(5))
```

程序中第5行虽然返回的是内部函数名，但从第3、4行内部函数的定义可以看出，内部函数与外部函数没有任何关联。

程序的执行结果：

8 8

（3）闭包

在函数的嵌套定义中，如果外部函数返回的是内部函数的名字，并且内部函数引用了外部函数的对象，则称该函数的嵌套定义是一个闭包。

【示例5.1.42】 闭包。

```
1   def OutFunc(a,n):
2       p = a ** n
3       def InFunc(b):
4           return p+b
5       return InFunc
6
7   r = OutFunc(2,3)
8   t = OutFunc(2,5)
9   print(r(5),t(5))
```

程序中第1～5行是函数的嵌套定义，第5行返回内部函数的名字，并且内部函数InFunc()引用了外部函数的对象p，因此，该函数的嵌套定义是一个闭包。

笔 记

程序的第7行分别以整数2和3作为实参调用外部函数OutFunc()，将调用结果内部函数的名字InFunc赋给r；第8行分别以整数2和5作为实参调用外部函数OutFunc()，将调用结果内部函数的名字InFunc赋给t；第9行以整数5作为实参调用内部函数InFunc()，并将调用结果输出。

程序执行结果：

13 37

从表面上看，变量r和t的值相同，都是内部函数的名字InFunc，但从程序执行结果来看，变量r和t中不仅存放了内部函数的名字，而且还存放了外部函数OutFunc()调用执行时的环境。

闭包的作用：保持外部函数调用执行时的环境，供内部函数调用执行时使用。

【示例5.1.43】 闭包的使用。

```
1   List = []
2   ResList = []
3   for i in range(1,4):
4       def OutFunc(a, n = i):
5           p = a ** n
6           def InFunc(b):
7               return p + b
8           return InFunc
9       List.append(OutFunc(i))
10
11  for f in List:
12      ResList.append(f(3))
13  print(ResList)
```

程序的第4～8行定义了一个闭包；第9行以循环变量i为参数调用外部函数OutFunc()，将调用结果即内部函数名及环境添加到列表List中；第11、12行对列表List中的每个元素以3为参数调用内部函数InFunc()，并将结果添加到列表ResList中。程序利用闭包保存了外部函数调用时的环境，供内部函数调用使用。

程序执行结果：

[4, 7, 30]

6. 递归调用

PPT5-11 递归调用

PPT

一个函数间接或直接的调用自已称为函数的递归调用，实现递归调用的函数称为递归函数。

（1）分治法

如果一个实际问题可以分解为若干个与原问题性质相同、规模较小的子问题，这样的问题可以利用递归函数来解决，具体方法步骤如下。

第1步：将原问题分解为一个（或多个）与原问题性质相同、规模较小的子问题。

第2步：对子问题按照同样的原则继续分解，直到得到一个已知有解的、不用再分解的子问题。

第3步：从有解的子问题的解出发，依次求得规模稍大的子问题的解，最终求得原问题的解。

微课 5-11 递归调用

这种解决问题的方法称为分治法。分治法解决实际问题的过程可以分为以下两个阶段。

1）递归调用阶段：第1步和第2步是第一个阶段，称为递归调用阶段，该阶段将原问题不断地分解为新的子问题，逐渐从未知向已知的方向逼近，最终到达已知子问题的解，这时递归调用阶段结束。

2）递推回代阶段：第3步是第二个阶段，称为递推回代阶段，该阶段从已知子问题的解出发，按照递推的过程，逐一回代求值，最终得到原问题的解。

（2）实现递归关键

使用分治法解决问题的关键是递归调用阶段，也就是如何建立一个模型用子问题来表示原问题，即递归关系；同时如何使递归调用结束，不至于无限期地调用下去，即给出递归终止条件。

笔 记

1）递归关系：用子问题来表示子问题与原问题的关系，决定了递归调用过程和递推回代过程。

2）递归终止条件：已知有解的、不用再分解的子问题，决定了递归调用的结束。

由此可以看出，使用分治法解决问题的第1步就是建立递归关系；第2步就是利用递归关系求解子问题，即递归调用，最后找出递归终止条件。

【例5.1】 用递归法求n!。

分析： 由于n!=n(n−1)(n−2)⋯×1=n(n−1)!，而1!=1，0!=1，所以得到

$$n!=\begin{cases}1 & n=0\text{或}n=1\\ n(n-1)! & n>1\end{cases}$$

上面的式子中，当n>1时，n!=n(n−1)!为递归关系；当n=0或1时，n!=1为递归终止条件。

算法思路： 用Fact(n)表示n!，如果n>1，Fact(n)=n*Fact(n−1)，即返回n*Fact(n−1)，而Fact(n−1)的解决方法与Fact(n)的方法相同，即使用递归来实现；如果n==0或n==1，直接返回1。

源代码 例 5.1

程序代码：

```
def Fact(n):
    if n == 0 or n == 1:
        return 1
    else:
        return n*Fact(n-1)

n = 4
print(f"{n}!={Fact(n)}")
```

下面以n=4为例说明递归调用和递推回代过程，如图5.1所示。

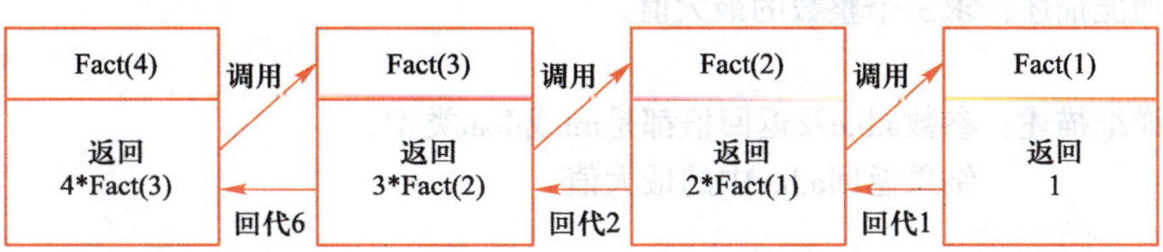

图 5.1 例 5.1 调用和回代过程

调用和回代过程：由于4≠1和0，返回4*Fact(3)，以3为实参调用Fact函数，由于3≠1和0，返回3*Fact(2)，再以2为实参调用Fact函数，由于2≠1和0，返回2*Fact(1)，最后以1为实参调用Fact函数，由于1=1，返回1；将1回代到2*Fact(1)的Fact(1)处，计算结果为2，再将2回代到3*Fact(2)的Fact(2)处，计算结果为6，最后将6回代到4*Fact(3)的Fact(3)处，计算结果为24。递归调用和递推回代过程结束返回函数值24。

5.1.7 文档字符串和注释

PPT5-12
文档字符串和注释

PPT

微课 5-12
文档字符串和注释

1. 文档字符串

文档字符串是用三撇号（即三个单撇号）括起来的多行字符串，用来对所定义的函数进行功能等文字描述，是一个帮助文档。

（1）书写格式

1）第1行简要描述函数的功能。

2）第2行为空行，用来将函数的功能描述与详细描述分开。

3）第3行开始是详细描述，对函数中用到的函数、参数、变量、函数调用等进行描述。

（2）查看方式

1）使用help(函数名)来查看，包括函数头、文档字符串和其他信息；

2）使用函数名.__doc__来查看文档字符串，其中__doc__是函数的属性。

【示例5.1.44】 文档字符串及查看。

```
def Max3(a,b,c):
    '''
    功能描述，求三个整数的最大值。

    详细描述：参数a,b,c及返回值都是int或float类型，
              结果返回a,b,c中的最大值。
    '''
    max = a
    if b > max:
        max = b
    if c > max:
        max = c
    return max

print(Max3.__doc__)
```

笔 记

程序执行结果：

功能描述：求三个整数的最大值。

详细描述：参数a,b,c及返回值都是int或float类型，
结果返回a,b,c中的最大值。

2. 函数注释

Python3可以对函数的参数和返回值进行注释，用来说明参数的类型、取值范围、返回值类型等。

（1）参数注释

在参数名后跟冒号“:”和表达式，其中的表达式为注释内容，可以对任何参数进行注释。

（2）返回值注释

在函数头的右圆括号后跟箭头“->”和表达式。

（3）查看注释

函数的注释可通过函数的__annotations__属性获得，此属性是可变字典。

【示例5.1.45】 函数注释及查看。

```
def Func(name:str, age:(18,29)=18, *score:float)->tuple:
    return (name,age,*score)

print(Func("zhangsan",20,78,89,66))
print(Func.__annotations__)
```

程序执行结果：

('zhangsan', 20, 78, 89, 66)

{'name': <class 'str'>, 'age': (18, 29), 'score': <class 'float'>, 'return': <class 'tuple'>}

5.1.8 应用实例

PPT5-13 函数应用案例（1）

PPT

【例5.2】 求指定范围内的素数。

输出指定范围[a,b]内的所有素数，要求指定范围由用户输入。

（1）方法1

算法思路：对[a,b]内的每一个整数n判断其是否是素数，判断一个数是否是素数需要多次使用，所以将其定义为函数IsPrime()。若n是素数，将其放入一个列表中，最后输出列表中的素数。

函数IsPrime()的算法思路：如果n==1，返回False；如果n>1，用2 ~ int(n**0.5)的每一个整数i去除n，如果有i整除n，返回False，否则返回True。

微课 5-13 函数应用案例（1）

程序代码：

```
a,b = map( int,input("请输入范围[a,b]，用空格分隔：").split())
def IsPrime(n):
    if n == 1:
        return False
    for i in range(2, int(n**0.5) + 1):
        if n % i == 0:
            return False
    return True

PrimeList = []
for n in range(a, b + 1):
    if IsPrime(n):
        PrimeList.append(n)
print(f"范围[{a},{b}]内的素数有：",PrimeList)
```

（2）方法2

源代码 例 5.2

算法思路：创建一个列表PrimeList，包含区间[max(2,a),b]中的所有整数。对列表PrimeList中的整数进行筛选，将能被2 ~ int(b**0.5)整除的数都筛选掉，剩余的就是 [a,b]范围的所有素数。

程序代码：

```
a,b = map( int,input("请输入范围[a,b], 用空格分隔: ").split())
PrimeList = range(2,b+1) if a<=1 else range(a,b+1)
for i in range(2, int(b**0.5)+1):
    PrimeList = list(filter(lambda x:x==i or x % i,PrimeList))
print(f"范围[{a},{b}]内的素数有。",PrimeList)
```

PPT5-14
函数应用实例（2）

PPT

微课 5-14
函数应用实例（2）

源代码
例 5.3

【例5.3】 求所有的n位Armstrong数。

对用户输入的位数n，输出所有n位Armstrong数。n位Armstrong数是指各位数码n次方的和与原数相等的数。例如，$153=1^3+5^3+3^3$，所以153是3位Armstrong数；$1634=1^4+6^4+3^4+4^4$，所以1634是4位Armstrong数。

算法思路： 对用户输入的位数n，先将n位数的范围[10**(n−1)，10**n−1]内的每一个数i分解为各位数码，放在一个列表Bit中，因为每一个n位数都要分解，所以定义一个函数Resolve()来完成分解工作；对于列表Bit中的各位数码，求出各位数码n次方的和s，判断s与原数i是否相等，若相等，将其放在一个列表Armstrong中，因为对每一个n位数，i都要进行上述的求解，所以定义一个函数Solve()来完成求解工作；最后输出列表Armstrong中的n位Armstrong数。

函数Resolve()的算法思路： 创建一个空列表Bit来存放各位数码，对传入的n位整数m，将m的个位m % 10添加到列表Bit中，并将商m //10作为新的m，直到m等于0，最后返回列表Bit。

函数Solve()的算法思路： 创建一个累加器s，初值为0，对列表Bit中的数j，将s+j**n放入累加器s，最后s中存放的就是列表Bit中各位数码n次方的和，如果s==i，则i是n位Armstrong数，将i添加到列表Armstrong中。

程序代码：

```
n = int(input("请输入位数: "))
Armstrong = []
def Resolve(m):
    Bit = []
    while m:
        Bit.append(m % 10)
        m //= 10
    return Bit

def Solve(Bit,i):
    s = 0
    for j in Bit:
        s += j ** n
    if s == i:
        Armstrong.append(i)

for i in range(10**(n-1),10**n):
    Bit = Resolve(i)
    Solve(Bit, i)
print(f"{n}位数的Armstrong数有。",Armstrong)
```

程序执行结果：

请输入位数：4

4位数的Armstrong数有：[1634, 8208, 9474]

【课堂实践5.1】 求完数。

用户输入一个位数，求所有不超过n位数的完数。所谓完数是指恰好等于它的因子（除本身的因数外）之和的自然数，如6是一个完数，因为6=1+2+3。

文本 参考答案 课堂实践 5.1

【同步训练5.1】

文本 参考答案 同步训练 5.1

一、单项选择题

1. 关于函数的参数，以下描述中错误的是（　　）。

A. 可选参数可以定义在非可选参数的前面

B. 一个元组可以传递给带有星号的可变参数

C. 在定义函数时，可以设计可变数量参数，通过在参数前增加星号“*”实现

D. 在定义函数时，如果有些参数存在默认值，可以在定义函数时直接为这些参数指定默认值

2. 以下关于形参和实参的描述中，正确的是（　　）。

A. 函数定义中参数列表里面的参数是实际参数，简称实参

B. 参数列表中给出要传入函数内部的参数，这类参数称为形式参数，简称形参

C. 程序在调用时，将形参复制给函数的实参

D. 函数调用时，实参默认采用按照位置顺序的方式传递给函数，Python也提供了按照形参名称输入实参的方式

3. 以下选项中，对于函数的定义错误的是（　　）。

A. def vfunc(*a,b):　　　　B. def vfunc(a,b):

C. def vfunc(a,*b):　　　　D. def vfunc(a,b=2):

4. 关于函数，以下描述中错误的是（　　）。

A. 函数能完成特定的功能，对函数的使用不需要了解函数内部实现原理，只要了解函数的输入输出方式即可

B. 使用函数的主要目的是降低编程难度和代码重用

C. Python使用del关键字定义一个函数

D. 函数是一段具有特定功能的、可重用的语句组

5. 下列代码的执行结果是（　　）。

```
x = 1
def change(a):
    x += 1
    print(x)
change(x)
```

A. 1　　　　B. 2　　　　C. 3　　　　D. 报错

6. 下列选项中，函数参数定义不合法的是（　　）。

A. def myfunc(*args):   B. def myfunc(arg1=1):

C. def myfunc(*args, a=1):   D. def myfunc(a=1, **args):

二、程序填空题

1. 根据题目要求，将下面的代码补充完整。

对于一个十进制的正整数，定义f(n)为其各位数字的平方和，例如:

$f(13) = 1^2 + 3^2 = 10$

$f(207) = 2^2 + 0^2 + 7^2 = 53$

下面给出三个正整数k, a, b,计算有多少个正整数n满足a≤n≤b, 且kf(n)=n。

输出:

输出对应的答案;

范例:

设置k,a,b的值: 51 5000 10000

输出: 3

```
def f(n):
    res = 0
    for item in str(n):
        res += int(item) **______
    return res
def isOk(k, n):
    if k * f(n) ==______:
        return True
    else:
        return False
def main():
    k = 51
    a = 5000
    b = 10000
    count = 0
    for i in range(a,______):
        if isOk(k, i):
            count += 1
    print(count)
main()
```

2. 根据题目要求，将下面的代码补充完整。

编写一个名为collatz()的函数，它有一个名为number的参数。如果number是偶数，函数collatz()就打印出number//2，并返回该值；如果number是奇数，函数collatz()就打印并返回3*number+1。再编写一个程序，让用户输入一个整数，并不断对这个数调用函数collatz()，直到函数返回值1（令人惊奇的是，这个序列对于任何整数都有效，利用这个序列，迟早会得到1，就连数学家也不能确定为什么。程序在研究所谓的“Collatz序列”，它有时候被称为“最简单的、不可能的数学问题”）。

输入:

3

输出:

10

5

16

8

4

2

1

```
def collatz(number):
    if number ==_____:
        exit(0)
    elif number %2 == 0:
        return_____
    else:
        return_____
num = int(input('Num:'))
while True:
    num = collatz(num)
    print(num)
```

三、程序阅读题

1. 阅读下面的程序，并写出该段程序的功能。

```
import random
def get_level(score):
    if 90 < score <= 100:
        return 'A'
    elif 80 < score <= 90:
        return 'B'
    else:
        return 'C'
def main():
    for i in range(20):
        score = random.randint(1,100)
        print(f"成绩为{score}, 等级为{get_level(score)}")
main()
```

2. 阅读下面的程序，写出该段程序的执行结果。

```
def mySum(*args):
    print(args,)
    return  sum(args)
print(mySum(1,2,3,4,5))
```

3. 阅读下面的程序，写出该段程序的执行结果。

```
num = 10
print("out fun: id=", id(num))
def fun():
    num = 2
```

```
        print("in fun: id=", id(num))
        print(f"in fun: num = {num}")
    fun()
    print(f"out fun: num = {num}")
```

4. 阅读下面的程序，写出该段程序的执行结果。

```
num = 10
def fun():
    global num
    num = 2
fun()
print(num)
```

四、程序设计题

1. 编写一个函数，计算传入字符串中数字、字母、空格以及其他字符的个数。

2. 编写一个函数，判断用户传入的对象（字符串、列表、元组）长度是否大于5。

3. 编写一个函数，检查获取传入列表或元组对象的所有奇数位索引对应的元素，并将其作为新列表返回给调用者。

4. 编写一个函数，检查传入字典的每一个value的长度，如果大于2，那么仅保留前两个长度的内容，并将新内容返回给调用者。

5.2 模块

模块（module）是一个包含解决某类问题所定义的函数、类、变量等，扩展名为“.py”的文件，文件名就是模块名。内置函数、标准库函数、第三方库函数等都是模块，用户也可以定义自己的模块。内置函数在启动Python解释器时被自动导入，所以可以直接使用，而其他模块需要显式导入后才能使用。

5.2.1 导入模块

PPT5−15 导入模块

PPT

微课 5−15 导入模块

若要使用标准库函数、第三方库函数或其他模块中的函数、变量等，需要先导入，可采用以下的方式进行导入。

1. 使用import导入

格式： import 模块名 [as 别名]

作用： 导入模块中的所有对象，包括变量、函数等，并给导入模块起别名。

说明：

1）import和as都是Python的关键字。

2）方括号表示可选项，别名是给所导入模块起的新名字。

3）如果未给导入模块起别名，引用导入模块中的变量或函数等使用“模块名.变量名”或“模块名.函数名(实参表)”；

【示例5.2.1】 用模块名引用导入模块的函数。

>>>import math # 导入math模块

笔 记

>>>math.sqrt(2) # 调用math模块的sqrt()函数

1.4142135623730951

4）如果给导入模块起了别名，引用导入模块中的变量或函数等使用“别名.变量名”或“别名.函数名(实参表)”。

【示例5.2.2】 用别名引用导入模块的函数。

>>>import math as sx # 导入math模块

>>>sx.sqrt(2) # 使用别名sx调用sqrt()函数

1.4142135623730951

5）可以一次导入多个模块，模块名之间用逗号分隔。

【示例5.2.3】 导入多个模块。

>>>import math,string # 导入math模块和string模块

>>>string.capwords('python c java')

'Python C Java'

6）当一次导入多个模块时，若要给模块起别名，只能给最后一个模块起别名。

【示例5.2.4】 给最后导入的模块起别名。

>>>import math,string as zfc # 导入math模块和string模块，并给string模块起别名为zfc

>>>zfc.capwords('python c java')

'Python C Java'

2. 使用from import导入

格式：from 模块名 import 对象名/*

作用：导入模块中的指定对象或所有对象，对象可以是变量、函数等。

说明：

1）from是Python的关键字。

2）可直接使用导入的对象，无须使用“.”运算符。

【示例5.2.5】 直接使用导入的对象。

>>>from string import capwords

>>>capwords('python c java') # 直接使用导入的对象capwords函数

'Python C Java'

3）“from 模块名 import *”与“import模块名”的区别是，前者可直接使用导入模块的对象，无须使用“.”运算符，后者必须使用“模块名.对象名”引用导入模块的对象。

【示例5.2.6】 给最后导入的模块起别名。

>>>import string # 导入string模块的所有对象

>>>from math import * # 导入math模块的所有对象

>>>string.capwords('python c java') # 使用string. capwords引用对象

'Python C Java'

```
>>>sqrt(2) # 直接使用对象sqrt()函数
1.4142135623730951
```

5.2.2 创建模块和包

Python允许用户自己创建模块，也可以对自己创建的多个模块组织形成一个目录结构，称为包。

1. 创建模块

PPT5-16 创建模块

PPT

建立扩展名为“.py”的文件，文件内容可以包括函数、类、变量、语句等，文件名就是该模块的名字。

【示例5.2.7】 创建自定义模块module1。

```
# module1.py
Int1 = 365
_List1 = [1]
def Func1():
    print("模块module1中的函数。")

print("模块module1被导入。")
```

微课 5-16 创建模块

将以上代码保存到文件module1.py中，便创建了自定义模块module1。

说明：

1）使用import 模块名，可导入模块中的全部对象，导入后可在其他程序中通过“模块名.对象名”调用模块中的对象。

【示例5.2.8】 使用import导入模块，调用模块中的对象。

```
import module1
print(module1.Int1)
print(module1._List1)
module1.Func1()
```

程序执行结果：

```
模块module1被导入！
365
[1]
模块module1中的函数Func1()。
```

2）使用from 模块名import *，可导入模块中除单下划线“_”开头命名的全部对象。

【示例5.2.9】 使用from 模块名import *导入模块。

```
from module1 import *
print(_List1)
```

程序执行结果：

模块module1被导入！

Traceback (most recent call last):

File "C:/Users/ASUS/PycharmProjects/test1/MyModule/Test1/module2.py", line 2, in <module>

print(_List1)

NameError: name '_List1' is not defined

3）导入模块实际就是执行一次模块文件，如示例5.2.8和示例5.2.9的执行结果都有“模块module1被导入！”。

4）如果被导入模块中的某些语句不想被导入后执行，可以在该模块中将不想被执行的语句放在选择结构“if __name__ == '__main__':”中，其中__name__为模块的属性，当模块作为主模块执行时，其值为'__main__'。

【示例5.2.10】 模块属性__name__的使用。

将模块module1.py改写如下：

```
# module1.py
Int1 = 365
_List1 = [1]
def Func1():
    print("模块module1中的函数。")

if __name__ == '__main__':
    print("只在module1作为主模块时执行。")
```

此代码的执行结果：

只在module1作为主模块时执行！

以下代码：

```
import module1
print(module1.Int1)
print(module1._List1)
module1.Func1()
```

执行结果：

365

[1]

模块module1中的函数Func1()。

2. 创建包

创建包可以在操作系统下通过建立目录、文件夹和文件进行手动创建，也可以使用PyCharm通过建立目录、文件夹和文件进行手动创建，还可以通过编写代码来创建。无论采用哪种方法，在包的各个子目录中都必须包含一个__init__.py文件，该文件可以是一个空文件，也可以包含执行包的初始化代码，__init__.py用于标识当前文件夹是一个包。下面仅介绍编写代码创建包的方法。 PPT5-17 创建包 PPT

微课 5–17
创建包

（1）编写代码创建包

1）使用os模块的函数makedirs()递归地创建目录结构，该函数的调用格式为makedirs(path)，其中的参数path为所要建的目录结构的路径，是一个字符串。

2）使用内置函数open()创建文件，该函数的调用格式为open(file, mode)，其中的参数file为所要建的文件名，是一个包含路径字符串；参数mode是文件打开方式，这里使用'w'表示写文件方式。

3）使用文件对象的close()方法关闭文件，该方法的调用格式为文件对象.close()。

【示例5.2.11】 编写代码创建包。

假设要创建包的目录结构如图5.2所示。

程序代码：

```
import os
os.makedirs('MyModule/Test1')  # 创建目录结构
os.makedirs('MyModule/Test2')  # 创建目录结构
FileList = []  # 用于存放所创建的文件对象
FileList.append(open('MyModule/ module1.py','w'))  # 创建文件
FileList.append(open('MyModule/__init__.py','w'))  # 创建文件
FileList.append(open('MyModule/Test1/module2.py','w'))  # 创建文件
FileList.append(open('MyModule/Test1/module3.py','w'))  # 创建文件
FileList.append(open('MyModule/Test1/__init__.py','w'))  # 创建文件
FileList.append(open('MyModule/Test2/module4.py','w'))  # 创建文件
FileList.append(open('MyModule/Test2/__init__.py','w'))  # 创建文件
map(lambda f:f.close() ,FileList)  # 关闭所有文件
```

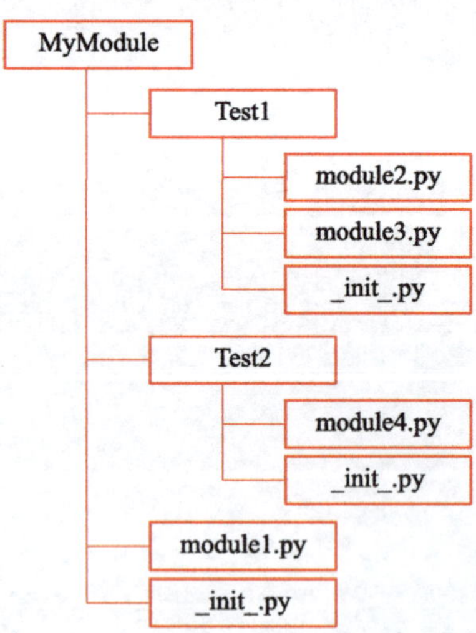

图 5.2
包的目录结构

执行程序代码便可创建如图5.2所示的包目录结构，再依次对模块文件module1.py、module2.py、module3.py、module4.py进行编辑，便创建了包。

（2）导入包

1）其他模块在导入包中的模块时，必须使用点“.”运算符进行逐级导入。

【示例5.2.12】 导入MyModule包中的模块。

>>>import MyModule. module1 # 导入module1模块

>>>import MyModule. Test1. module2 # 导入module2模块

>>>from MyModule. module1 import Func1 # 导入module1模块中的Func1对象

>>>from MyModule. Test1. module2 import * # 导入module1模块中的所有对象（除_开头的）

2）包内模块间相互导入时，只能是上层或同层模块导入下层（或同层）模块，而不能是下层模块导入上层模块。

① 绝对路径导入。既可以使用“import路径.模块名”导入，也可以使用“from 路径import 模块名”或“from 路径.模块名import *”导入，路径从包的顶层目录开始，使用点“.”运算符进行逐级导入。

【示例5.2.13】 在模块module1中导入模块module2和模块module4。

```
# module1.py
import MyModule.Test1.module2  # 使用import导入
from MyModule.Test2 import module4  # 使用from import导入
…
```

【示例5.2.14】 在模块module3中导入模块module2和模块module4。

```
# module3.py
import MyModule.Test1.module2  # 使用import导入
from MyModule.Test2.module4 import *  # 使用from import导入
…
```

② 相对路径导入。只能使用“from ./..上一级目录 import 模块名”格式导入，其中点“.”表示相对当前目录，两点“..”表示相对上一级目录，使用相对路径导入的模块不能直接执行。

【示例5.2.15】 相对路径导入模块。

假设module1.py的代码如下：

```
# module1.py
from MyModule.Test1 import module3  # 绝对路径导入module3
Int1 = 365
_List1 = [1]
def Func1():
    print("模块module1中的函数。")

print("执行模块module1!")
module3.Func3()
```

假设module3.py的代码如下：

```
# module3.py
from . import module2  # 相对路径导入module2
def Func3():
    print("模块module3中的函数。")

print("模块module3被导入!")
module2.Func2()
```

假设module2.py的代码如下：

```
# module2.py
from ..Test2 import module4  # 相对路径导入module4
def Func2():
    print("模块module2中的函数。")

print("模块module2被导入!")
module4.Func4()
```

假设module4.py的代码如下：

```
# module4.py
def Func4():
    print("模块module4中的函数。")

print("模块module4被导入!")
```

模块module1的执行结果：
模块module4被导入！
模块module2被导入！
模块module4中的函数。
模块module3被导入！
模块module2中的函数。
执行模块module1！
模块module3中的函数。

文本 参考答案
课堂实践 5.2

【课堂实践5.2】 编写代码创建包。

编写代码创建一个包，包的目录结构如图5.3所示。

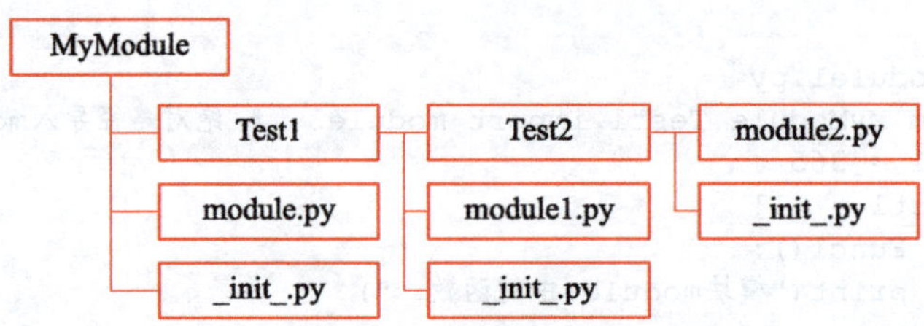

图 5.3
包的目录结构

给模块module.py、module1.py、module2.py编写代码，代码内容任意。

5.2.3 math模块

PPT5-18
math 模块

math模块是Python标准库模块，包含涉及数学的库函数等。表5.1列出了math模块的常用函数，供大家参考使用，表中示例均假设x、y为浮点数或浮点数表达式，并已通过from math import* 将模块math导入解释器。

表5.1 math模块常用函数

函数格式	函数功能	示例
ceil(x)	返回一个大于或等于 x 的最小整数	>>>ceil(3.6),ceil(3),ceil(–3.6) (4, 3, –3)
copysign(x,y)	返回一个浮点数，浮点数的绝对值与x的绝对值相同，符号为y的符号	>>>copysign(–5.2,–3), copysign(5.2,–3) (–5.2, –5.2) >>>copysign(–5.2,3),copysign(5.2,3) (5.2, 5.2)
fabs (x)	返回x的绝对值	>>>fabs(–5.2), fabs(5.2) (5.2, 5.2)

续表

函数格式	函数功能	示例
factorial (x)	返回自然数x的阶乘，若x不是自然数，给出ValueError异常	>>>factorial (0), factorial (4) (1, 24)
floor (x)	返回小于或等于x的最大整数	>>>floor (–5.2),floor (5.2) (–6, 5)
fmod (x, y)	返回一个浮点数，浮点数的绝对值为x的绝对值被y的绝对值除所得的余数，符号取x的符号	>>>fmod (5, 3),fmod (5, –3) (2.0, 2.0) >>>fmod (–5.7, 3),fmod (–5.7, –3) (–2.7, –2.7)
frexp (x)	将x表示为$m \times 2^e$的形式，其中m为纯小数，0.5≤abs(m)<1.0，e为整数，返回元组对(m,e)	>>>frexp(5),frexp(0.15625),frexp(0) ((0.625, 3), (0.625, –2), (0.0, 0))
fsum (seq)	返回序列seq中的元素精确浮点值之和	>>>sum([.1, .1, .1, .1, .1, .1, .1, .1, .1, .1]) 0.9999999999999999 >>>fsum([.1, .1, .1, .1, .1, .1, .1, .1, .1, .1]) 1.0
gcd (a,b)	返回整数a和b的最大公约数	>>>gcd(6,8),gcd(6,0),gcd(0,0) (2, 6, 0)
hypot(x, y)	返回欧几里得范数$\sqrt{x^2+y^2}$	>>>hypot(3, 4) 5.0
ldexp (m,e)	返回$m \times 2^e$的结果，其中e为整数	>>>ldexp (1.625,3) 13.0
modf (x)	返回由x的小数部分和整数部分组成的元组对，两部分都取x的符号	>>>modf (–3.6) (–0.6000000000000001, –3.0)
pow(x, y)	返回x^y	>>>pow(2, 10) 1024.0
sqrt(x)	返回x的平方根，x为非负数	>>>sqrt(3) 1.7320508075688772

微课 5-18
math 模块

math模块还包括对数函数、三角函数、双曲函数、数学常量等，这里不一一列举，需要时可以查阅Python文档。

5.2.4 time模块

PPT5–19
时间的表示

PPT

time模块提供各种与时间相关的函数，可在多个平台上使用，但在不同的平台上函数的功能有所不同，这里仅介绍在Windows平台上使用的函数。

1. 时间的表示

时间有以下3种表示法：

（1）时间戳timestamp

时间戳是以秒表示从“新纪元”开始按秒计算的偏移量。“新纪元”是指1970年1月1日0时0分0秒（协调世界时间UTC，本地时间比UTC时间提前8小时）。

微课 5–19
时间的表示

（2）时间元组struct_time

struct_time元组共有9个元素，元素的名称及含义详见表5.2。

表5.2 struct_time元组元素及含义

元素名称	含义
tm_year	是一个4位数，用来表示年
tm_mon	是一个1～2位数，范围是1～12，用来表示月
tm_mday	是一个1～2位数，范围是1～31，用来表示日
tm_hour	是一个1～2位数，范围是0～23，用来表示小时
tm_min	是一个1～2位数，范围是0～59，用来表示分钟
tm_sec	是一个1～2位数，范围是0～61，用来表示秒钟
tm_wday	是一个1位数，范围是0～6，用来表示星期，其中0表示星期一、1表示星期二等，以此类推
tm_yday	是一个1～3位数，范围是1～366，用来表示一年中的第几天
tm_isdst	是一个标志量，用来决定是否使用夏令时，为 0 表示不使用，为 1 表示使用，为 –1 表示未知，mktime() 会根据 date 和 time 来推测

（3）结构化时间format time

格式化时间是由格式规范组成的字符串，每个格式规范由%开头，后跟一个规定的字符，具体格式规范及含义详见表5.3。

表5.3 format time格式规范及含义

格式规范	含义	格式规范	含义
%a	本地（locale）简化星期名称	%A	本地完整星期名称
%b	本地简化月份名称	%B	本地完整月份名称
%c	本地相应的日期和时间表示	%d	一个月中的第几天（01～31）
%H	一天中的第几个小时（24小时制，00～23）	%I	第几个小时（12小时制，01～12）
%j	一年中的第几天（001～366）	%m	月份（01～12）
%M	分钟数（00～59）	%p	本地am或者pm的相应符
%S	秒（01～61）	%U	一年中的星期数（00～53星期天是一个星期的开始），第一个星期天之前的所有天数都放在第0周
%w	一个星期中的第几天（0～6，0是星期天）	%W	和%U基本相同，不同的是%W以星期一为一个星期的开始

续表

格式规范	含义	格式规范	含义
%x	本地相应日期，格式为mm/dd/yy	%X	本地相应时间，格式为hh/mm/ss
%y	去掉世纪的年份（00～99）	%Y	完整的年份
%Z	时区的名字（如果不存在为空字符）	%%	%字符

2. time模块常用函数

PPT5-20
time 模块常用函数

PPT

微课 5-20
time 模块常用函数

time模块常用函数详见表5.4，表中示例均假设已通过from time import* 将模块time导入解释器。

表5.4 time模块常用函数

函数格式	函数功能	示例
localtime([seconds])	将新纪元以来的秒seconds转换为表示本地时间的时间元组，缺省seconds，则返回本地当前时间的时间元组	>>>localtime(0) time.struct_time(tm_year=1970, tm_mon=1, tm_mday=1, tm_hour=8, tm_min=0, tm_sec=0, tm_wday=3, tm_yday=1, tm_isdst=0) >>>localtime() time.struct_time(tm_year=2019,tm_mon=3, tm_mday=27, tm_hour=23, tm_min=11, tm_sec=38, tm_wday=2, tm_yday=86, tm_isdst=0)
asctime([tuple])	将时间元组tuple转换为格式化时间的字符串，缺省时间元组tuple时，由localtime()返回本地当前时间的格式化时间字符串	>>>t=localtime() >>>asctime(t) 'Wed Mar 27 23:42:03 2019'
ctime([seconds])	将时间戳seconds转换为本地格式化时间的字符串，缺省时间戳seconds时，由localtime()返回本地当前时间的格式化时间字符串	>>>ctime(1) 'Thu Jan 1 08:00:01 1970'
gmtime([seconds])	将从新纪元开始的秒转换为表示UTC的时间元组，缺省时间戳seconds时，将当前时间转换为时间元组	>>>gmtime(1) time.struct_time(tm_year=1970, tm_mon=1, tm_mday=1, tm_hour=0, tm_min=0, tm_sec=1, tm_wday=3, tm_yday=1, tm_isdst=0)
mktime(tuple)	将本地时间中的时间元组转换为自新纪元以来的秒数，返回值为浮点数	>>>t=localtime() >>>t time.struct_time(tm_year=2019,tm_mon=3, tm_mday=28, tm_hour=22, tm_min=2, tm_sec=18, tm_wday=3, tm_yday=87, tm_isdst=0) >>>mktime(t) 1553781738.0

续表

函数格式	函数功能	示例
perf_counter()	以某个时间节点为基准的计数器，返回一个浮点数，计数单位为秒	>>>t1=perf_counter() >>>t1 4311.629540663 >>>t2=perf_counter() >>>t2 4322.716870037 >>>t2–t1 11.087329374000547
perf_counter_ns()	以某个时间节点为基准的计数器，返回一个整数，计数单位为纳秒	>>>t1=perf_counter_ns() >>>t1 4668875011715 >>>t2=perf_counter_ns() >>>t2 4684735618171 >>>t2–t1 15860606456
sleep(seconds)	将程序延迟执行seconds秒，即挂起，该函数没有返回值	
strftime(format[, tuple])	按格式化时间字符串format规定的格式将时间元组tuple转换为字符串。缺省时间元组tuple时，使用localtime()返回当前时间的字符串	>>>strftime("%Y–%m–%d %H:%M:%S",localtime ()) '2019–03–29 15:52:38' >>>strftime("%a %b %d %H:%M:%S %Y", local time()) 'Fri Mar 29 15:53:20 2019'
strptime(string, format)	按格式规范format将字符串string解析为时间元组	>>>strptime('Fri Mar 29 15:53:20 2019', "%a %b %d %H:%M:%S %Y") time.struct_time(tm_year=2019, tm_mon=3, tm_mday=29, tm_hour=15, tm_min=53, tm_sec=20, tm_wday=4, tm_yday=88, tm_isdst=–1)
time()	以秒为单位返回本地当前时间的时间戳，返回值为浮点数	>>>time() 1553846758.8633423
time_ns()	以纳秒为单位返回本地当前时间的时间戳，返回值为整数	>>>time_ns() 1553847827984765600

5.2.5 copy模块

PPT5–21
copy 模块

PPT

Python中的赋值语句不复制对象，而是在目标和对象之间建立引用；对于可变对象（如列表、集合、字典）使用copy方法都将创建一个新对象，当对原对象（或新对象）进行修改时，虽然新对象（或原对象）不会跟着修改，但如果原对象包含可变元素，当对可变元素进行修改时，新对象（或原对象）就也会跟着修改。有时可能不希望这样做，这时就需要使用copy模块提供的deepcopy()函数来实现。

copy模块提供了两个函数，即copy()函数和deepcopy()函数，下面分别来介绍这两个函数，假设已通过import copy将copy模块导入Python解释器。

微课 5-21
copy 模块

1. 浅复制copy()函数

调用格式： copy.copy(x)

功能： 创建对象x的一个副本，对对象x进行浅复制操作。

说明：

1）如果对象x是不可变对象，仅创建对象x的引用。

【示例5.2.16】

```
>>>a = 365
>>>b = copy.copy(a)
>>>id(a),id(b)
(1500447479568, 1500447479568) # 变量a和b的标识相同，说明b和a都是对象365的引用
```

2）如果对象x是可变对象，则创建对象x的副本。

【示例5.2.17】

```
>>>List1 = [1,[2,4],3]
>>>List2 = copy.copy(List1)
>>>List2
[1, [2, 4], 3]
>>>id(List1),id(List2)
(1500445281800, 1500408115144) # 列表List1和List2的标识不同，说明是两个不同的对象
```

3）修改原对象，其副本不会改变。

【示例5.2.18】

```
# 续示例5.2.17
>>>List1.append(5)
>>>List1
[1, [2, 4], 3, 5]
>>>List2
[1, [2, 4], 3] # 修改List1，其副本List2未被修改
```

4）修改原对象可变元素，其副本也会改变。

【示例5.2.19】

```
# 续示例5.2.18
>>>List1[1].append(6)
>>>List1
[1, [2, 4, 6], 3, 5]
```

笔 记

笔 记

```
>>>List2
[1, [2, 4, 6], 3] # 修改List1的可变元素，其副本List2也被修改
```

2. 深复制deepcopy()函数

调用格式： copy.deepcopy(x)

功能： 创建对象x的一个副本，对对象x进行深复制操作。

说明：

1）如果对象x是不可变对象，仅创建对象x的引用。

【示例5.2.20】

```
>>>a = 365
>>>b = copy.deepcopy(a)
>>>id(a),id(b)
(1500447479152, 1500447479152) # 变量a和b的标识相同，说明b和a都是对象365的引用
```

2）如果对象x是可变对象，则创建对象x的副本。

【示例5.2.21】

```
>>>List1 = [1,[2,4],3]
>>>List2 = copy.deepcopy(List1)
>>>List2
[1, [2, 4], 3]
>>>id(List1),id(List2)
(1500447509192, 1500445281800) # 列表List1和List2的标识不同，说明是两个不同的对象
```

3）修改原对象及原对象的可变元素，其副本都不会改变。

【示例5.2.22】

```
# 续示例5.2.21
>>>List1.append(5)
>>>List1
[1, [2, 4], 3, 5]
>>>List2
[1, [2, 4], 3] # 修改List1，其副本List2未被修改
>>> List1[1].append(6)
>>>List1
[1, [2, 4, 6], 3, 5]
>>>List2
[1, [2, 4], 3] # 修改List1的可变元素，其副本List2未被修改
```

【同步训练5.2】

文本 参考答案
同步训练 5.2

一、单项选择题

1. 以下命令执行后，可以查看Python版本的是（ ）。

A. import sys
print(sys.version)

B. import system
print(system.version)

C. import system
print(system.Version)

D. import sys
print(sys.Version)

2. 关于turtle库的形状绘制函数，以下描述中错误的是（ ）。

A. 执行如下代码，绘制得到一个角度为120°，半径为180的弧形

import turtle

turtle.circle(120,180)

B. turtle.fd(distance)函数的作用是向小海龟当前行进方向前进distance距离

C. turtle.seth(to_angle)函数的作用是设置小海龟当前行进方向为to_angle，to_angle是角度的整数值

D. turtle.circle()函数的定义为turtle.circle(radius, extent=None, steps=None)

3. random库的seed(a)函数的作用是（ ）。

A. 生成一个[0.0, 1.0)之间的随机小数

B. 设置初始化随机数种子a

C. 生成一个k比特长度的随机整数

D. 生成一个随机整数

4. time库的time.time()函数的作用是（ ）。

A. 返回系统当前时间戳对应的易读字符串表示

B. 返回系统当前时间戳对应的struct_time对象

C. 返回系统当前时间戳对应的本地时间的struct_time对象，本地之间经过时区转换

D. 返回系统当前的时间戳

二、程序填空题

1. 根据题目要求，将下面的代码补充完整。

一个整数，它加上100后是一个完全平方数，再加上168又是一个完全平方数，请问该数是多少？

```
import math
num = 1
while True:
    if _____ == 0 and _____ == 0:
       print(num)
       break
    num += 1
```

2. 根据题目要求，将下面的代码补充完整。

输入某年某月某日，判断这一天是这一年的第几天？

```
import datetime
import time
dtstr = str(raw_input('Enter the datetime:(20151215):'))
dt = datetime.datetime.strptime(dtstr, "%Y%m%d")
another_dtstr =dtstr[:4] +______
another_dt = datetime.datetime.strptime(another_dtstr, "%Y%m%d")
print (int((______).days) + 1)
```

3. 根据题目要求，将下面的代码补充完整。

判断101～200之间有多少个素数，并输出所有素数。

```
def main():
    for i in range(101,201):
        flag = 1
        k = int(i**0.5)
        for j in range(2,______):
            if______:
                flag = 0
                break
        if flag == 1:
            print(f"{i:5}")
if __name__ == "__main__":
    main()
```

三、程序阅读题

1. 阅读下面的程序，写出该段程序的功能。

```
def main():
    for i in range(100,1000):
        a = i%10
        b = i//100
        c = i//10 % 10
        if i == a**3+b**3+c**3:
            print(f"{i:5}")
if __name__ == "__main__":
    main()
```

2. 阅读下面的程序，写出该段程序的功能。

```
def gen(line_cnt):
    for i in range(1,line_cnt+1):
        for j in range(1,i+1):
            m=i*j
            print(f"{j}*{i}={m}",end='\t')
        print()
if __name__== '__main__':
    gen(9)
```

四、程序设计题

1. 将字符串的时间"2017-10-10 23:40:00"转换为时间戳和时间元组。
2. 获取当前时间戳转换为指定格式日期。

第6章

面向对象编程

Python是一种多范式编程语言，也就是说，它支持采用不同的编程思想和方法来解决实际问题。面向对象的程序设计是一种现在广泛流行的解决大型复杂问题的方法，它在Python中也得到良好完整的支持，并且实现起来比其他常见开发语言更加简洁，独具特色。

面向对象编程（Object Oriented Programming，OOP）是把对象作为程序的基本单元，并把对象对应到实际问题领域的一种实际存在，如一本书、一门课、一个账号等，都可以成为一个对象。一个对象包含了对应实体的数据和对这些数据进行相关操作的函数。

面向对象最重要的概念就是类（Class）和实例（Instance）。类是抽象的模板，是对一类具有相同属性和操作的事物的定义。例如表示学生概念的Student类，具有学号、姓名、各科成绩等数据属性，还具有计算各科平均成绩的方法，这个Student类刻画了全部学生的共同特性。而实例（也称对象）是根据类创建出来的一个个具体的“对象”，是类的具体化。例如一个具体的学生对象，学号为12345678，姓名为张晓明，英语成绩为85分，数学成绩为78分。每个对象都拥有相同的方法，但各自的数据可能不同。

面向对象的开发方法通常都支持如下一些基本原则。

1）封装：将数据和对数据的操作组成一个整体，隐藏其中的实现细节，只对外公开接口，并控制在程序中访问它们的级别。

2）继承：在不修改现有类的情况下，一个对象能直接使用另一对象的属性和方法。

3）多态：一个接口，可有多种实现，能在不同上下文环境使用同一个函数名称，执行不同的操作。

在Python中，这些原则都得到了完整的实现，而且所有数据类型都可以视为对象。

6.1 类与对象

类（Class）是抽象的模板，实例（Instance）是根据类创建出来的一个个具体的“对象”，每个对象都拥有相同的方法，但各自的数据可能不同，所以在使用对象前要先进行类的定义。

PPT6-1
类的定义

PPT

6.1.1 类的定义

1. 创建最简单的类定义

格式：

class ClassName:
<statement-1>
…
<statement-N>

说明：由关键字class加上类名，接着是若干定义内部细节的语句，形成完整的类的定义。

以学生概念Student类为例，定义最简单的学生类Student可通过如下形式来实现。

微课 6-1
类的定义

【示例6.1.1】 创建最简单的学生类。

```
class Student:
    """演示最简单的类定义"""
    pass
```

关键字class后面紧接着是类名Student，表示定义一个类。

笔 记

在类具体定义的第一行，是一个特殊的字符串，用三个单撇号'''或三个双撇号"""括起来，称为DocStrings，用来向用户提供所定义类的文档信息，可以包括类的作用、所含属性及方法、使用介绍等。DocStrings可以是单行，也可以是多行，包括换行、缩进等文本格式。在类的定义中，DocStrings并不是必须项，但是有了它，能方便其他开发人员理解，便于用户使用。

在Student类的定义中，在DocStrings之后的是类的具体定义，现在暂时没有实际的内容，只用一条pass语句，来保持类定义语法的完整。pass不做任何事情，只是作为占位语句。

2. 用类创建对象

定义好Student类后，就可以根据Student类创建出Student的实例，创建实例可以通过类名加上一对小括号实现。

【示例6.1.2】 创建学生对象，显示类与对象的区别。

注意，本例代码要在示例6.1.1中Student类的定义后接着输入，不能在一个新的编辑器窗口直接输入。

```
>>>stu=Student()
```

笔 记

```
>>>Student
<class '__main__.Student'>
>>>stu
<__main__.Student object at 0x0000000002B37470>
```

可以看到，Student是当前主模块的一个类，变量stu指向的则是一个Student的实例，后面的0x0000000002B37470是内存地址，每个object的地址都不一样。

3. 给对象绑定属性

可以通过"对象名.成员名"的形式来访问对象的成员。

对象可以有各种属性，现在可以自由地给一个实例变量绑定属性。例如，给实例stu绑定一个姓名（name）属性为"张晓明"，性别（sex）属性为"男"。

【示例6.1.3】　给学生对象绑定姓名和性别属性。

注意，本例代码要在示例6.1.2中的代码后接着输入，也就是说，要在学生对象stu创建后进行，不能在一个新的编辑器窗口直接输入。

```
>>>stu.name = '张晓明'
>>>stu.name
'张晓明'
>>>stu.sex='男'
>>>stu.sex
'男'
```

显然，姓名、性别、成绩等状态属性是每个学生都会具有的属性，虽然可以像上面例子一样分别给每个学生对象绑定，但比较麻烦。另一方面，从面向对象的角度看，对象的固有属性和对它们的相关操作，应该封装在一个整体里面，作为一个编程单元，6.1.2节将介绍在类中封装属性（状态数据）的方法。

6.1.2 类中数据成员的定义

PPT6−2
类中数据成员的定义

PPT

由于类是映射现实世界中某个具体事物或概念，因此，可以在定义类的时候，把一些事物固有的状态属性定义在类内部，这些状态属性在面向对象的术语中有时也称为类的数据成员。Python中存在一类特殊方法，称为属性，为了避免在叙述中引起歧义和混淆，在本书中统一将状态属性称为数据成员。

1. 在构造方法中定义对象数据成员

在Python语言中，通过一个在类的内部定义的特殊的函数，可以实现数据成员的设定，这个特殊函数，就是__init__()函数，也称为构造函数。在面向对象的术语中，类中的函数通常被称为方法，下文中都将__init__()函数称为__init__()方法。下面继续以学生类Student为例，介绍数据成员的定义方法。

微课 6−2
类中数据成员的定义

【示例6.1.4】　创建包含__init__()方法的学生类。

```
class Student:
    """这是一个包含数据成员的简单例子"""
    def __init__(self,name,sex,scores={}):
```

```
        self.name=name
        self.sex=sex
        self.scores=scores
```

笔 记

说明：

1）特殊方法"__init__()"前后分别有两个下划线。

2）__init__()方法的第一个参数永远是self，表示创建的实例本身，因此，在__init__()方法内部，就可以把各种属性绑定到self，因为self就指向创建的实例本身。在self之后依次列出所有需要定义的数据成员。

3）有了__init__()方法，在创建实例的时候，就必须传入与__init__()方法相匹配的参数，但self不需要传，Python解释器自己会把实例变量传进去。

2. 创建对象时初始化数据成员

创建对象时，按照构造方法的形参列表，依次输入实际参数，可以在创建对象时初始化数据成员。

【示例6.1.5】 用参数创建学生对象。

注意，本例代码要在示例6.1.4中Student类的定义后接着输入，不能在一个新的编辑器窗口直接输入。

>>>stu=Student('张晓明','男',{'数学':86,'英语':92})

在开发环境的编辑器中，在对象名称后输入符号点"."，会弹出智能提示框，显示当前对象可用的成员。从图6.1中可以看到，当前的学生对象stu中，有3个可用成员，分别是数据成员name、scores和sex，现在它们的具体值分别是姓名"张晓明"、成绩{'数学':86,'英语':92 }和性别"男"，可以读取或重新设置这些数据成员的值。

图 6.1 学生对象的数据成员

3. 访问对象的数据成员

通过"对象名.成员名"的形式来访问对象的数据成员。

【示例6.1.6】 读取学生对象stu数据成员的值，并修改其中成绩的值。

注意，本例代码要在示例6.1.5stu对象创建后接着输入，不能在一个新的编辑器窗口直接输入。

```
>>>stu.name
'张晓明'
>>>stu.sex
'男'
>>>stu.scores
```

{'数学': 86, '英语': 92}
>>>stu.scores={'数学': 86, '英语': 92,'物理':78}
>>>stu.scores
{'数学': 86, '英语': 92, '物理': 78}

以上介绍的数据成员（如姓名、性别、成绩等），都是特定于每个学生对象的，也就是说每个学生对象都可以有各自不同的姓名、性别、成绩等数据成员，所以它们也称为实例成员。

笔 记

4. 使用类的数据成员

对象的数据成员属于对象，各个对象的值一般都不相同，例如，每个学生对象的成绩都不一样。但是，有时需要给整个类赋予统一的数据成员，例如需要给Student类增加一个数据成员"学历"，而对某个学校来说，每一个学生对象的学历都是相同的。在设计中，这个所有对象共享的成员可以被定义成类的成员。类的数据成员归类所有，可以通过类名访问，也可以通过实例来访问。

说明：类的数据成员不在构造方法中定义，而是在类定义中直接申明并初始化。

下面仍以学生类Student为例，说明如何定义类的数据成员。

【示例6.1.7】 创建包含类成员的学生类。

```
class Student:
    """这是一个包含类数据成员的简单例子"""

    # 类成员
    eduBackground='高职'

    def __init__(self,name,sex,scores={}):
        self.name=name
        self.sex=sex
        self.scores=scores
```

下面创建两个不同的实例对象，通过这两个不同实例，都可以访问类的数据成员eduBackground。除了通过实例对象，还可以通过类名Student来访问数据成员eduBackground。

【示例6.1.8】 通过对象和类分别访问类成员。

本例代码要在示例6.1.7中学生类Student定义完成后接着输入。

>>>stu=Student('张晓明','男',{'数学':86,'英语':92})
>>>s=Student('李芳芳','女',{'数学':76,'英语':95})
>>>stu.eduBackground
'高职'
>>>s.eduBackground
'高职'
>>>Student.eduBackground
'高职'

从上面的例子可以看出，类的数据成员从属于整个类，对每个实例对象都是相同的，而且还可以通过类名访问。实例数据成员属于各个实例所有，互不干扰。注意不要对实例成员和类成员使用相同的名字，否则将产生难以发现的错误。

6.1.3 类中方法的定义

PPT6–3
类中方法的定义

PPT

微课 6–3
类中方法的定义

在上面的Student类中，每个实例都拥有各自的姓名name、性别sex和成绩scores这些数据成员，通常对这些数据需要进行不同的操作，如增加课程成绩、删除课程成绩、计算平均成绩等。可以编写函数来执行这些操作，因为这些操作都是针对类的内部的数据成员，所以把相关的函数定义在类的内部。在面向对象的术语中，类中定义的这些函数都被称为方法。

1. 定义实例方法

和普通的函数相比，在类中定义的方法只有一点不同，那就是第一个参数永远是实例变量本身self，并且调用时不用，也不传递这个参数。除此之外，类的方法和普通函数没有什么区别，参数列表可以使用默认参数、可变参数、关键字参数和命名关键字参数。

在Student类内部添加3个方法，分别是增加课程成绩addScore、删除课程成绩delScore和显示平均成绩showMeanScore。

【示例6.1.9】 创建包含数据成员和方法成员的学生类。

```
class Student:
    """这是一个包含数据成员和方法成员的简单例子"""
    def __init__(self,name,sex,scores={}):
        self.name=name
        self.sex=sex
        self.scores=scores

    def addScore(self,courseName,score):
        if(score>100 or score<0):
            print("输入成绩必须在0到100之间。")
        else:
            self.scores[courseName]=score

    def delScore(self,courseName):
        if(courseName in self.scores.keys()):
            del self.scores[courseName]
            print(f"课程"{courseName }的成绩已被删除。")
        else:
            print(f"没有{courseName }课程")

    def showMeanScore(self):
        if len(self.scores) == 0:
            print("现在没有成绩记录。")
            return
        else:
            courseNum=len(self.scores)
            meanScore=sum(self.scores.values())/courseNum
            print(f"总共有{courseNum }门课程。平均成绩{ meanScore:.1f}分。")
```

2. 调用实例方法

要调用一个实例方法，只需要在实例变量上直接调用，除了self不用传递，其他参数正常传入。

有了上面的Student类定义，在创建Student类的对象时，就只需要知道姓名和性别，而这个对象的成绩数据，可以一门一门单独增加或删除，至于它是如何实现的，在Student类外部无法知道，也不需要知道，这些方法都是在Student类的内部定义的，这些数据和逻辑被“封装”起来了，调用很容易，但却不用知道内部实现的细节。

【示例6.1.10】 调用对象中的方法成员。

本例代码要在示例6.1.9中学生类Student定义完成后接着输入。

```
>>>stu=Student('张晓明','男')
>>>stu.showMeanScore()
现在没有成绩记录。
>>>stu.addScore('专业英语',82)
>>>stu.addScore('数据结构',78)
>>>stu.addScore('Python语言',91)
>>>stu.scores
{'专业英语': 82, '数据结构': 78, 'Python语言': 91}
>>>stu.showMeanScore()
总共有3门课程，平均成绩83.7分。
```

在以上的方法调用中，实际参数列表中只有课程名称、成绩等，没有出现对应形参self的实际参数，因为对象名stu实际上就是代表了对象本身，所以不需要再传入self对象。

【课堂实践6.1】 仿照示例6.1.9编写一个歌手类，具有姓名、性别和代表作等数据成员，并有增加、删除代表作的方法。

文本 参考答案 课堂实践 6.1

【同步训练6.1】

文本 参考答案 同步训练 6.1

一、单项选择题

1. 面向对象的开发方法通常都支持一些基本原则，不包含在这些原则中的是（　　）。

A. 封装　　B. 继承　　C. 多态　　D. 序列化

2. 定义类的关键字是（　　）。

A. Class　　B. class　　C. Instance　　D. instance

二、判断题

1. 特殊方法"__init__"的第一个参数永远是self。（　　）

2. 一个类中只能有一个类成员。（　　）

3. 类和它的对象必须写在同一个文件里。（　　）

三、程序设计题

编写一个银行账户类，包含编号、姓名和存款余额等数据成员，具有存款、取款和获取信息方法，存款时会验证存款额大于0，取款时会验证取款额不大于存款余额，获取信息方法按照类似"Account(ID:123 Name:'Tim' Balance:10000)"的格式返回账户的全部信息。编写相关的测试代码。

6.2 属性和方法

类中方法的定义形式多样，从访问的控制上来看，有公有和私有之分；从方法的隶属上来看，有实例方法、类方法、静态方法之分。在Python中还定义了许多特殊的方法（函数），实现许多特定的功能。

6.2.1 私有成员与公有成员

PPT6-4 私有成员与公有成员

PPT

微课 6-4 私有成员与公有成员

1. 私有数据成员的定义和使用

定义私有数据成员的方法是在成员名称前加上两个下划线，如"__scores"。

说明： 在类内部，可以定义私有数据成员，而外部代码不可以直接访问私有成员，只能通过调用实例的公有方法间接地访问私有数据成员，这样，就隐藏了内部的业务逻辑，减少了编程中的随意性和偶然性，大大增强了代码的健壮程度。

从前面Student类的定义来看，到目前为止，外部代码还是可以自由地修改一个实例对象的姓名name、性别sex和成绩scores属性。虽然修改对象的姓名、性别等数据成员看起来很自然，但是有时候类class内部的某些数据成员，例如Student类中的成绩scores，不希望被外部代码直接访问到，因为这样有可能带来不当修改，破坏封装的完整性。例如以下的几种赋值都将引发整个程序的错误而不被轻易发觉：

>>>stu.scores={'专业英语': 82, '数据结构': -78, 'Python语言': 91}

>>>stu.scores=['专业英语',82,'数据结构',78',Python语言',91]

上面第一行的赋值破坏了成绩必须大于等于0的业务逻辑，第二行的赋值改动了成绩属性的数据格式，会使其他操作成绩数据的方法出现调用错误。

因此，在类class中希望有些成员不对类外部代码开放，不让外部代码直接访问，可将这些成员定义为私有成员，它们只能在类class内部被访问。

下面把Student类中的成绩scores改为私有成员，并且将各个方法中对成绩数据的引用也改成对私有成员"__scores"的引用。

【示例6.2.1】 包含私有成员的学生类。

```
class Student:
    """这是一个演示私有成员使用方法的简单例子"""

    def __init__(self,name,sex,scores={}):
        self.name=name
```

```
        self.sex=sex
        self.__scores=scores

    def addScore(self,courseName,score):
        if(score>100 or score<0):
            print("输入成绩必须在0到100之间!")
        else:
            self.__scores[courseName]=score

    def getScore(self,courseName):
        if(courseName in self.__scores.keys()):
            return self.__scores[courseName]
        else:
            print(f"没有{courseName }课程")

    def delScore(self,courseName):
        if(courseName in self.__scores.keys()):
            del self.__scores[courseName]
            print(f"课程{courseName }的成绩已被删除。")
        else:
            print(f"没有{courseName}课程")

    def showScores(self):
        print(self.__scores)

    def showMeanScore(self):
        if len(self.__scores) == 0:
            print("现在没有成绩记录。")
            return
        else:
            courseNum=len(self.__scores)
            meanScore=sum(self.__scores.values())/courseNum
        print(f"总共有{courseNum}门课程，平均成绩{ meanScore:.1f}分。")
```

修改完成后，对于外部代码来说，没什么变动，但是已经无法从外部直接访问实例变量的__scores成员了。从图6.2中可以看到，在类Student外部，已经看不到__scores成员了。

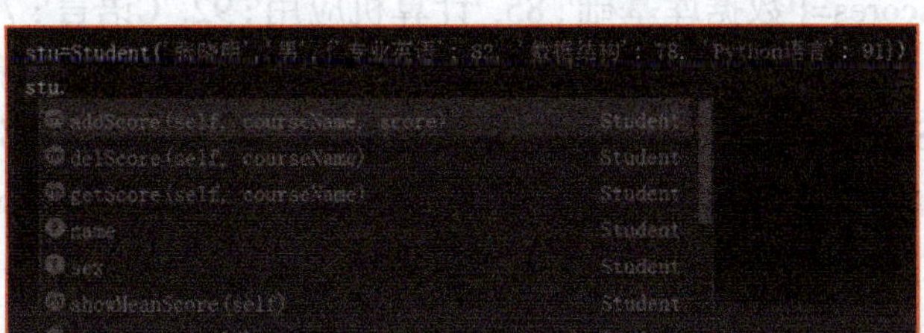

图 6.2
Student 类公有成员

通过定义私有成员，就确保了外部代码不能随意修改对象内部的状态，有了这种访问限制的保护，代码更加健壮了。但是如果希望向Student类的外部提供一个输出全部成绩的方法，则可以编写一个公有方法showScores(self)，如示例6.2.1

笔 记

中第28、29行所示。Student类外部的代码，可以通过这个公有的showScores(self)方法，来获得私有的__scores成员数据，下面的例子演示了这种方法。

【示例6.2.2】 通过公有方法来获取私有成员数据。

本例代码要在示例6.2.1中学生类Student定义完成后接着输入。

```
>>>stu=Student('张晓明','男',{'专业英语': 82, '数据结构': 78, 'Python语言': 91})
>>>stu.showScores()
{'专业英语': 82, '数据结构': 78, 'Python语言': 91}
```

注意：在Python中，有些变量名称类似"__xxx__"的，也就是以双下划线开头，并且以双下划线结尾的，是特殊变量。特殊变量是可以直接访问的，不是私有变量，所以，不能用"__name__""__scores__"这样的变量名。

有些时候，在代码中会看到以一个下划线开头的实例变量名，如"_meanScore"，这样的实例变量外部是可以访问的。但是按照约定俗成的规定，当看到这样的变量时，意思就是“虽然我可以被访问，但是，请把我视为私有变量，不要随意访问。”

双下划线开头的实例变量是不是一定不能从外部访问呢？其实也不是。不能直接访问__scores，是因为Python解释器对外把__scores变量改成了_Student__scores，所以，仍然可以通过_Student__scores来访问__scores变量。

```
>>>stu._Student__scores
{'专业英语': 82, '数据结构': 78, 'Python语言': 91}
```

但是在实际编程中不应这么做，不仅是因为这样破坏了面向对象的封装原则，而且不同版本的Python解释器可能会把__scores改成不同的变量名。

总的来说，就是Python语言提供了面向对象的封装机制，但是它本身没有用强制措施来阻止用户破坏规则，一切全靠自觉。

初学者有时候会写出下面的错误代码：

```
>>>stu=Student('张晓明','男',{'专业英语': 82, '数据结构': 78, 'Python语言': 91})
>>>stu.showScores()
{'专业英语': 82, '数据结构': 78, 'Python语言': 91}
>>>stu.__scores={'数据库基础': 85, '计算机应用': 92, 'C语言': 71}
```

表面上看，外部代码“成功”地设置了__scores变量，但实际上这个__scores变量和学生类Student内部的__scores变量不是同一个变量。内部的__scores变量已经被Python解释器自动改成了_Student__scores，而外部代码给stu对象新增了一个__scores变量，通过下面的代码可以看出结果。

```
>>>stu.showScores()
{'专业英语': 82, '数据结构': 78, 'Python语言': 91}
>>>stu.__scores
{'数据库基础': 85, '计算机应用': 92, 'C语言': 71}
```

2. 私有方法的定义和调用

在方法成员名称前加上两个下划线，如"__score2Grade()"，就定义了一个私有方法。

除了数据成员可以定义为私有的，类中的方法也可以定义为私有的。假设希望学生类Student能够输出等级制的成绩，可以定义一个百分制转等级制的方法score2Grade(self,score)。因为这个方法只需要在类的内部被调用，所以可以将它定义为私有方法，也就是将方法名称前加上两个下划线，即__score2Grade(self,score)。有了这个私有的成绩转换方法，就可以定义一个公有的输出等级制成绩方法getGrade(self,courseName)来调用它。

【示例6.2.3】 私有方法的定义及调用。

本例代码要写在学生类Student的定义中，也就是在示例6.2.1中第38行后接着输入，注意新方法的定义要与类中其他已有方法定义的格式对齐。

```
def __score2Grade(self,score):
        if (score >100 or score <0):
            return f"成绩 { score } 非法，必须在0到100之间。"
        elif (score >=90):
            return "优秀"
        elif (score >=80):
            return "良好"
        elif (score >=70):
            return "中等"
        elif (score>=60):
            return "及格"
        else:
            return "不及格"

def getGrade(self,courseName):
        if(courseName in self.__scores.keys()):
            return self.__score2Grade(self.__scores[courseName])
        else:
            print(f"没有{courseName }课程")
```

下面的例子演示通过访问学生对象的公有方法getGrade(self,courseName)来输出等级制成绩，这个公有方法在执行中会调用私有方法__score2Grade(self,score)。

【示例6.2.4】 输出等级制成绩。

本例代码要在示例6.2.3学生类Student定义完成后接着输入。

```
>>>stu=Student('张晓明','男',{'专业英语': 82, '数据结构': 78, 'Python语言': 91})
>>>stu.getGrade("Python语言")
'优秀'
>>>stu.getGrade('专业英语')
'良好'
```

6.2.2 类中外部属性的定义

PPT6-5 类中外部属性的定义

在类中可以定义私有的数据成员，外部代码想要访问它，必须通过相关的公有方法（函数）。如果既想非常方便地使用，就像直接访问数据成员一样，又不

微课 6-5
类中外部属性的定义

想破坏对象封装的完整性，可以通过定义类的外部属性来实现。

1. 设置读取属性

在普通公有方法前添加@property修饰符，就将它转变成了读取属性。

在学生类Student中，如果需要新增一个数据成员——学生年龄，假设把它定义成私有数据成员__age，这样在类的外部就不能直接访问了，不会出现不当赋值等情况，代码的健壮性比较好，定义如下：

```
def __init__(self,name,sex,age=20,scores={}):
        self.name=name
        self.sex=sex
        self.__age=age
        self.__scores=scores
```

为了访问这个私有成员__age，可以定义相关的公有方法，并且还可以对这些方法进行一些额外设置，使得用户在使用这些方法时更加便捷，就像直接访问数据成员一样，这个额外设置就是定义类的外部属性。

在Python中，可以通过添加@property修饰符，将类中的普通公有方法转变成外部属性，例如：

```
@property
def age(self):
    return self.__age
```

通过以上属性的设置，用户就可以使用stu.age这样的形式，来读取年龄的值。注意，它们不是函数调用的形式。

```
>>>stu=Student('张晓明','男',19)
>>>stu.age
19
```

2. 设置赋值属性

在赋值方法前添加 @属性名.setter 修饰符，就将它转变成了赋值属性。

如果想通过外部属性实现赋值，如stu.age=20这样的形式，可以使用赋值方法（setter）来标注，针对年龄属性，就是用@age.setter修饰符来标注对应的方法，具体如下：

```
@age.setter
def age(self,age):
        if(not isinstance(age,int) or age>100 or age<3):
            print("输入年龄必须是3到100之间的整数！")
        else:
            self.__age=age
```

有了以上赋值属性，就可以用属性来赋值，例如stu.age=20，使用起来就像直接访问数据成员一样，但实际是通过公有方法实现的，执行代码如下：

```
>>>stu.age=20
```

>>>stu.age

20

总之，@property修饰符可以把一个实例方法变成其同名属性，以支持"."访问，使用起来既方便，又不破坏类的封装原则。

完整的学生类Student代码如下。

【示例6.2.5】 包含外部属性定义的完整Student类定义。

```
class Student:
    """封装学生对象的例子"""

    # 类成员
    eduBackground='高职'

    #初始化方法，初始化实例数据成员
    def __init__(self,name,sex,age=20,scores={}):
        self.name=name
        self.sex=sex
        self.__age=age
        self.__scores=scores

    #属性定义，获取年龄值
    @property
    def age(self):
        return self.__age

    #属性定义，设置年龄值
    @age.setter
    def age(self,age):
        if(not isinstance(age,int) or age>100 or age<3):
            print("输入年龄必须是3到100之间的整数！")
        else:
            self.__age=age

    #实例方法，新增一门课程成绩
    def addScore(self,courseName,score):
        if(score>100 or score<0):
            print("输入成绩必须在0到100之间！")
        else:
            self.__scores[courseName]=score

    #实例方法，删除一门课程成绩
    def delScore(self,courseName):
        if(courseName in self.__scores.keys()):
            del self.__scores[courseName]
            print(f"课程{courseName}的成绩已被删除。")
        else:
            print(f"没有{courseName }课程")

```

```
    #实例方法，获取一门课程成绩
    def getScore(self,courseName):
        if(courseName in self.__scores.keys()):
            return self.__scores[courseName]
        else:
            print(f"没有{courseName }课程")

    #实例方法，显示所有课程成绩
    def showScores(self):
        print(self.__scores)

    #实例方法，显示平均成绩
    def showMeanScore(self):
        if len(self.__scores) == 0:
            print("现在没有成绩记录。")
            return
        else:
            courseNum=len(self.__scores)
            meanScore=sum(self.__scores.values())/courseNum
        print(f"总共有{courseNum}门课程，平均成绩{meanScore:.1f}分。")

    #私有方法，将百分制成绩转成等级制成绩
    def __score2Grade(self,score):
        if (score >100 or score <0):
            return f"成绩 { score } 非法，必须在0到100之间。"
        elif (score >=90):
            return "优秀"
        elif (score >=80):
            return "良好"
        elif (score >=70):
            return "中等"
        elif (score>=60):
            return "及格"
        else:
            return "不及格"

    #实例方法，通过调用私有方法，获取一门课程的等级制成绩
    def getGrade(self,courseName):
        if(courseName in self.__scores.keys()):
            return self.__score2Grade(self.__scores[courseName])
        else:
            print(f"没有{courseName }课程")

    #特殊方法，返回描述性字符串
    def __str__(self):
        return f"姓名:{ self.name} 性别:{ self.sex} 年龄,{ self.__age}\n成绩:{ self.__scores }"
```

上面代码中最后一个方法__str__()是一个特殊方法，将在6.1.7节介绍。

6.2.3 类方法与静态方法

PPT6-6
类方法与静态方法

PPT

微课 6-6
类方法与静态方法

面向对象的程序设计中，类方法和静态方法是经常用到的术语，实际上在Python语法中，类有3种方法，分别是实例方法、静态方法和类方法。

（1）实例方法

定义： 第一个参数必须是实例对象，该参数名一般约定为self，通过它来传递实例的属性和方法。

调用： 只能由实例对象调用。

（2）类方法

定义： 在方法定义前使用修饰符@classmethod。第一个参数必须是当前的类对象，该参数名一般约定为cls，通过它来传递类的属性和方法（不能传实例的属性和方法）。

调用： 通过类名或实例对象名都可以调用。

（3）静态方法

定义： 在方法定义前使用修饰符@staticmethod。参数随意，没有self和cls参数，但是在方法具体的定义中不能使用类或实例的任何属性和方法。

调用： 通过类名或实例对象名都可以调用。

实例方法已经不陌生了，前面学生类里定义了很多实例方法，如增加成绩addScore、删除成绩delScore等。下面以一个封装日期对象的Date类为例，介绍类方法和静态方法的使用。

1. 类方法的应用场景

如果要设计一个封装了年、月、日的日期类，可用作如下定义。

【示例6.2.6】 封装年月日的日期类定义。

```
class Date:
    '''封装年月日的简单日期对象'''

    def __init__(self, year=2018, month=1,day=1):
        self.year = year
        self.month = month
        self.day = day
```

这个类的对象可以存储日期信息，__init__()方法用于初始化对象的属性，它的第一个参数一定是self，用于指向已经创建好的对象。

可以用具体的年、月、日参数来创建一个对象，并用这个对象来访问它的年、月、日成员：

```
>>>d=Date(2018,12,5)
>>>d.day
5
```

在实际应用中，很多情况下得到的日期是一个按一定格式组成的字符串，如12-05-2018，这是按照mm-dd-yyyy格式组成的日期字符串。如果要由这个日期字符串创建一个Date对象，显然不能简单地由__init__()方法来初始化，必须按照如下的流程来实现：

1）解析字符串，得到整数year、month、day。

2）使用得到的信息初始化对象。

具体的代码可以这样来实现：

```
1    month,day, year = map(int, date_as_string.split('-'))
2    date1 = Date(year, month, day)
```

理想的情况是类Date本身可以具备处理字符串时间的能力，最方便的方案是在类Date中添加一个方法，来解决这个问题。但是，注意上面代码的第2行用到了Date类本身，所以不能再把上述代码放到一个普通的实例方法中，而且从语义上讲，将一个字符串转成一个Date对象，也不该是某个Date的具体实例的功能，而应该是Date类的功能。

2. 类方法的定义和使用

在方法定义前使用修饰符@classmethod。第一个参数必须是当前的类对象，该参数名一般约定为cls。

前述的使用字符串转成日期类对象的问题，可以使用类方法来解决它，代码如下。

【示例6.2.7】 包含类方法的Date类定义。

```
1    class Date:
2        '''包含类方法的简单日期对象'''
3
4        def __init__(self, year=2018, month=1,day=1):
5            self.year = year
6            self.month = month
7            self.day = day
8
9        # 类方法，从一个形如"mm-dd-yyyy"的字符串，解析生成一个Date对象
10       @classmethod
11       def from_string(cls, date_as_string):
12           month,day, year = map(int, date_as_string.split('-'))
13           date1 = cls(year, month, day)
14           return date1
```

可以看出，在Data类中从第9行开始，定义一个类方法实现了这个转换功能，一方面很好地遵循了面向对象的编程规范，另一方面保证了它的可重用。在方法定义中，第一个形式参数cls是一个保存了Date类的对象（cls是class的缩写，也就是说它是类对象，而不是实例对象），因此，在代码的第13行，就可以使用cls(year, month, day)的形式，来生成一个具体的Date对象。

有了上述定义，就可以用类似d1 = Date.from_string('03-12-1982')的形式，从一个格式日期字符串转化得到一个Date对象。

3. 静态方法的定义和使用

笔 记

在方法定义前使用修饰符@staticmethod，参数随意，但是没有self或cls参数。在静态方法中不能使用类或实例的任何属性和方法。

静态方法与类方法相似，也是一种特殊的方法，必须由修饰符@staticmethod标注。在面向对象的设计过程中，有时候需要设计一个属于这个类的方法，但是这个方法完全无须引用到任何一个实例对象，也不需要引用类对象。也就是说，在形参列表里既不需要引用实例对象的self，也不需要引用类对象的cls。

仍旧以上文的日期类Date为例，假设需要实现一个功能，判断某个字符串是否是一个合法的日期字符串。例如12-12-2018是一个合法的日期字符串，而50-20-100就不是。可以给Date类添加一个方法is_date_valid，但是它的形参列表中只需要一个待检验的字符串，不需要引用实例对象的self，或引用类对象的cls，所以它不应该是实例方法或类方法，而应该是静态方法。

【示例6.2.8】 静态方法的定义。

本示例代码应该定义在Date类中，也就是在示例6.2.7的第14行后接着输入，注意本例的方法定义必须和类中原有方法在同一层次。

```
@staticmethod
def is_date_valid(date_as_string):
    month, day, year = map(int, date_as_string.split('-'))
    return day <= 31 and month <= 12 and year <= 3999
```

上面的方法用来判断一个给定的字符串是否可以解析为Date对象，这个方法主要用来说明静态方法的定义和使用，所以忽略了数据类型判断、大小月、是否闰年等逻辑细节，读者可自行完善。如果要判断字符串'50-20-100'和'12-12-2018'是否可以解析为合法的Date对象，可以通过类名Date调用，也可以通过对象名调用，下面的示例演示了不同的调用方法。

【示例6.2.9】 静态方法的调用。

本示例的代码必须在示例6.2.8定义完成之后才可输入。

```
>>>Date.is_date_valid('50-20-100')
False
>>>Date.is_date_valid('12-12-2018')
True
>>>d1=Date(2018,12,10)
>>>d1.is_date_valid('03-12-1999')
True
```

从以上静态方法的使用中可以看出，它就像一个普通方法一样，执行一些逻辑操作，但不会访问类对象或实例对象，也不会访问对象的内部（数据成员和其他方法）。与此相对应，类方法会通过参数cls访问类对象，实例方法会通过参数self访问实例对象。

表6.1总结了不同类型方法的调用形式以及访问限制。

表6.1 不同类型方法的调用限制

	实例方法（普通方法）	类方法(@classmethod修饰)	静态方法(@staticmethod修饰)
通过实例调用	实例名.方法名	实例名.方法名	实例名.方法名
通过类调用	不可以	类名.方法名	类名.方法名
访问实例成员	可以	不可以	不可以
访问类成员	不可以	可以	不可以

PPT6-7 特殊方法和运算符重载

PPT

6.2.4 特殊方法和运算符重载

1. 特殊方法的定义和使用

编程中经常有一些场合，需要用到将一个对象用字符串的形式输出，在Python类中，这种功能可以由特殊方法__str__()实现。在示例6.2.5学生类Student定义的最后部分，定义了__str__()方法，返回一个字符串，包含该学生对象的姓名、性别、年龄和成绩等信息，代码如下：

```
def __str__(self):
    return f"姓名:{ self.name} 性别:{ self.sex} 年龄，{ self.__age}\n成绩:{ self.__scores}"
```

特殊方法也是实例方法，所以它第一个参数定义为self，用来接受对象本身，方法名称前后各有两个连接下划线，在Python中意味着不要直接去调用，一般都会有其他函数来调用这类方法。就__str__()方法而言，经常会调用它的就是print()函数，可以使用如下代码来输出一个学生对象的字符串形式。

微课 6-7 特殊方法和运算符重载

【示例6.2.10】 特殊方法的调用。

本示例代码要在示例6.2.5完成后才可输入。

>>>stu=Student('张晓明','男',19,{'专业英语': 82, '数据结构': 78, 'Python语言': 91})

>>>stu

<student6.Student object at 0x0000000002B06DA0>

>>>print(stu)

姓名:张晓明 性别:男 年龄：19

成绩:{'专业英语': 82, '数据结构': 78, 'Python语言': 91}

在执行print(stu)这样的语句时，就会调用stu的__str__()方法以获取描述字符串，然后再使用print()方法来显示这个字符串。另一个使用__str__()方法的例子是str()函数，如果执行str(stu)语句，就会返回__str__()方法输出的字符串，但其中的格式字符不会被应用，只是原样输出，执行结果如下所示：

```
>>>str(stu)
"姓名:张晓明 性别:男 年龄：19\n成绩:{'专业英语': 82, '数据结构': 78, 'Python语言': 91}"
```

在前面设计的日期类Date中，也可以定义特殊方法__str__()，用来按年月日的格式输出日期：

```
#输出自我描述字符串的特殊方法
    def __str__(self):
        return f"{ self.year }年{ self.month }月{ self.day }日"
```

创建日期对象后，就可以输出它：

```
>>>date1 = Date(2018,12,15)
>>>print(date1)
2018年12月15日
```

在Python中，有许多特殊的方法，如前面介绍的__init__()方法，用来定义对象创建后的初始化流程；又如__str__()方法，用来输出描述性的字符串。所有这些方法都形如"__xxx__()"，可以定义它们以实现某些特定行为，也可以完全忽略它们，如果将某个特殊方法设置为None，则相应的方法不可操作。

2. 运算符重载的定义和使用

Python语言被广泛地运用在数据分析中，因此运算符的重载得到了极好的支持。观察以下的程序片段：

```
>>>x=3
>>>y=5
>>>x+y
8
>>>x.__add__(y)
8
>>>x-y
-2
>>>x.__sub__(y)
-2
>>>x*y
15
>>>x.__mul__(y)
15
>>>x/y
0.6
>>>x.__truediv__(y)
0.6
>>>x>y
```

```
False
>>>x.__gt__(y)
False
>>>x<=y
True
>>>x.__le__(y)
True
```

从以上例子可以看出，"+"运算符实际上是由__add__()方法定义的，"-"运算符由__sub__()方法定义，">"逻辑运算符由__gt__()方法定义等。在Python中，常见的运算符都可以由相应的方法来重载。表6.2列出了Python中主要的特殊方法和它们的功能说明。

表6.2 特殊方法和功能说明

方法	功能说明
__new__()	类的静态方法，用于确定是否要创建对象
__init__()	构造函数，创建对象时自动调用
__del__()	析构函数，释放对象时自动调用
__add__()、__sub__()、__mul__()、__truediv__()	重载运算符+、–、*、/
__flowdiv__()	重载运算符//
__mod__()	重载运算符%
__pow__()	重载运算符**
__repr__()	打印、转换
__setitem__()	按照索引赋值
__getitem__()	按照索引取值
__len__()	计算长度、元素个数
__call__()	函数调用
__contain__	In
__eq__()、__ne__()、__lt__()、__le__()、__gt__()、__ge__()	重载运算符==、!=、<、<=、>、>=
__str__()	转化为字符串
__lshift__()、__rshift__()	重载运算符<<、>>
__and__()、__or__()、__invert__()、__xor__()	重载运算符&、|、~、^
__iadd__()、__isub__()	重载运算符+=、–=

在很多情况下，用户定义的类也需要重载某些运算符，例如前面定义的日期

类Date，假设需要比较两个日期的大小（日期在后为大，在前为小），实现类似如下形式的功能：

```
if ( date1 > date2 ):
  #Do something
```

因此需要重载运算符">"实现逻辑比较操作。逻辑运算符有"==""!=""<""<="">"">="等，虽然种类比较多，但是它们具有较强的互补性，定义了">"运算符，实际上也就定义了"<"运算符，所以不需要再另外定义。下面的代码演示定义日期类Date中的">"和"=="运算符（完整的代码在示例6.2.11列出）。

```
# 特殊方法，重载运算符">"，返回是否大于（后于）另一个日期值。
def __gt__(self,n):
    return (self.year*365+self.month*31+self.day) > (n.year*365+n.month*31+n.\
       day)
# 特殊方法，重载运算符"=="，返回是否等于另一个日期值。
def __eq__(self,n):
    return self.year == n.year and self.month == n.month and self.day == n.day
```

有了运算符以上的重载定义，就可以进行如下的操作：

```
>>>date1=Date(2018,12,15)
>>>date2=Date(2018,11,12)
>>>date3=Date(2018,12,15)
>>>date1>date2
True
>>>date1<date2
False
>>>date1==date3
True
```

从上面的代码可以看出，经过定义一些特殊方法，就可以对运算符进行重载，使得对象就可以像普通数据一样进行数学运算或逻辑运算，下面是完整的日期类Date代码：

【示例6.2.11】 包含运算符重载的日期类Date完整代码。

```
class Date:
    '''封装年月日的简单日期对象'''

    # 初始化方法，初始化实例数据成员。
    def __init__(self, year=2018, month=1,day=1):
        self.year = year
        self.month = month
        self.day = day

    #类方法，从一个形如"mm-dd-yyyy"的字符串，解析成一个Date对象
```

```
    @classmethod
    def from_string(cls, date_as_string):
        month,day, year = map(int, date_as_string.split('-'))
        date1 = cls(year, month, day)
        return date1

    #静态方法，判断日期字符串是否可解析为Date对象
    #忽略大小月，闰年等细节，读者可自行完善
    @staticmethod
    def is_date_valid(date_as_string):
        month, day, year = map(int, date_as_string.split('-'))
        return 1<=day <= 31 and 1<=month <= 12 and 1<=year <= 3999

    #输出自我描述字符串的特殊方法
    def __str__(self):
        return f"{ self.year }年{ self.month }月{ self.day }日"

    #特殊方法，重载运算符">"，返回是否大于（后于）另一个日期值。
    def __gt__(self,n):
        return (self.year*365+self.month*31+self.day) > (n.year*365+n.month*31+n.day)

    #特殊方法，重载运算符"=="，返回是否等于另一个日期值。
    def __eq__(self,n):
        return self.year == n.year and self.month == n.month and self.day == n.day
```

文本 参考答案
课堂实践 6.2

【课堂实践6.2】 仿照示例6.2.5编写一个歌手类，要求：

1）具有姓名、性别和代表作等私有数据成员。

2）具有增加、删除代表作等公有方法。

3）具有外部属性，用来读写姓名和性别。

4）具有外部属性，用来返回代表作。

5）编写测试代码。

文本 参考答案
同步训练 6.2

【同步训练6.2】

一、单项选择题

1. 下列用来定义外部属性的修饰符是（　　）。

A. @property　　B. @classmethod　　C. @staticmethod　　D. @out

2. 重载运算符“==”的方法名称是（　　）。

A. __lt__()　　B. __eq__()　　C. __le__()　　D. __ne__()

二、判断题

1. 类中可以定义私有的数据成员，但方法都是公有的。（　　）

2. 特殊方法只能由系统调用。（　　）

3. 类方法可以通过类名访问，也可以通过对象名访问。（　　）

三、程序设计题

编写一个银行账户类，要求：

1）实例数据成员为公有的编号、姓名和私有的存款余额，存款余额默认值为0。

2）类的数据成员为年利率，默认值为0.03。

3）具有外部属性可以读取和设置存款余额，设置时会验证存款额余额是否大于0。

4）具有存款、取款的公有方法，存款时会验证存款额大于0，取款时会验证取款额不大于存款余额。

5）重载运算符“>”和“==”，用来比较两个账户的存款余额大小。

6）重载特殊方法__str__()，按照类似Account(ID:123 Name:'Tim' Balance:10000)的格式返回账户的全部信息。

7）具有类方法getTotal，用来计算指定金额的款项一年后本息是多少。

8）编写相关的测试代码。

6.3 继承和多态

在面向对象的程序设计中，当定义一个类class的时候，可以从某个现有的类class继承，新的类称为子类（Subclass），而被继承的类则称为基类、父类或超类（Base class、Super class）。继承机制主要具有如下特点：

1）继承关系是传递的。如果类C继承类B，类B继承类A，则类C既有从类B那里继承下来的属性与方法，也有从类A那里继承下来的属性与方法，还可以有自己新定义的属性和方法。继承的属性和方法尽管是隐式的，但仍是类C的属性和方法。继承是在一些比较一般的类的基础上构造、建立和扩充新类的最有效的手段。

2）继承简化了人们对事物的认识和描述，能清晰体现相关类之间的层次结构关系。

3）继承提供了软件复用功能。如果类B继承类A，那么建立类B时只需要再描述它与基类(类A)不同的少量特征(数据成员和成员方法)即可。这种做法能减小代码和数据的冗余度，大大增加程序的重用性。

4）继承通过增强一致性来减少模块间的接口和界面，大大增强了程序的易维护性。

5）提供多重继承机制。从理论上说，一个类可以是多个一般类的特殊类，可以从多个一般类中继承属性与方法，这便是多重继承。

但是继承机制也增强了类的耦合性，增加了程序的复杂度，尤其是多重继承，要谨慎使用。

6.3.1 继承的实现

PPT6-8 继承的实现

PPT

1. 继承的应用场景

下面通过实际的开发例子来介绍继承的实现。假设要开发一个RPG（Role-

Playing Game,角色扮演类游戏），玩家可以选择的角色有武士（Warrior）、法师（Magician）和游侠（Rogue），他们分别有如下基本特征。

武士（Warrior）：

1）名字属性。

2）等级属性。

3）生命值属性。

4）攻击行为，挥动武器。

微课 6-8
继承的实现

法师（Magician）：

1）名字属性。

2）等级属性。

3）生命值属性。

4）攻击行为，施展咒术。

5）治愈行为，用魔法疗伤。

游侠（Rogue）：

1）名字属性。

2）等级属性。

3）生命值属性。

4）攻击行为，暴击伤害。

5）侦查行为，发现对手弱点。

可以为每种角色设计一个类，最简单的设计如下：

```
class Warrior:
    def __init__(self, name, level, blood):
        self.name = name    # 玩家名称
        self.level = level      # 角色等级
        self.blood = blood    # 角色生命值

    def __str__(self):
        return f"玩家名称，{ self.name}，等级，{ self.level}，生
            命值，{ self. blood})"

    def fight(self):
        print('挥动武器')

class Magician:
    def __init__(self, name, level, blood):
        self.name = name # 玩家名称
        self.level = level      # 角色等级
        self.blood = blood    # 角色生命值

    def __str__(self):
        return f"玩家名称，{ self.name}，等级，{ self.level}，生
            命值，{ self. blood})"

    def fight(self):
```

```
            print('施展咒术')

    def cure(self):
        print('用魔法疗伤')

class Rogue:
    def __init__(self, name, level, blood):
        self.name = name    # 玩家名称
        self.level = level      # 角色等级
        self.blood = blood    # 角色生命值

    def __str__(self):
        return f"玩家名称，{ self.name}，等级，{ self.level}，生命值。{ self.
        blood})"

    def fight(self):
        print('暴击伤害')

    def scout(self):
        print('发现对手弱点')
```

以上代码针对每个角色设置了一个单独的类，相互之间没有任何联系。虽然这种方式可以正常工作，但是很容易看到，3个类定义中间有很多相似部分，也就是说代码的重复度很高。重复度高的代码一方面冗长拖沓，另一方面难以维护，例如要给角色初始化时增加等级的默认值为1，就需要在3个类里分别修改，既费时费力，还容易遗漏出错。

2. 继承的实现

格式： def className(superClassName):

说明： className是要定义的类名，也成为派生类或子类类名，superName是要继承的类，也称为基类或父类类名。

前述游戏角色的代码可以进行进一步抽象，注意到每个类里都有相同的数据成员、相同的方法__str__()，可以把这些相同部分提取出来，生成一个角色类Role，再让武士类Warrior、法师类Magician和游侠类Rogue都继承角色类Role，也就是自动具有角色类Role的相关成员。修改后的代码如下。

【示例6.3.1】 继承的实现。

```
class Role:          # 基类
    def __init__(self, name, level=1, blood=100):
        self.name = name                # 玩家名称
        self.level = level                # 角色等级
        self.blood = blood                # 角色生命值

    def __str__(self):
        return f"玩家名称，{ self.name}，等级，{ self.level}，生命值，{ self.
        blood}"
#派生类Warrior，继承自基类Role
```

```
class Warrior(Role):
    def fight(self):
        print('挥动武器')
#派生类Magician, 继承自基类Role
class Magician(Role):
    def fight(self):
        print('施展咒术')

    def cure(self):
        print('用魔法疗伤')
#派生类Rogue, 继承自基类Role
class Rogue(Role):
    def fight(self):
        print('暴击伤害')

    def scout(self):
        print('发现对手弱点')
```

继承的语法实现，只需要在定义类时在类名的后面添加一对小括号，填入基类的名称就可以。例如，以上代码中的"class Warrior(Role):"，它表示类Warrior是从基类Role派生而来，是基类Role的子类。可以很明显看出，以上使用了继承机制的代码，长度显著缩短，可读性和可维护性都增强了。使用这些有继承关系的类和使用普通类并没什么不同，可以创建一些角色实例来验证。

【示例6.3.2】 派生类的使用。

本示例代码要在示例6.3.1完成后才可输入。

笔 记

```
>>>w=Warrior('大力索尔',3,150)
>>>print(w)
玩家名称：大力索尔, 等级：3, 生命值：150
>>>w.fight()
挥动武器
>>>m=Magician('梅林')
>>>print(m)
玩家名称：梅林, 等级：1, 生命值：100
>>>m.fight()
施展咒术
>>>m.cure()
用魔法疗伤
```

当拿到一个对象的实例时，如何知道这个对象是什么类型呢？可以使用type()函数来得到对象的类型名称，例如要获得上面代码中对象m的类名，可进行如下操作：

```
>>>type(m)
<class 'game2.Magician'>
```

如果要获得一个指定对象的所有成员，可以使用dir()函数，它返回一个包含字符串的list。例如，要获得一个法师对象m的所有成员，可进行如下调用：

```
>>>dir(m)
['__class__','__delattr__','__dict__','__dir__','__doc__','__eq__','__format__',
'__ge__','__getattribute__','__gt__','__hash__','__init__','__init_subclass__','__le__',
'__lt__', '__module__', '__ne__', '__new__', '__reduce__', '__reduce_ex__', '__repr__',
'__setattr__', '__sizeof__', '__str__', '__subclasshook__', '__weakref__', 'blood', 'cure',
'fight', 'level', 'name']
```

dir()方法不仅可以查询实例对象的成员，还可以通过类名查询类的成员。

```
>>>dir(Magician)
['__class__', '__delattr__', '__dict__', '__dir__', '__doc__', '__eq__', '__format__',
'__ge__','__getattribute__','__gt__','__hash__','__init__','__init_subclass__','__le__',
'__lt__', '__module__', '__ne__', '__new__', '__reduce__', '__reduce_ex__', '__repr__',
'__setattr__', '__sizeof__', '__str__', '__subclasshook__', '__weakref__', 'cure', 'fight']
```

6.3.2 多态的实现

1. 多态的应用场景

PPT6-9
多态的实现

微课 6-9
多态的实现

在一个游戏场景中，有多个玩家出现，通常需要显示每个玩家的主要信息，可以用以下代码来模拟：

```
>>>playlist=[]
>>>m=Magician('梅林')
>>>w=Warrior('大力索尔',3,150)
>>>r=Rogue('暗电')
>>>playlist.append(m)
>>>playlist.append(r)
>>>playlist.append(w)
>>>for item in playlist:
        print(item)
玩家名称：梅林, 等级：1, 生命值：100
玩家名称：暗电, 等级：1, 生命值：100
玩家名称：大力索尔, 等级：3, 生命值：150
```

上面的结果显示每个玩家角色都调用了继承来的__str__()方法，输出了对象的基本信息，可是并没有输出玩家角色的类型，也就是没能直接显示当前场景有哪些类型的角色存在，各有几名。最好的显示结果应该类似于"法师--> 梅林, 等级：1, 生命值：100"这种形式。

在输出时为了判断当前对象的实际类型，可以使用isinstance()函数，这个函数可以判断指定的对象是否是某个指定的类。上面的for循环输出可以改为如下形式：

```
>>> for item in playlist:
        if isinstance(item,Magician):
```

笔 记

```
        print(f "法师-->{item}")
    elif isinstance(item,Warrior):
        print(f "武士-->{item}")
    elif isinstance(item,Rogue):
        print(f "游侠-->{item}")
法师--> 玩家名称：梅林, 等级：1, 生命值：100
游侠--> 玩家名称：暗电, 等级：1, 生命值：100
武士--> 玩家名称：大力索尔, 等级：3, 生命值：150
```

以上的编程形式虽然可以实现所需要的功能，但是有较大的缺陷，因为用到了多种类型的检查判断，当类型较多时代码冗长复杂，而且以后增加新的角色类型时，需要修改判断语句，造成后期维护困难。

2. 多态的实现

定义：基类中定义一个接口（方法名称），派生类可以有多种实现，调用时根据上下文环境自动选择，这种能力被称为多态。

前述应用场景中，因为print()函数调用了类中的__str__()方法，因此可以修改类中的__str__()方法来实现要求。现在法师等具体角色类中的__str__()方法是继承基类Role得来的，如果修改基类中的__str__()方法，就会影响到所有子类，所以应该重新定义子类中的__str__()方法。以法师类Magician为例，最直接的修改如下所示：

```
def __str__(self):
    return "法师-->玩家名称：{ self.name}, 等级：{ self.level}, 生命值：{ self.\
        blood}"
```

上述代码虽然可行，但是有个缺陷，输出的大部分内容在基类的__str__()方法中已经定义过，现在彻底重新定义，当以后基类的数据成员有所变化时，又要重新修改这个__str__()方法，造成维护困难。更好的解决方案是先输出"法师-->"，再调用基类的__str__()方法，输出基类的信息。

在Python语言中，要获得基类对象，可以使用super()函数。

Magician类的__str__()方法，可以修改成如下形式（完整代码在示例6.3.3中列出）：

```
def __str__(self):
    return '法师-->'+super().__str__()
```

Warrior类的__str__()方法，可以修改成如下形式：

```
def __str__(self):
    return '武士-->'+super().__str__()
```

Rogue类的__str__()方法，可以修改成如下形式：

```
    def __str__(self):
        return '游侠-->'+super().__str__()
```

经过这样的修改后，如果要输出玩家列表中的所有玩家，就不需要一一判断类型了，只需要做如下的循环：

```
>>> for item in playlist:
        print(item)
法师--> 玩家名称：梅林, 等级：1, 生命值：100
游侠--> 玩家名称：暗电, 等级：1, 生命值：100
武士--> 玩家名称：大力索尔, 等级：3, 生命值：150
```

从上面的代码可以看到，在一个集合（示例中是playlist）中，不同对象能根据上下文环境，使用同一个方法名称执行不同的操作（调用不同类的__str__()方法），用面向对象的专业术语来说，就是一个接口可有多种实现，这种现象就称为多态。

多态要求在基类定义统一的接口，在派生类中分别实现。

下面是这个继承例子的完整代码。

【示例6.3.3】 继承的完整实现

```
class Role:
    def __init__(self, name, level=1, blood=100):
        self.name = name             # 玩家名称
        self.level = level           # 角色等级
        self.blood = blood            # 角色生命值

    def __str__(self):
        return f"玩家名称, { self.name}, 等级, { self.level}, 生命值, { self.blood}"

class Warrior(Role):
    def fight(self):
        print('挥动武器')

    def __str__(self):
        return '武士-->'+super().__str__()

class Magician(Role):
    def fight(self):
        print('施展咒术')

    def cure(self):
        print('用魔法疗伤')

    def __str__(self):
        return '法师-->'+super().__str__()

class Rogue(Role):
```

```
    def fight(self):
        print('暴击伤害')

    def scout(self):
        print('发现对手弱点')

    def __str__(self):
        return '游侠-->'+super().__str__()
```

PPT6-10
多重继承

PPT

6.3.3 多重继承

Python语言支持多重继承，也就是一个类可以一次继承两个或两个以上的基类，基类之间使用逗号分开。

1. 多重继承的定义

微课 6-10
多重继承

格式： def className(superClassName1,superClassName2,…):

说明： className是要定义的派生类名，superName1、superClassName2等是要继承的基类名。

简单的多重继承如下所示。

【示例6.3.4】 多重继承的定义。

```
class COne:
    def methodOne(self):
        print("methodOne is invoked.")

class CTwo:
    def methodTwo(self):
        print("methodTwo is invoked.")

class CThree(COne,CTwo):
    def methodThree(self):
        print("methodThree is invoked.")
```

第3个类CThree继承了两个基类，分别是COne和CTwo，具有它们所有的成员，可以通过创建一个CThree的实例，来调用所有基类的成员。

【示例6.3.5】 多重继承的使用。

本示例代码必须在示例6.3.4完成后输入。

```
>>>c=CThree()
>>>c.methodOne()
methodOne is invoked.
>>>c.methodTwo()
methodTwo is invoked.
>>>c.methodThree()
methodThree is invoked.
```

2. 同名成员的搜索顺序

上面的例子相对简单，基类里的成员名称各不相同。如果不同基类具有同名成员，就要注意搜索的顺序，基本顺序是从子类开始搜索，接着是上一层次基类从左到右搜索，再到更上一层从左到右搜索，循环往复，直到顶层为止。下面的代码显示了成员的搜索顺序。

【示例6.3.6】 具有同名成员的不同基类。

```
class COne:
    def foo(self):
        print("foo in COne.")

class CTwo:
    def foo(self):
        print("foo in CTwo.")

class C12(COne,CTwo):
    pass

class C21(CTwo,COne):
    pass
```

上面的代码中，基类COne和CTwo含有同名成员，创建一个派生类，调用同名成员foo()。

【示例6.3.7】 同名成员的搜索顺序。

```
>>>from MulInher2 import COne,CTwo,C12,C21
>>>a12=C12()
>>>a12.foo()
foo in COne.
>>>a21=C21()
>>>a21.foo()
foo in CTwo.
```

笔记

执行结果显示，a12的foo()方法来自COne，a21的foo()方法来自CTwo。如果想知道一个类的成员搜索顺序，可以访问类中的一个特殊属性__mro__，它返回一个按搜索顺序排列的类名元组（tuple），属性名__mro__来自术语MRO，即方法解析顺序（Method Resolution Order）。下面代码显示类C12的方法搜索顺序：

```
>>>C12.__mro__
(<class 'MulInher2.C12'>, <class 'MulInher2.COne'>, <class 'MulInher2.CTwo'>, <class 'object'>)
```

如果想知道一个类有哪些基类，可以使用类中另一个特殊属性__bases__，它返回一个包含所有基类类名的元组（tuple），下面代码显示类C12的所有基类：

```
>>>C12.__bases__
(<class 'MulInher2.COne'>, <class 'MulInher2.CTwo'>)
```

以上例子显示，多重继承会使代码变得复杂，在编程时要慎重使用。

【课堂实践6.3】 阅读下面的程序，说出执行结果。

```
# 抽象图形类
class Shape:
    def __init__(self,color):
        self.color=color
    def getArea(self):
        return 0
    def __str__(self):
        return "Color: "+self.color
#矩形类
class Rect(Shape):
    def __init__(self,color,length,width):
        Shape.__init__(self,color)
        self.length = length
        self.width = width
    def getArea(self):
        return self.length*self.width
    def __str__(self):
        return  f"Rectanger--> { super().__str__() } Area:{ self. getArea() }"
#圆类
class Circle(Shape):
    def __init__(self,color,radius):
        Shape.__init__(self,color)
        self.radius=radius
    def getArea(self):
        return 3.14*self.radius**2
    def __str__(self):
        return f"Circle-->{ super().__str__() } Area:{ self. getArea() }"
shapes = []
shapes.append(Rect('red',10,20))
shapes.append(Circle('Green',20))
shapes.append(Rect('Yellow',12,6))
shapes.append(Circle('Pink',10))
for shape in shapes:
    print(shape)
```

文本 参考答案
课堂实践 6.3

文本 参考答案
课堂实践 6.4

【课堂实践6.4】 给上面程序中的各图形类添加计算周长功能，并在__str__()函数中体现出来。

【同步训练6.3】

一、单项选择题

1. 定义类A的子类B，下列选项中正确的是（ ）。

A. class B extend A　　B. class A(B):

C. class B(A):　　D. Class B:A

2. 在多重继承中，如果想知道一个子类的成员搜索顺序，可以访问的特殊属性是（ ）。

A. __hash__　　B. __repr__　　C. __mro__　　D. __doc__

二、判断题

文本 参考答案
同步训练 6.3

1. 继承机制中，子类只继承公有成员，不继承私有成员。 (   )
2. 如果基类和子类中有同名方法，基类中的同名方法将不可调用。 (   )
3. 多态要求在基类定义统一的接口，在派生类中分别实现它。 (   )

三、程序阅读题

1. 下面这段代码的输出结果是什么？

```
class Parent:
   x = 1

class Child1(Parent):
   pass

class Child2(Parent):
   pass

print(Parent.x, Child1.x, Child2.x)
Child1.x = 2
print(Parent.x, Child1.x, Child2.x)
Parent.x = 3
print(Parent.x, Child1.x, Child2.x)
```

2. 下面这段代码的输出结果是什么？

```
class Animal:
    def __init__(self,name,weight):
        self.name = name
        self.weight = weight
    def eat(self):
        self.weight +=1
    def fly(self):
        print ("Can I fly?")
    def jump(self):
        print ("Can I jump?")
    def __str__(self):
        return 'My name is { self.name } and my weight is { self.weight } kilo-
        gram(s).'

class Tiger(Animal):
    def fly(self):
        print ("I can't fly")
    def jump(self):
        print ("I can jump ")

class Bird(Animal):
    def fly(self):
        print ("I can fly")
    def jump(self):
        print ("i can jump")
```

```
class Snake(Animal):
    def fly(self):
        print ("I can't fly")
    def jump(self):
        print ("I can't jump")

t = Tiger('tOne',1000)
b= Bird('bOne',0.5)
s= Snake('sOne',2)

zoo = []
zoo.append(t)
zoo.append(b)
zoo.append(s)
for animal in zoo:
    print(f"I am a {type(animal).__name__}. {animal }")
    animal.fly()
    animal.jump()
```

3. 下面这段代码的输出结果是什么？

```
class A:
   def __init__(self):
       print('A')
       super(A, self).__init__()

class B:
   def __init__(self):
       print('B')
       super(B, self).__init__()

class C(A):
   def __init__(self):
       print('C')
       super(C, self).__init__()

class D(A):
   def __init__(self):
       print('D')
       super(D, self).__init__()

class E(B, C):
   def __init__(self):
       print('E')
       super(E, self).__init__()

class F(C, B, D):
   def __init__(self):
       print('F')
       super(F, self).__init__()

class G(D, B):
   def __init__(self):
```

```
        print('G')
        super(G, self).__init__()

g = G()
f = F()
```

第7章 文件操作

本章主要介绍文件系统的基本概念、如何在Python环境中对文件进行处理操作以及使用标准模块处理文件。通过本章的学习，读者能够掌握文件输入、输出操作的基本技能，为操作系统对文件数据进行管理打好坚实的基础。

7.1 文件的打开和关闭

在操作系统中，对数据的管理操作是以文件的形式进行的，因此，文件系统是操作系统的重要组成部分。文件是一种常用的用于存储数据的媒介，在实际的应用开发中，经常会涉及对文件的操作，而Python提供了丰富的操作函数、控件和文件系统对象，利用它们可以实现对文件的处理。

7.1.1 文件的基本概念

PPT7-1
文件的基本概念

PPT

一般在操作系统中运行程序，相关的数据都暂时存储在计算机的内存中，在程序运行结束或者遭遇不可预期的中断时，这些数据就会丢失。为了确保数据的永久使用，需要将它们存储在外部介质，如磁盘、光盘等，只有在使用时才将数据调入内存。

微课 7-1
文件的基本概念

1. 文件的概念

文件是数据的有序集合，这个数据集的名称，称为文件名。当操作系统读取外部存储介质上的数据时，必须先按照文件名找到指定的文件，再从文件中读取数据；若向外部存储介质上存储数据，同样必须先建立以文件名作为标识的文件，才能向文件中写入数据。

2. 文件的分类

1）从文件的编码方式来分，文件主要有文本文件和二进制文件两种。文本文件，是基于字符编码的文件，最常见的有ASCII编码和Unicode编码等，将文本中的每个字符对应一个字节，存放对应的ASCII码或者Unicode码，可以用字处理软件进行编辑；二进制文件，按照二进制的编码方式存放数据内容，可显示但内容一般难懂，不可以用字处理软件修改，但该类文件占用内存少，读写效率高。在Python3版本中，文件的默认编码格式是UTF-8，字符串默认为Unicode编码，所有的文本文件都是以字符的Unicode码值进行存储和编码的。

笔 记

2）从文件的用户角度来分，文件主要有普通文件和设备文件两种。普通文件是指存储在磁盘等外部介质上的有序数据的文件；设备文件是指在操作系统中，将外部设备（如显示器、键盘等）作为文件进行管理，设备的输入输出就相当于普通文件的读写。通常，显示器是标准的设备输出文件，文件名为sys.stdout，如print()函数，将要输出的信息显示在屏幕上；键盘是标准的设备输入文件，文件名为sys.stdin，如input()函数，将通过键盘输入的信息写入文件；标准错误输出也是标准设备文件，文件名为sys.stderr。

3. 文件的访问

文件在计算机中保存文件是通过目录来进行管理的，目录一般采用树形结构，每个磁盘都有一个根目录，根目录下包含文件和子目录，子目录下又有下一级文件和子目录，依此类推，形成了多级目录结构。访问文件时，必须知道文件所在的目录路径，若从根目录开始标识文件所在的完整路径，为绝对路径访问，在该访问方式下，无论何种程序调用同一个文件，所使用的路径都是相同的；若从程序所在的目录位置标识文件所在的路径，为相对路径访问，在该访问方式下，用不同程序调用同一个文件时，所使用的路径是不同的，只需要知道访问文件的程序与文件之间的位置关系即可。

7.1.2 打开和关闭文件

在操作系统中，一般不允许普通的程序直接操作磁盘文件。在创建新文件或者写入已有文件之前，必须先打开文件，这一操作会将文件读入缓存，并且标识文件存储路径、文件名等文件属性。文件打开后，在缓存区中对文件进行处理，处理结果暂存在缓存区中。在文件关闭时，才将缓存区中的数据写入磁盘文件中。

PPT7-2 打开和关闭文件

PPT

1. 打开文件

在Python程序设计中，打开文件时不仅建立了文件的相关信息，同时也将文件对象与磁盘文件建立了关联，可以通过Python内置的open()函数打开文件，创建一个文件对象。

微课 7-2 打开和关闭文件

格式： <fileObject> = open(file_name[，mode='r'，buffering=-1，encoding=None，errors=None，newline=None，closefd=True，opener=None])

功能： 使用该命令可打开文件，返回值为一个文件对象。

说明：

1）file Object为文件对象名，成功打开文件后会返回文件对象赋给变量file Object。

2）file_name用于设置需要打开的文件的路径和文件名，以字符串的形式指定该变量。

3）mode为可选参数，用于设置打开文件的存取模式，默认的文件访问模式为只读文本方式，具体参数见表7.1。

4）buffering为可选参数，用于设置缓存区的大小，默认值为-1。若将该值设置为0，表示关闭缓存区，只允许使用二进制模式；若将该值设置为1，表示访问文件时缓存文件的行，只用于文本模式；若将该值设置为大于1的整数，表示缓存区的固定大小；若将该值设置为负值（默认为-1），表示缓存区的大小为系统默认大小。通常，缓存区的容量大小为4096或8192字节。

5）encoding为可选参数，用于设置打开文件时所采用的文字编码方式。

表7.1 文件读取模式

读取模式	说明
'r'	以只读方式打开文件（默认），文件的指针在文件的开头
'w'	以写入方式打开文件。若该文件已存在，则覆盖原文件；若该文件不存在，则创建新文件
'x'	创建一个新文件，并且以写入方式打开文件。若文件已存在，使用该模式将引发异常，报错FileExistsError

续表

读取模式	说明
'a'	以写入方式打开文件。若该文件已存在，文件的指针在文件的末尾，新追加写入的内容将会被写入到已有内容之后，即写入内容追加在文件的末尾；若该文件不存在，则创建一个新文件并写入
'b'	以二进制模式打开文件
't'	以文本模式打开文件（默认）
'+'	以修改方式打开文件，可读可写，可以与其他模式结合使用
'U'	支持通用换行符（正在被弃用，不建议使用）

一般文件以文本模式打开，文件中写入或者读取的都是字符串，默认使用UTF-8编码保存在文件中。若以二进制模式打开文件，文件中写入或者读取的是字节形式的数据，这种模式常用于图像或视频类的非文本文件。

【示例7.1.1】 ftest=open("filetest.txt","wb")。

打开文件filetest.txt，指定其打开的文件模式为'wb'，即二进制、写入的方式打开文件。若该文件已经存在，则新写入的内容覆盖原文件内容；若该文件不存在，则创建新文件filetest.txt。文件打开后，也为该文件创建了文件对象ftest。

常使用多种模式结合的方式打开文件，进行读写操作。open()函数成功打开文件后，返回一个文件对象，可读取或修改该文件对象。

【示例7.1.2】 使用'rb'模式打开文件。

```
# 在Python的根目录下建立test_rb.txt文件
f_rb=open("test_rb.txt", "rb")   # 以'rb'模式打开test_rb.txt文件
print(f"Name of File:{f_rb.name}")  # 查看打开的文件名是否为test_rb.txt
```

执行结果：

Name of File：test_rb.txt

在'rb'模式下，以二进制方式打开文件test_rb.txt，并且创建了文件对象f_rb，该文件为只读方式，文件指针在文件的开头。通过文件对象属性fileObject.name，可查看文件对象的文件名。

【示例7.1.3】 使用'ab+'模式打开文件。

```
#  在Python的根目录下建立test_abp.txt文件
f_abp=open("test_abp.txt", "ab+")   # 以'ab+'模式打开test_abp.txt文件
print(f"Mode:{f_abp.mode}")   # 查看文件的读取模式
```

执行结果：

Mode：ab+

在'ab+'模式下，以二进制方式打开文件test_abp.txt，并且创建了文件对象f_abp，该文件为可读可写方式。如果文件已经存在，则文件指针将会在文件的

结尾，新写入的内容会追加到已有内容之后；如果文件不存在，则会创建新的文件。通过文件对象属性fileObject.mode，可查看文件的打开方式。

2. 关闭文件

在Python程序设计中，可以通过Python内置的close()方法关闭文件。如果对打开的文件进行了写入操作，在完成写入后务必关闭文件，以免程序遭遇意外后中断，导致缓存的数据没有写入文件。当然，即使没有对打开后的文件进行任何写操作，也应该养成良好的编程习惯，及时关闭使用后的文件，释放文件缓存区占用的内存空间，避免文件对象占用过多系统资源，毕竟操作系统在同一时间能够打开的文件数量有限。

【示例7.1.4】　使用close()方法关闭文件。

```
#  在Python的根目录下建立test_close.txt文件
f_close=open("test_close.txt")
print(f"Closed or Open:{f_close.closed}")    # 查看打开的文件是否为关闭状态
f_close.close()   # 关闭文件
```

执行结果：

"Closed or Open: False"

以文本方式打开文件test_close.txt，并且创建了文件对象f_close，该文件为可读方式。打开文件后，查看该文件对象是打开还是关闭的状态，如果文件已经打开，则显示False。在文件操作结束后，通过close()语句关闭该文件。

在文件关闭时，会自动刷新缓存区，将其中的数据写入文件。当然，如果在文件操作的过程中，想将缓存区的数据立即写入文件，可通过flush()函数达到写文件数据并清空缓存区的目的。

在对文件对象进行操作时，经常使用with语句来安全地关闭文件。

【示例7.1.5】　with open("filetest.txt") as ftest:

　　…　print("Hello World!")

打开文件filetest.txt，并为其创建了文件对象ftest。执行print语句后，跳出with语句，文件自动关闭，不用担心文件没有关闭而无故消耗系统资源。

【示例7.1.6】　使用with语句关闭文件。

```
#  在Python的根目录下建立test_with.txt文件
#查看with语句后文件的关闭状态
with open("test_with.txt") as f_with:
    print(f"Closed or Open with in:{f_with.closed}")
print(f"Closed or Open with out:{f_with.closed}")
```

执行结果：

Closed or Open with in：False

Closed or Open with out：True

用with语句打开test_with.txt文件后，创建了文件对象f_with，打开文件后，可以看到文件对象的Closed属性为False；在跳出with语句后，再查看文件对象的

Closed属性，已经为True，发现with语句后文件已经自动关闭。

文本 参考答案
课堂实践 7.1

【课堂实践7.1】 在Python的根目录下新建一文本文件，读取该文件的文件名。

文本 参考答案
同步训练 7.1

【同步训练7.1】

一、单项选择题

1. 相对路径中经常使用的符号不包括（　　）。

A. ./　　B. ../　　C. /　　D. */

2. 用（　　）读取模式可以创建新文件。

A. 'r'　　B. 'b'　　C. 'w'　　D. 't'

3. 文件打开时，默认以（　　）模式打开。

A. 'r'　　B. 'b'　　C. 'w'　　D. 'a'

4. 经常使用（　　）语句来安全地关闭文件。

A. flush　　B. with　　C. open　　D. close

5. 以下对Python中打开和关闭文件的描述中，错误的是（　　）。

A. Python可使用open内置函数打开二进制文件

B. Python可使用'wa'模式创建文本文件

C. Python可使用close方法关闭文件

D. Python可使用with语句关闭文件

6. 在Python中，对文件操作的一般步骤是（　　）。

A. 读写文件→打开文件→关闭文件

B. 打开文件→读写文件→关闭文件

C. 打开文件→关闭文件→读写文件

D. 关闭文件→读写文件→打开文件

二、知识填空题

1. 文件按照其编码方式主要分为______文件和______文件。

2. 使用______方式打开的文本文件只能用于从该文件中读取数据，而不能用于向该文件写入数据。

3. 使用______方式打开的文本文件只能用于向该文件写入数据，而不能用于从该文件中读取数据。

4. 使用______方式打开的文本文件只能用于向该文件尾部追加写入数据，原有文件的内容不被覆盖。

5. 使用______或______方式打开的文本文件既可以用于向该文件写入数据，又可以用于从该文件中读取数据。

7.2 文件的操作

在Python中，使用open()函数打开文件后，将磁盘上文件中的数据取出后存到内存，称为“读文件”；对文件内容或者属性进行修改后，将内存中的数据存到磁盘上时，称为“写文件”。对文件进行读写操作时，Python提供了丰富的方法，以便文件访问更加轻松。

7.2.1 文件的读取与定位

1. 文件的读取

PPT7-3 文件的读取

PPT

对文本文件内容的读取，常用的3种方法有read()、readline()、readlines()，每种方法的返回值都是读取出的文本内容，Python会自动识别返回值的类型，将返回值保存到相应类型的变量中。

（1）read()方法

格式： fileObject.read([size])

功能： 该方法可以从打开的文件中读取数据，返回一个字符串。

说明： 参数size为读取内容的字符数，如果省略该参数或者该参数为负值，则读取文件中的所有内容并返回。

微课 7-3 文件的读取

【示例7.2.1】 ftest.read(5)。

从文件对象ftest中读取5个字符。

在Python根目录下有一个文本文档为song.txt，内容如图7.1所示。

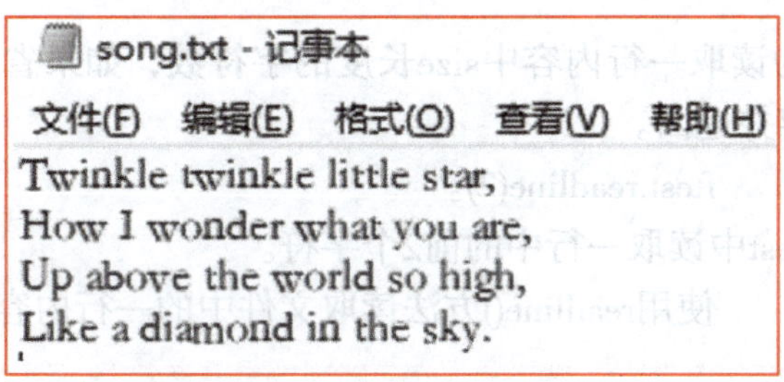

图 7.1 song.txt 文档内容

【示例7.2.2】 使用read()方法读取文件内容。

```
#从Python的根目录下打开song.txt
f1=open("song.txt")
f1_content=f1.read()
print(f1_content)    # 显示文件内容
f1.close()  # 关闭文件
```

执行结果：

Twinkle twinkle little star,
How I wonder what you are,
Up above the world so high,
Like a diamond in the sky.

操作文件前，必须使用open()函数先打开文件，文件打开后，指针默认是在文件的开头；用read()方法从文件头开始读取出文件的内容，将内容存到变量f1_content中，因为没有指定size参数，可以看到，用该方法读取出文件中所有的内容。当然，最后一定不要忘记关闭文件。

【示例7.2.3】 使用带size参数的read()方法读取文件内容。

```
#从Python的根目录下打开song.txt
f2=open("song.txt")
f2_content=f2.read(6)   # 使用read()方法读取前6个字符
print(f2_content)   # 显示读取内容
f2.close()  # 关闭文件
```

执行结果：

Twinkl

使用open()函数打开文件后，指针默认是在文件的开头，而read()方法指定了读取6个字符的内容，读取后的内容存储到变量f2_content中，因此，可以看到，最后的显示的结果为“Twinkl”。

（2）readline()方法

格式： fileObject.readline([size])

功能： 该方法可以从打开的文件中读取一行数据，返回一个字符串。

说明：

1）如果返回“\n”，说明该行为空行；如果返回一个空字符串，说明已经读取到最后一行。

2）参数size为读取一行内容中size长度的字符数，如果省略该参数，则读取文件中的一行内容并返回。

【示例7.2.4】 ftest.readline(2)。

从文件对象ftest中读取一行中的前2个字符。

【示例7.2.5】 使用readline()方法读取文件中的一行内容。

```
#从Python的根目录下打开song.txt
f3=open("song.txt")
#使用readline()方法读取文件中的一行内容
f3_content=f3.readline()
print(f3_content)   # 显示读取内容
f3.close()  # 关闭文件
```

执行结果：

Twinkle twinkle little star,

【示例7.2.6】 使用带size参数的readline()方法读取文件中的内容。

```
#从Python的根目录下打开song.txt
f4=open("song.txt")
#使用readline()方法读取文件中一行内容的前5个字符
f4_content=f4.readline(5)
print(f4_content)   # 显示读取内容
f4.close()  # 关闭文件
```

执行结果：

Twink

可以使用readline()函数读取文件中的一行内容，或者使用带size参数的readline()函数读取一行中的size个字符。

（3）readlines()方法

格式： fileObject.readlines([size])

功能： 该方法可以从打开的文件中读取每一行的数据（包括换行符“\n”），返回一个列表，列表中的每个元素对应文件中的每一行内容。

说明： 参数size为读取内容的总长，如果省略该参数，则读取文件中的所有行的内容并返回。

【示例7.2.7】 ftest.readlines(2)。

在readlines方法中，如果size大于0，读取数据时，遇到结束符EOF才会结束，因此，会返回大于size的所在行。也就是说，如果读取文件第一行的数据时，第一行为5个字符，但是size为2，该语句则返回第一行的5个字符，而非第一行前两个字符。具体内容见示例7.2.8。

【示例7.2.8】 使用readlines()方法读取文件中的内容。

```
#从Python的根目录下打开song.txt
f5=open("song.txt")
#使用readlines()方法读取文件中的每一行内容，并将其存储到列表f5_list中
f5_list=f5.readlines()
print(f5_list)    # 显示读取内容
f5.close()  # 关闭文件
```

执行结果：

['Twinkle twinkle little star,\n', 'How I wonder what you are, \n','Up above the world so high, \n','Like a diamond in the sky. ']

文本文件song.txt中共有4行内容，前三行后面有换行符"\n"，因此，返回的列表中有4个元素，前3个元素以"\n"结尾。

【示例7.2.9】 使用带size参数的readlines()方法读取文件中的内容。

```
#从Python的根目录下打开song.txt
f6=open("song.txt")
#使用参数size=5的readlines()方法读取文件中内容
f6_list1=f6.readlines(5)
#使用参数size=10的readlines()方法读取文件中内容
f6_list2=f6.readlines(10)
#使用参数size=30的readlines()方法读取文件中内容
f6_list3=f6.readlines(30)
#显示读取内容
print(f6_ list1)
print(f6_ list2)
print(f6_ list3)
f6.close()  # 关闭文件
```

执行结果：

['Twinkle twinkle little star,\n']

['How I wonder what you are, \n']

['Up above the world so high, \n','Like a diamond in the sky. ']

在Python中，可以使用readlines()方法读取文件所有行的内容，或者使用带size参数的readlines()方法读取文本相应内容。当指定参数size大于0时，该函数会返回总和大于size的所在行，因此，读取的内容可能大于size指定内容，读取数据大于等于size个字符后，直至遇到结束符EOF结束。

当size为5时，返回总和大于等于5个字符的所在行，遇到结束符EOF结束，因此，返回文本的第一行；当size为10时，继续读取文本内容，返回总和大于等于10个字符的所在行，遇到结束符EOF结束，因此，返回文本的第二行；最后size为30，继续向后读取文本内容，返回总和大于等于30个字符的所在行，遇到结束符EOF结束，因此，返回最后两行数据。

2. 文件的定位

PPT7-4 文件的定位

PPT

在使用open()函数打开文件时，如果使用默认模式，文件打开时，读写指针会定位在文件的开头，文件中的内容会从左到右被顺序读写；如果使用'a'模式，文件打开时，读写指针则会定位在文件的结尾，写入文本内容时在文本最后追加写入。而磁盘中的信息是可以随机访问的，也就是说，可以将文件的指针移动到任何位置对文件进行读写操作，经常使用文件定位语句seek()，将文件指针移动到想读取文本内容的位置，使用tell()语句获取文件指针当前位置。

微课 7-4 文件的定位

（1）seek()方法

格式： fileObject.seek(offset,[whence])

功能： 该方法可以将文件指针移动到指定位置。

说明：

1）参数offset为偏移值，偏移值为正数，表示向右移动，即文件指针向文件末尾的方向移动，偏移值为负数，表示向左移动，即文件指针向文件头的方向移动。

2）参数whence为起始位置，该值为0表示从文件头开始（默认值，可省略），该值为1表示从当前文件指针位置开始，该值为2表示从文件末尾开始。

3）起始位置不为0时，只有'b'模式可以指定非零的偏移值。

（2）tell()方法

格式：fileObject.tell()

功能：该方法可以获取文件指针的当前位置。

【示例7.2.10】 ftest.seek(2)。

将ftest文件对象中的指针从文件头向右移动2个字符。

【示例7.2.11】 ftest.seek(2,0)。

将ftest文件对象中的指针从文件头向右移动2个字符。

【示例7.2.12】 ftest.seek(2,1)。

将ftest文件对象中的指针从当前指针位置向右移动2个字符。

【示例7.2.13】 ftest.seek(−2,2)。

将ftest文件对象中的指针从文件末向左移动2个字符。

【示例7.2.14】 使用seek()方法移动文件指针，并使用tell()方法查看指针位置。

笔 记

笔 记

```
>>>#从Python的根目录下打开song.txt
>>>f7=open("song.txt")
>>>f7.read() # 使用read()方法读取文件所有内容
'Twinkle twinkle little star,\nHow I wonder what you are, \nUp above the world so high, \nLike a diamond in the sky.'
>>>f7.tell() # 查看文件指针所在位置
113
>>>f7.seek(0,0)  # 移动文件指针位置到文件头
>>>f7.tell() # 查看文件指针所在位置
0
>>>#使用readline()方法读取文件中的一行内容，读取后的内容存储到变量f7_content中
>>>f7_content=f7.readline()
>>>print(f7_content) # 显示读取内容
Twinkle twinkle little star,
>>>f7.tell() # 查看文件指针所在位置
30
>>>f7.seek(36) # 移动文件指针位置
>>>f7.tell() # 查看文件指针所在位置
36
>>>f7.read() # 读取文件指针之后的内容
'wonder what you are, \nUp above the world so high, \nLike a diamond in the sky.'
>>> f7.close() # 关闭文件
```

使用open()函数打开文件后，指针默认是在文件的开头，使用read()方法读取出文件的所有内容，读取完成后，文件指针到达文件末尾，通过tell语句得知当前位置为113；接着，移动文件指针，从文件头偏移0，因此，查看其位置为0，现在的文件指针位于文件头；然后，用readline()方法读取出文件中的第一行数据并打印，这时查看文件指针为30；继续移动指针，从文件头向右偏移36，因此移动后的指针位置为36；从36的偏移位置继续使用read()方法读取文件当前指针之后的内容，结果为'wonder what you are, \nUp above the world so high, \nLike a diamond in the sky.'，最后关闭文件。阅读以上程序后请思考一下，换行符'\n'占几个字符?

7.2.2 文件的写入

PPT7–5
文件的写入

PPT

请求操作系统打开一个文件对象后，可以把数据写入这个文件。对文件内容的写入，常用的方法有write(str)和writelines(seq)，Python会将字符串str或者字符串序列seq写入文件中。

在需要写入文件时，以'w'模式打开文件时，是以写入的方式打开文件，原文件被覆盖，即文件中的原内容将不复存在，文件中只有新写入的内容；以'a'模式

打开文件时，是以追加的方式打开文件，如果原文件不存在，则会新建文件，在新文件中追加写入内容；如果原文件存在，文件打开后，文件指针在文件末尾，新写入的内容将追加写在文件中原内容后面。所以，一定要注意，使用'w'模式打开文件时，原文件内容会被全部清空，务必谨慎对待该模式打开的文件。

微课 7–5
文件的写入

1. write(str)方法

格式： fileObject.write(str)

功能： 该方法可以将字符串str写入到文件中。

说明：

1）参数str为写入文件的字符串。

2）写入的字符串内容不会自动换行，如果需要换行的话，需要使用换行符'\n'。

【示例7.2.15】 使用write(str)方法写入文件。

```
#从Python的根目录下，以默认方式（'rt'）打开song.txt
f8=open("song.txt")
f8.write ('Twinkle')    # 将字符串'Twinkle'写入文件
f8.close()
```

执行结果：

Traceback (most recent call last):

  File "<stdin>", line 1, in <module>

io.UnsupportedOperation: not writable

打开模式默认为'r'，无法为文件写入，报错。因此，重新以'w'模式打开文件。

```
f8=open("song.txt" , "w")
f8.write("Twinkle twinkle little star\n")   # 将字符串写入文件
f8.close()
```

以'w'模式打开文件时，对文件进行写入，写入后的song.txt如图7.2所示。

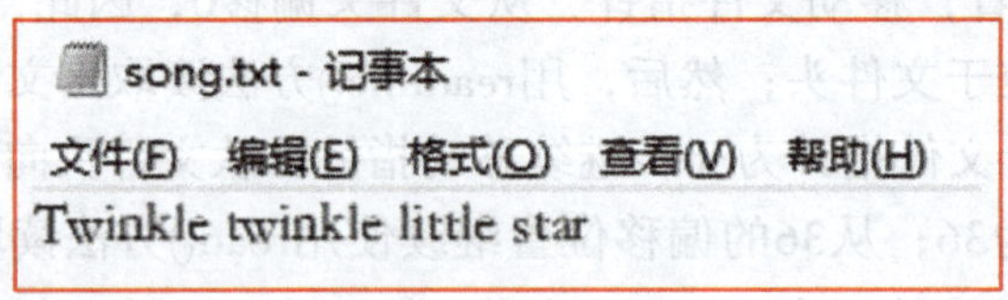

图 7.2
'w' 模式写入后的 song.txt 文档内容

原song.txt文档中的内容全部清空，只有新写入的字符串Twinkle twinkle little star。

2. writelines(seq)方法

格式： fileObject. writelines(seq)

功能： 该方法可以将字符串序列seq写入到文件中，实现一次性向文件中写入多行字符串。

说明：

1）参数seq为写入文件的字符串序列。

2）写入的字符串内容不会自动换行，在换行的时候必须使用换行符“\n”。

【示例7.2.16】 ftest.writelines(['a', 'b', 'c', 'd', 'e'])。

向ftest文件对象中写入5个字符'a'、'b'、'c'、'd'、'e'。

【示例7.2.17】 使用writelines(seq)方法写入文件。

```
#从Python的根目录下，以'a'模式打开song.txt
f9=open('song.txt", "a")
f9. writelines (['How I wonder what you are\n', 'Up above the world so high \n',
     'Like a diamond in the sky \n'])    # 将字符串序列写入文件
f9.close()  # 关闭文件
```

以'a'模式打开文件时，对文件进行写入，写入后的song.txt如图7.3所示。

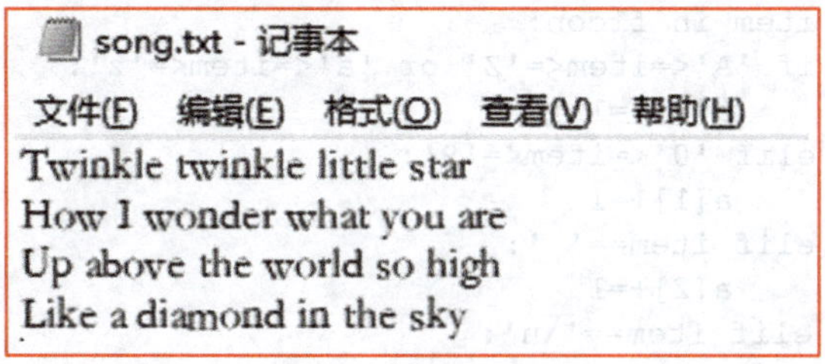

图 7.3
'a' 模式写入后的 song.txt 文档内容

字符串序列成为写入文档中的每一行数据，追加写入在原song.txt文档的末尾。

7.2.3 应用实例

PPT7-6
文件应用实例

PPT

【例7.1】 文件复制。

把Python根目录中文件filesource.txt（源文件）复制为filecopy.txt文件，并将原文件中的小写全改为大写。

算法思路： 打开Python文件根目录中的源文件filesource.txt，并且读取文件中的内容。新建filecopy.txt文件，将源文件读取到的内容小写全改为大写后写入该文件，全部写入完成后，关闭两个文件。读取filecopy.txt文件中内容，确认是否已经将小写全改为大写。

微课 7-6
文件应用实例

程序代码：

```
f1=open("filesource.txt","rb")
f1sou=f1.readlines()
f2=open("filecopy.txt","wb")
for item in f1sou:
   item=item.upper()
   f2.write(item)
f1.close()
f2.close()
f3=open("filecopy.txt ")
print(f3.read())
f3.close()
```

【例7.2】 统计文本文件中各类字符的个数。

源代码
例 7.1

统计Python根目录中文本文件filechar.txt中英文字母、数字、空格、换行及其他字符的个数，并将统计结果输出到resultchar.txt文件中。

算法思路：定义函数countchar用来统计文件中各类字符的个数，将英文字母、数字、空格、换行及其他字符的个数作为各项元素存储到列表a中，并将列表作为函数的返回值。定义resultres函数，将字符统计结果写入指定文件中。打开文本文件filechar.txt，利用函数countchar统计文件中的字符数，打开文件resultchar.txt，利用函数resultres将结果写入该文件，最后读取结果文件的内容，确认是否正确。

源代码例 7.2

程序代码：

```
def countchar(f1,a):
    f1con = f1.read()
    for item in f1con:
        if 'A'<=item<='Z' or 'a'<=item<='z':
            a[0]+=1
        elif '0'<=item<='9':
            a[1]+=1
        elif item==' ':
            a[2]+=1
        elif item=='\n':
            a[3]+=1
        else:
            a[4]+=1
    return a

def resultres(f2,a):
    f2.write(f"文本文件中英文字母的个数是：{a[0]}\n")
    f2.write(f"文本文件中数字的个数是：{a[1]}\n")
    f2.write(f"文本文件中空格的个数是：{a[2]}\n")
    f2.write(f"文本文件中换行的个数是：{a[3]}\n")
    f2.write(f"文本文件中其他字符的个数是：{a[4]}\n")

f1=open("filechar.txt")
f2=open("resultchar.txt","w")
a=[0,0,0,0,0]
b=countchar(f1,a)
resultres(f2,b)
f1.close()
f2.close()

f3=open("resultchar.txt")
print(f3.read())
f3.close()
```

文本 参考答案 课堂实践 7.2

【课堂实践7.2】 编写分别以'w'和'b'模式打开的文件，向文件中写入数据后，读取其内容的Python程序。

【同步训练7.2】

一、单项选择题

1. 在Python中可使用read([size])来读取文件中的数据，如果参数size省略，则读取文件中的（ ）。

文本 参考答案
同步训练 7.2

A. 什么也不读取　　B. 一个字符　　C. 一行数据　　D. 所有数据

2. 在Python中可使用readline([size])来读取文件中的数据，如果参数size省略，则读取文件中的（　　）。

A. 什么也不读取　　B. 一个字符　　C. 一行数据　　D. 所有数据

3. 在Python中可使用readlines([size])来读取文件中的数据，返回的数据为（　　）。

A. 列表　　B. 字符　　C. 字符串　　D. 对象

4. 在Python中使用seek(offset)移动文件指针，当offset为负值时，表示（　　）。

A. 文件指针向文件末尾的方向移动　　B. 文件指针向文件头的方向移动

C. 文件指针不向任何地方移动　　D. 文件指针直接移动到文件末尾

5. 在Python中对文件进行写入时，文件的打开模式必须为（　　）。

A. 'w'　　B. 'a'　　C. 'w'或'a'　　D. 'w+'或'a+'

6. 在Python中以默认方式打开文件，对文件进行写入字符串"abcde"，则（　　）。

A. 对原文件内容覆盖写入"abcde"　　B. 对原文件内容追加写入"abcde"

C. 不对原文件做任何写入操作　　D. 报错

7. 以下选项中，能够通过writelines()写入文件中的是（　　）。

A. ('0\n', '1\n', '2\n', '3\n', '4\n')

B. ['5\n', '6\n', '7\n', '8\n', '9\n']

C. '0\n 1\n 2\n 3\n 4\n'

D. {'5\n', '6\n', '7\n', '8\n', '9\n'}

8. 在Python中，对文件读写和定位描述错误的是（　　）。

A. 在移动文件指针时，并不需要打开文件，只需对文件对象进行直接操作

B. 在对文件进行写入时，可使用'w+'模式打开文件

C. 在对文件进行读取时，可不指定文件打开模式

D. 可使用tell()获取文件指针的当前位置

二、知识填空题

1. 在Python语言中seek(offset,[whence])方法，默认whence为________。该值为0，表示文件指针的起始位置为________；该值为1，表示文件指针起始位置为________；该值为2，表示文件指针的起始位置为________。起始位置不为0时，只有________模式可以指定非0的offset。

2. 在Python语言中，可使用________方法实现一次性向文件中写入多行字符串。

3. 在Python语言中，通常有3种方法________、________、________来读取文本文件的内容。

三、程序填空题

1. 将字符串'a1b2c3d4e5'写入文本文件file1.txt中，并从文件中读取打印。

```
with open("file1.txt","w") as f:
    ________
with ________ as f:
    print(f.read())
```

2. 从键盘输入一些字符串，逐个将这些字符串写入文件，直到输入'#'字符结束。

```
filename=input('input file:')
fobj=open(filename,'w')
st=''
while ______
      ______
print(st)
      st=input('keyin str:')
fobj.close()
```

四、程序设计题

在C盘下创建文本文件hello.txt，并向文件中写入字符串'Hello World! \n I like Python!'。

1）从文件中的第7个字符开始，读取5个字符。

2）将文本文件中所有的小写字母改为大写字母，重新写入到文件hello_up.txt中。

3）关闭所有的文件。打印出所有文件对象的关闭状态，确认是否关闭成功。

7.3 使用标准模块处理文件

在Python中，有许多内置的标准模块封装了实现具体功能的函数，只要通过模块的相应接口，就能够使用其功能，如果能够熟练地使用这些模块，会给编程工作带来诸多便利。常用的用于处理文件的标准模块有os模块、shutil模块、pickle模块等。在本书中，只对os模块和pickle模块进行简要介绍。

7.3.1 使用os模块处理文件

PPT7-7
使用 os 模块处理文件

PPT

os全称为operating system（操作系统），顾名思义，os模块是和操作系统相关的模块，提供Python对操作系统进行调用的接口。对文件系统的访问，就是通过该模块来实现的。

os模块包含的内容非常多，可以用dir()方法来查看其方法或属性。由于os的方法与属性过多，这里就不一一列出。同时，模块的属性也可用help()来自学其用法，读者可以自己动手尝试。

os模块中包含了许多与文件相关的操作函数，可以快速地对文件进行操作。在本书中，主要介绍os模块对文件和目录的处理方法，可以简单实现文件的重命名、目录的查看、目录的创建或删除等功能。

微课 7-7
使用 os 模块处理文件

1. 对文件的操作

前文中介绍的对文件进行打开、读取、写入和关闭功能，在os模块中同样能够通过os.open()、os.read()、os.write()和os.close()实现，暂不赘述。除了这些文件的基本操作，还可以对文件进行重命名、删除。

文件的重命名和删除分别可以通过os.rename()方法和os.remove()方法实现。

格式：

os.rename(current_filename, new_filename)

笔 记

os.remove(filename)

功能： 文件的重命名和删除。

说明：

1）参数current_filename为需要重命名文件的当前文件名，参数new_filename为新文件名。

2）参数filename为需要删除的文件。

3）需要注意的是，如果操作的目录不在文件所在目录，所有的文件名都必须包含文件所在路径，否则会报错。

【示例7.3.1】 文件的重命名和删除。

```
>>>#在Python的根目录下建立文件file_re.txt。重命名该文件
>>>import os
>>>os.rename("file_re.txt", "file_re_all.txt")
>>>#重命名后，可确认文件是否更新文件名。删除该文件
>>>os.remove( "file_re_all.txt")
```

注意：remove()方法删除的只能是文件，不能删除目录。

2. 对目录的操作

不管是在Windows操作系统中，还是Linux操作系统中，都是以文件形式存储数据，而文件则存储在不同的目录下。因此，需要能够通过Python轻松地显示和更改、创建和删除目录。

（1）显示和更改目录

经常需要知道当前是处于哪个工作目录下，或者当前目录下的子目录和文件。

格式：

os.getcwd()

os.listdir(path)

os.chdir(path)

功能： 上述方法分别为查看当前工作目录、查看指定目录下有哪些子目录和文件、更改当前工作目录。

说明： 参数path为查看的目录路径。

【示例7.3.2】 显示和更改目录。

```
#导入os模块；将当前工作目录更改为C盘
import os
os.chdir("C:/")
#确认是否已将当前工作目录切换到C盘
print(os.getcwd())
#查看当前工作目录下所有的子目录和文件
print(os.listdir())
```

执行结果：

'C:\\'

['AppData', 'Documents and Settings', 'Program Files', 'Program Files(x86)', 'ProgramData', 'Recovery', 'tmp', 'Users', 'Windows']

笔 记

在查看工作目录的时候，有两点需要特别注意：一是listdir()方法返回的是一个列表，是各个子目录与文件的名称集；二是listdir()方法返回的列表不显示特殊格式命名的文件，如隐藏文件。

（2）创建和删除目录

在对文件进行存储的时候，经常使用文件夹，也就是目录，可以通过os模块快速地创建和删除目录。

格式：

```
os.mkdir(path)
os.makedirs(path)
os.rmdir(path)
os.removedirs(path)
```

功能：上述方法分别为创建目录、创建多层目录、删除目录、删除多层目录。

说明：参数path为目录路径。

【示例7.3.3】 创建和删除目录。

```
>>>#导入os模块；将当前工作目录更改为C盘
>>>import os
>>>os.chdir("C:/")
>>>os.listdir() #查看C盘下所有的子目录和文件
['AppData', 'Documents and Settings', 'Program Files', 'Program Files(x86)',
'ProgramData', 'Recovery', 'tmp', 'Users', 'Windows']
>>>os.mkdir("Users") #在C盘下建立文件夹Users
Traceback (most recent call last):
  File "<stdin>", line 1, in <module>
FileExistsError: [WinError 183]当文件已存在时，无法创建该文件。:'Users'
>>>#在C盘下建立目录dir01和dir02，且dir02下有多层目录
>>>os.mkdir("dir01")
>>>os.makedirs("dir02\dir02_01\dir02_01_01")
>>>#查看C盘，已经正确建立所有目录及子目录。删除目录dir02
>>>os.rmdir("dir02")
Traceback (most recent call last):
  File "<stdin>", line 1, in <module>
OSError: [WinError 145]目录不是空的。:'dir02'
>>>os. rmdir("dir01") #删除空目录dir01
>>>#查看C盘，确认已经删除目录dir01。删除多层目录dir02
>>>os. removedirs("dir02\dir02_01\dir02_01_01")
```

可以看到，创建目录时，如果文件夹名已经存在，程序会报错；在删除目录时，如果文件夹非空，程序也会报错。在使用makedirs()方法创建多层目录的时候，不存在的目录会被逐级建立；同样，在使用removedirs()方法删除多层目录的

时候，逐级目录也会被删除。

os模块除了包含对文件和目录进行操作的各种方法，还可以使用操作系统的命令，以完成针对路径名的操作等。os.path也是常用的、较强大的模块，读者如果有兴趣，可以查阅相关的资料，进行深入的学习。

7.3.2 使用pickle模块处理文件

PPT7-8 使用 pickle 模块处理文件

在本章前述内容中，已经详细介绍了如何在文件中写入读取字符串，但是如何像字符串一样，将列表、字典等其他复杂类型的数据进行保存，成为普通文件操作的一个难点。

为了解决这一问题，Python自带标准模块pickle，实现了数据的序列化和反序列化，通过该模块将内存中的数据变成可存储数据而永久保存，也可从保存的文件读取原内存对象。pickle模块的序列化（pickling）可以将所有的存储对象转换成二进制的形式存放在文件中，反序列化（unpickling）则将文件中的二进制数据转换成原对象。

微课 7-8 使用 pickle 模块处理文件

pickle模块的序列化和反序列化可以通过pickle.dump()方法和pickle.load()方法实现。

格式：

pickle.dump(obj, fileObject1 [,protocol])

pickle.load(fileObject2)

功能： 上述方法分别为对象的序列化和反序列化。

说明：

1）obj为需要序列化的对象，如字典。

2）fileObject1为序列化对象即将写入的文件。

3）protocol为可选项，在Python 3.0之后，该默认值为3，明确支持字节对象（bytes objects）的pickling，且不能被Python 2.x unpickling。

4）fileObject2为反序列化其内容的文件对象。

【示例7.3.4】 pickle模块的序列化和反序列化。

```
#导入pickle模块，建立变量piObj
import pickle
piObj=['a',1, 'b',2, 'c',3]
#建立文件对象piFilew，将列表对象piObj存储到文件
piFilew=open('piData.pkl', 'wb')
pickle.dump(piObj,piFilew)
piFilew.close()
#在需要使用该列表时，可用load将文件中的数据读取出来
piFiler=open('piData.pkl', 'rb')
piObjr=pickle.load(piFiler)
print(piObjr)
piFiler.close()
```

执行结果：

['a',1, 'b',2, 'c',3]

使用pickle模块可以将列表piObj存储到piFilew文件中，文件以'wb'模式打开，即以二进制、写入的方式打开，通过dump()函数将列表对象存储到文件中，文件关闭后，数据写入磁盘中永久保存（注意，文件扩展名可任意选取，但一般为.pkl或.pickle）。读者如果试着打开piData.pkl文件，会发现这是一堆乱码。所以，要将文件中的数据反序列化，才能够正常读取出原列表对象，进一步使用文件中存储的列表数据。可以用二进制读取模式将文件打开，通过pickle模块的load()函数将文件中的数据反序列化，从而输出用户可视的列表。

文本 参考答案 课堂实践 7.3

【课堂实践7.3】 编写将列表[1,2,3,4,5]写入文件后，读取文件中该列表对象的Python程序。

【同步训练7.3】

文本 参考答案 同步训练 7.3

一、单项选择题

1. 以下模块中，不是对文件处理的是（ ）。

A. os模块 B. shutil模块 C. pickle模块 D. time模块

2. 以下选项中，可以删除文件夹的是（ ）。

A. rename() B. remove() C. rmdir() D. chdir()

3. 以下选项中，可以删除文件夹的是（ ）。

A. rename() B. remove() C. rmdir() D. chdir()

4. 以下描述不正确的是（ ）。

A. os模块是Python对操作系统进行调用的对文件系统访问的接口

B. os模块可提供对文件的重命名、目录查看、创建和删除等操作

C. pickle模块的序列化可以将几乎所有的存储对象转换成二进制的形式存放在文件中

D. pickle模块的反序列化可以通过pickle.dump()方法实现

5. 在Python中，pickle模块可以通过（ ）方法实现对象的序列化和反序列化。

A. pickle.dump()方法和pickle.load()方法

B. pickle.pack()方法和pickle.unpack()方法

C. pickle.io()方法和pickle.re ()方法

D. pickle.encode_long()方法和pickle.decode_long ()方法

二、知识填空题

1. 在Python语言中，通过os模块的________方法可查看当前工作目录；通过________和________方法可创建和删除多层目录。

2. 在Python语言中，通过os模块的________和________方法创建和删除目录。

3. 在Python语言中，通过pickle模块的________和________方法对复杂类型的数据进行序列化和反序列化。

三、程序填空题

1. 查看文件file1.txt的创建时间。

```
_______
import time
filestat=_______
print(time.localtime(filestat.st_ctime))
```

2. 将数据对象data 1保存到文件file2.pkl中，反序列化后打印输出。

```
import pickle
data1={'name': 'python', 'score': '4', 'teacher': 'LXG'}
file2w=open('file2.pkl', 'wb')
_______
file2w.close()
file2r=open('file2.pkl', 'rb')
datar=_______
print(datar)
file2r.close()
```

四、程序设计题

将当前工作目录切换到C盘，查看C盘下的子目录和文件，判断是否有test文件夹，若无test文件夹，则先创建该文件夹。

1）在test文件夹下创建目录users，在users目录下创建文件file1.txt。

2）向文件file1.txt中写入对象{'coursc': 'python', 'score': '4', 'student': 'stu01'}，并读取文件中的内容，打印输出。

第8章 异常处理

本章主要介绍异常的概念与常见的异常类型、如何在Python环境中对异常进行处理操作以及合理使用主动引发异常和自定义类。通过本章的学习，读者能够在引发异常时，使用try/except语句进行处理，使用raise和assert语句让程序抛出异常，为在遇到异常时能及时正确处理打下坚实的基础。

8.1 捕获和处理异常

在使用Python语言编写程序的时候，不管是刚学习Python的新人，还是经验丰富的程序员，都不可能保证自己写的代码是不出任何错误、没有任何问题的。在编程的过程中，发生错误或者异常是一件再寻常不过的事情。而发生异常对编程者来说则是非常头疼的，有的错误需要几分钟去定位，有的错误甚至花上几个小时都找不出问题发生在什么地方。因此，能够自动检测异常，对异常进行捕获和处理就显得非常重要。在Python环境中，提供了非常人性化的、专门用于异常检测和处理的机制。

PPT8-1
异常的分类

PPT

微课 8-1
异常的分类

笔 记

8.1.1 异常的分类

什么是异常（Exception）？如果程序在执行的过程中，产生了与预期不一致的结果，阻止程序正常运行的情况就称为异常。在异常发生时，Python解释器会接手管理来终止程序的运行。

一般异常有两种：语法错误和程序异常。语法错误，是一种常见的错误，是指编写代码过程中所使用的语法不符合Python语言的编程规定，可能是编写时不小心书写错误引起的问题，也可能是用户输入错误产生的问题；程序异常，是无法预测的错误，是指执行程序的过程中产生的异常，这一类的异常原因比较复杂，通常这类错误在语法上是正确的，而在运行的时候检测到了错误。

1. 语法错误

语法错误，是程序员在编程过程中难以避免的，可能是语法用错了，可能是少了冒号（:），也可能是其他未知的错误。其中最为常见的语法错误有以下几种。

（1）不符合语法规范

在使用Python语言进行编程时，经常会发生不符合语法规范的情形。例如，少写了括号，少写了冒号，或者表达式书写不完整。

【示例8.1.1】 少写括号。

```
>>>print 'Hello World!'
```

执行结果：

```
  File "<stdin>", line 1
    print 'Hello World!'
                       ^

SyntaxError: Missing parentheses in call to 'print'. Did you mean print('Hello World!')?
```

在示例8.1.1中，print语句少写了一对括号，导致Python解释器无法解释，所以发生异常报错。这个报错由Python语法分析器完成，在报错提示的第一行，显示了错误所在的所在文件和行号，第2、3行用箭头“^”标识出了语句中错误所在的位置，最后一行显示了错误类型为语法错误SyntaxError，并描述了具体的错

笔 记

误原因。

【示例8.1.2】 表达式书写不完整。

```
>>>list2=[1,2,3]
>>>for i in list2
```

执行结果：

```
File "<stdin>", line 2
  for i in list2
               ^
SyntaxError: invalid syntax
```

从示例8.1.2中，可以看到，for语句书写不完整，少了冒号，因此，在运行的过程中，提示无效语法。这些错误在平时的书写过程中，可以借助编程工具的提示，减少这些错误发生的概率。

（2）缩进错误

通过前几章的介绍可以看出，空格在Python中是非常重要的。在Python语言中，采用代码缩进和冒号来标识出代码的层次和语法关系。因此，养成良好的编写习惯，正确使用缩进是必不可少的，不要混合使用制表符（Tab占位）和空格来表示缩进。同一层次的语句必须有相同的缩进，同样缩进的一组语句为语句块，同一语句块中的语句建议采用同一缩进风格。

【示例8.1.3】 缩进错误。

```
1  if True:
2      print("This is True!")
3  else:
4      print("This is False!")
5    print("This is End!")
```

执行结果：

```
File "<stdin>", line 5
  print("This is End!")
                      ^
IndentationError: unindent does not match any outer indentation level
```

在示例8.1.3中，if/else语句的缩进与语法都是正确的，但是第5行语句print("This is End!")既没有与if/else对齐，也没有与if语句下语句块内的print语句有相同缩进，因此，Python解释器认为这个print("This is End!")语句没有与任何一个语句是处于同一语句块的，所以报错为缩进错误IndentationError。因此，在Python中，不可随意地缩进开始新的语句块。

2. 程序异常

程序异常，在开发中也是常见的，因此，在Python语言中，已经内置了一些异常类，这些异常类在Python环境中被预先定义好，可以通过dir(__builtins__)命令查看所有的预定义异常。常见内置异常类见表8.1。

表8.1 常见内置异常类

异常类名	说明
AttributeError	尝试访问未知的对象属性
FileNotFoundError	打开文件错误
IndexError	索引超出列表范围
KeyError	请求的键在字典中不存在
NameError	尝试访问一个没有声明的变量
TypeError	不同类型之间的无效操作
ZeroDivisionError	除数为0

接下来，分别介绍这些常见的内置异常类发生的场景。

（1）AttributeError：尝试访问未知的对象属性

【示例8.1.4】 调用不存在的属性引发异常。

```
>>>list4=[]
>>>list4.at1
Traceback (most recent call last):
  File "<stdin>", line 1, in <module>
AttributeError: 'list' object has no attribute 'at1'
```

列表list4为空列表，当试图访问列表的属性'at1'时，显然这是不存在的，因此，Python会报错AttributeError，显示列表没有该属性。报错的第1行中显示Traceback，回溯错误；第2行显示异常所在的位置：文件、行或者模块；第3行显示错误类型以及导致异常的原因。

笔 记

（2）FileNotFoundError：打开文件错误

【示例8.1.5】 打开文件异常。

```
>>>f=open("test.txt")
Traceback (most recent call last):
  File "<stdin>", line 1, in <module>
FileNotFoundError: [Errno 2] No such file or directory: 'teset.txt'
```

示例8.1.5中试图打开Python根目录下的test.txt，但是在根目录下并不存在test.txt文档，因此，提示报错FileNotFoundError，没有该文件或目录。

（3）IndexError：索引超出列表范围

【示例8.1.6】 索引超出范围。

```
>>>list5=[1,2,3]
>>>list5[3]
Traceback (most recent call last):
  File "<stdin>", line 1, in <module>
IndexError: list index out of range
```

列表list5中有3个元素，当试图访问list5[3]，即访问第4个元素时，无法正常

笔 记

获取，因此，Python会报错IndexError，显示列表的索引已经超出该列表范围。初学者经常会犯这种错误，需要特别小心。一定要注意：索引值是从0开始的。在对列表使用循环语句时，更须谨记，循环条件设置要合理。

（4）KeyError：请求的键在字典中不存在

【示例8.1.7】 请求键不存在。

```
>>>dict7={'course': 'Python', 'score': '4', 'teacher': 'LXG'}
>>>dict7['course']
'Python'
>>>dict7['student']
Traceback (most recent call last):
  File "<stdin>", line 1, in <module>
KeyError: 'student'
```

如果正常访问字典中的键，会显示相应的值，如访问dict7中的'course'，显示'Python'；但是如果访问字典中不存在的键，如dict7['student']，就会报错KeyError，请求的键不存在。

（5）NameError：尝试访问一个没有声明的变量

【示例8.1.8】 使用不存在的变量名。

```
>>>var8
Traceback (most recent call last):
  File "<stdin>", line 1, in <module>
NameError: name 'var8' is not defined
```

在Python中不需要对变量进行先声明再使用，但是必须先对变量赋值，才能正常访问。例如示例8.1.8中，变量var8并没有赋值，而直接使用，就会报错NameError。

（6）TypeError：不同类型之间的无效操作

【示例8.1.9】 不同类型之间的无效操作。

```
>>>1 + '1'
Traceback (most recent call last):
  File "<stdin>", line 1, in <module>
TypeError: unsupported operand type(s) for +: 'int' and 'str'
```

整型和字符串类型是不能相互计算的，否则会报错TypeError。

（7）ZeroDivisionError：除数为0

【示例8.1.10】 除数为0。

```
>>>1/0
Traceback (most recent call last):
  File "<stdin>", line 1, in <module>
ZeroDivisionError: division by zero
```

除数为0时，引发ZeroDivisionError异常。编程时为何会出现这种错误？其实，在实际的代码编写过程中，要识别出除数是否或者何时为0并不容易。

以上介绍了异常的基本概念以及常见的内置异常类型，可能会在之后的编程过程中陆续遇到，所以，在Python检测到错误时，不要过度紧张担心，只需要按照错误提示一一排查便可。

8.1.2 异常的处理

在程序发生异常时，Python解释器会捕获到异常抛出到执行环境中，并显示回溯Traceback过程及错误发生的代码所在之处，中断程序的执行。为了在异常产生的情况下，程序正常执行，可使用try/except语句来截取异常，保障程序正常运行。

PPT8-2
简单处理异常 try/except

PPT

微课 8-2
简单处理异常 try/except

1. 简单处理异常try/except

（1）基本语句结构

在Python语言中，使用try/except语句处理异常，检测try语句块中的错误，以便except语句捕获异常信息从而进一步处理，而不会中断程序的执行。

格式：

```
try:
    <语句块1> # 可能会产生异常的代码
except [异常名]:
    <语句块2> # 如果try中的代码发生异常，进行异常处理的代码
```

功能： 检测处理异常。

说明：

1）若语句块1中的程序正常运行，没有任何错误或者异常发生，则会将其执行完毕而直接忽略except中的语句块2。

2）若语句块1发生了异常，并在except后指明了异常名，则检测异常的发生是否与except后的异常名一致。若一致，则执行语句块2中的代码；若不一致，那么这个异常会传递给上层的try或者程序的最上层，抛出异常显示在执行环境中，中断程序。

3）若语句块1发生了异常，并没有指明任何异常名，则直接执行except中的语句块2代码，对异常进行处理。

【示例8.1.11】 try/except无异常发生。

```
print("This is beginning!")
try:
    print("This is try!")
except:
    print("This is except!")
print("This is continue…")
```

执行结果：

This is beginning!

This is try!

This is continue...

try语句块中的代码正常运行，因此，执行try语句块中的程序，直接忽略except中的代码，而执行try/except后的程序。

【示例8.1.12】 try/except指定异常名NameError。

```
print("This is beginning!")
try:
    pirnt("This is try!")
except NameError:
    print("This is NameError!")
print("This is continue…")
```

执行结果：

This is beginning!

This is NameError!

This is continue...

try语句块中的代码发生异常，将print误写为pirnt，异常发生的类型为NameError，与except后的异常名一致，因此，执行except语句块中的程序。

【示例8.1.13】 try/except指定异常名IOError。

```
print("This is beginning!")
try:
    pirnt("This is try!")
except IOError:
    print("This is IOError!")
print("This is continue…")
```

执行结果：

This is beginning!

Traceback (most recent call last):

  File "<stdin>", line 3, in <module>

NameError: name 'pirnt' is not defined

try语句块中的代码发生异常，将print误写为pirnt，但是异常发生的类型为NameError，该异常类型与except后的异常名不一致，因此，也不执行except语句块中的程序，而是直接显示报错信息，中断程序，不再执行try/except后续的print("This is continue...")语句。

【示例8.1.14】 try/except不指定异常名。

```
print("This is beginning!")
try:
    pirnt("This is try!")
except:
    print("This is except!")
print("This is continue…")
```

笔 记

执行结果：

This is beginning!

This is except!

This is continue...

由于except子句中没有指定任何异常名，因此，try语句块中的代码发生异常时，不管何种异常类型，都执行except语句块中的程序。在编程过程中，通常在try语句中的代码出现异常，是无法确定发生了哪一种异常的，那么，就可以使用except子句来统一获取所有的异常类型，让用户知道，try语句中的程序发生了异常。但是，一般不建议这么做，因为try语句中一旦在某条语句出现异常，后续语句将不会被执行，这会将编程者预期外的错误隐藏起来。

（2）as子句

在try/except语句中，如果想知道具体的异常类型信息，可以使用as子句。

格式：

try:

<语句块1> # 可能会产生异常的代码

except [异常名] [as名称]: # 将异常名给予别名名称

<语句块2> # 如果try中的代码发生异常，进行异常处理的代码

功能： as子句检测处理异常。

说明： 可通过as子句打印出具体的异常信息。

【示例8.1.15】 try/except指定异常类的别名。

```
print("This is beginning!")
try:
    pirnt("This is try!")
except NameError as err:
    print(f"This is NameError: {str(err)} ")
print("This is continue…")
```

执行结果：

This is beginning!

This is NameError: name 'pirnt' is not defined

This is continue...

如果try语句块中的代码发生异常，而且需要显示详细的出错信息，则可使用as子句将异常类的具体错误消息存储在变量名称中，将其存储后打印给编程人员参考。

【示例8.1.16】 简单处理异常的try/except语句。

```
#除法计算器
#用try/except语句捕获和处理异常
try:
    a=input("请输入被除数： ")
    b=input("请输入除数： ")
    print(f"This is result: {float(a)/float(b)}" )
```

```
except ZeroDivisionError:
    print("This is ZeroDivisionError! ")
print("This is continue…")  # try/except语句后，继续执行程序
```

执行结果：

请输入被除数：6

请输入除数：2

This is result: 3.0

This is continue...

再次运行示例8.1.16程序，执行结果为：

请输入被除数：6

请输入除数：0

This is ZeroDivisionError!

This is continue...

如果正常输入除数与被除数，try语句块中的代码被正常运行，显示正确的相除后的结果，那么，except中的语句会被直接忽略，执行try/except之后的程序；但是当除数为0时，try语句块中的程序发生异常，通过8.1节的学习可以知道，该异常为ZeroDivisionError，与except后的异常名相同。因此，执行except语句块中的异常处理程序，打印"This is ZeroDivisionError!"，在执行try/except语句后，继续运行接下来的代码，而不会中断整体的程序运行。

2. 处理多个异常try/except/except…

（1）基本语句结构

PPT8−3 处理多个异常 try/except/except…

PPT

在Python环境中处理多个异常，允许在try/except/except...语句中捕获不同的异常，由不同的except子句处理。一个try/except语句可以分别使用多个except子句，用以处理不同的特定异常，也可以同时使用多个except子句，对指定的异常类型进行统一处理。

微课 8–3 处理多个异常 try/except/except…

格式：

try:

<语句块1> # 可能会产生异常的代码

except [异常名1] [as名称1]:

<语句块2> # 如果try中的代码发生异常1，进行异常处理的代码

except [异常名2] [as名称2]:

<语句块3> # 如果try中的代码发生异常2，进行异常处理的代码

…

except [异常名n] [as名称n]:

<语句块m> # 如果try中的代码发生异常n，进行异常处理的代码

功能：检测处理多个异常。

说明：

1）若语句块1中的程序正常运行，没有任何错误或者异常发生，则会将其执

行完毕而直接忽略所有except中的语句块。

2）若语句块1发生了异常且所有except子句都指定了异常名，则检测异常的发生是否与某一个except后的异常名一致。若一致，则执行相应except子句中的代码；若不一致，这个异常会传递给上层的try或者程序的最上层，抛出异常显示在执行环境中，中断程序。

3）若语句块1发生了异常且最后的except子句中没有指定任何异常名，则先检测异常的发生是否与某一个except后的异常名一致。若一致，则执行相应except子句中的代码；若不一致，直接执行最后except中的语句块代码，对异常进行处理。

【示例8.1.17】 try/except/except...多个except子句指定异常名。

```
print("This is beginning!")
try:
    a=1
    print("This is a:" +a)
except NameError:
    print("This is name error!")
except TypeError:
    print("This is type error!")
print("This is continue…")
```

执行结果：

This is beginning!

This is type error!

This is continue...

try语句块中的代码发生异常，字符串不能与整数相加，异常发生的类型为TypeError，与第二个except子句后的异常名一致，因此，只执行第二个except子句后语句块中的程序。

【示例8.1.18】 try/except/except...最后一个except子句不指定异常名。

```
print("This is beginning!")
try:
    a=1
    print("This is a: "+a )
except NameError:
    print("This is name error!")
except KeyError:
    print("This is key error!")
except:
    print("Error occurs!")
print("This is continue…")
```

执行结果：

This is beginning!

Error occurs!

This is continue...

笔 记

try语句块中的代码发生异常，但是异常发生的类型即不是NameError也不是KeyError，则在最后一个except子句中捕获异常，进行异常处理，输出“Error occurs！”

（2）异常元组

try/except/except...语句也可同时处理多个异常，多个异常可放在一个括号中，构成元组。

格式：

try:

<语句块1> # 可能会产生异常的代码

except ([异常名1], [异常名2],…,[异常名n]) [as名称]: # 处理多个异常，并给予该异常别名名称

<语句块2> # 如果try中的代码发生异常1，进行异常处理的代码

…

except [异常名k] [as名称k]:

<语句块m> # 如果try中的代码发生异常k，进行异常处理的代码

功能：同时处理多个异常。

【示例8.1.19】 try/except/except...同时指定except子句的异常名。

```
print("This is beginning!")
try:
    a=1
    print("This is a:"+a)
except (IOError, TypeError):
    print("This is special error!")
print("This is continue…")
```

执行结果：

This is beginning!

This is special error!

This is continue...

try语句块中的代码发生异常，异常类型为TypeError，是except子句后异常名元组中的第二个元素，因此，执行该except子句后的异常处理代码，输出“This is special error！”

【示例8.1.20】 try/except/except...as子句。

```
print("This is beginning!")
try:
    a=1
    print("This is a:" +a)
except (IOError, TypeError) as err:
    print(f"This is special error! {str(err)} " )
except:
    print("Error occurs!")
print("This is continue…")
```

执行结果：

This is beginning!

This is special error! can only concatenate str (not "int") to str

This is continue...

try语句块中的代码发生异常，异常类型为TypeError，使用as子句将异常类的具体错误消息存储在变量err中，在except子句的异常处理代码中，将错误信息打印显示供编程者参考。

【示例8.1.21】 处理多个异常的try/except/except...语句。

```
#除法计算器
#用try/except/except…语句捕获和处理异常
try:
    a=input("请输入被除数： ")
    b=input("请输入除数： ")
    print(f"This is result:{float(a)/float(b)} " )
except (ZeroDivisionError, NameError) as err:
    print(f"This is special error! {str(err)} ")
except ValueError:
    print("This is value error! ")
except:
    print("Error occurs!")
print("This is continue…")   # try/except/except…语句后，继续执行程序
```

执行结果：

请输入被除数：6

请输入除数：2

笔 记

This is result: 3.0

This is continue...

再次运行程序，执行结果：

请输入被除数：6

请输入除数：0

This is special error! float division by zero

This is continue...

再次运行程序，执行结果：

请输入被除数：f

请输入除数：2

This is value error!

This is continue...

如果正常输入除数与被除数，try语句块中的代码被正常运行，显示正确的相除后的结果，那么，所有except中的语句会被直接忽略，执行try/except之后的程序；当除数为0时，try语句块中的程序发生ZeroDivisionError异常，与第一个except子句中的异常元组第一个元素相同，因此，执行第一个except语句块中的异常处理程序，将异常信息存储在变量err中，并打印输出“This is special error!”以及其错误信息“float division by zero”；在输入被除数时，不小心输入了字符

f，在进行除法运算的时候，无法将字符转成float，发生异常ValueError，因此，执行第二个except语句块中的异常处理程序，输出“This is value error!”；当然，如果try语句块中的代码发生异常，异常类型既不是ZeroDivisionError、NameError也不是ValueError时，执行最后一个except子句中异常处理程序，输出“Error occurs!”。

3. 统一处理else子句

PPT8-4 统一处理 else 子句

PPT

在Python程序中，可以使用try/except/else语句处理异常。

格式：

try:

　　<语句块1> # 可能会产生异常的代码

except [异常名1] [as名称1]:

　　<语句块2> # 如果try中的代码发生异常1，进行异常处理的代码

except [异常名2] [as名称2]:

　　<语句块3> # 如果try中的代码发生异常2，进行异常处理的代码

…

except [异常名n] [as名称n]:

　　<语句块m> # 如果try中的代码发生异常n，进行异常处理的代码

else:

　　<语句块k> # 如果try中的代码不发生异常，执行的代码

微课 8-4 统一处理 else 子句

功能： else子句检测并统一处理异常。

说明：

1）语句块1中的程序正常运行，没有任何错误或者异常发生，则会将其执行完毕而直接忽略所有except中的语句块，执行else子句中的语句块。

2）若语句块1发生了异常且所有except子句都指定了异常名，则检测异常的发生是否与某一个except后的异常名一致。若一致，则执行相应except子句中的代码；若不一致，这个异常会传递给上层的try或者程序的最上层，抛出异常显示在执行环境中，中断程序。

3）若语句块1发生了异常且最后的except子句中没有指定任何异常名，则先检测异常的发生是否与某一个except后的异常名一致。若一致，则执行相应except子句中的代码；若不一致，直接执行最后except中的语句块代码，对异常进行处理。

4）try子句中，若发生异常，则执行相应except子句中的语句块；若没有发生异常，则执行相应else子句中的语句块。

5）在使用else子句时，务必注意，该子句在try子句没有发生任何异常的时候执行，但是必须放在所有的except子句之后。

【示例8.1.22】 else子句处理异常，指定异常名。

```
print("This is beginning!")
try:
    a=[1,2,3]
    print(f"This is the third item of list a: {a[2]}")
except IndexError:
```

```
    print("This is index error!")
else:
    print("This is no except!")
print("This is continue…")
```

执行结果：

This is beginning!

This is the third item of list a: 3

This is no except!

This is continue...

【示例8.1.23】 else子句处理异常，不指定异常名。

```
print("This is beginning!")
try:
    a=[1,2,3]
    print(f"This is the third item of list a: {a[2]}" )
except:
    print("This is except!")
else:
    print("This is no except!")
print("This is continue…")
```

执行结果：

This is beginning!

This is the third item of list a: 3

This is no except!

This is continue...

示例8.1.22和示例8.1.23中try语句块中的代码并未发生异常，因此输出“This is the third item of list a: 3”，之后的except子句直接忽略，而执行else子句中的程序，输出“This is no except!”。

【示例8.1.24】 统一处理的else子句。

```
#除法计算器
#用try/except语句捕获和处理异常(else子句)
try:
    a=input("请输入被除数: ")
    b=input("请输入除数:  ")
    print(f"This is result: {float(a)/float(b)}" )
except (ZeroDivisionError, NameError) as err:
    print(f"This is special error!{str(err)} ")
except ValueError:
    print("This is value error! ")
except:
    print("Error occurs!")
else:
    print("No error occurs!")
print("This is continue…")   # try/except语句后，继续执行程序
```

执行结果：

请输入被除数：6

请输入除数：2

This is result: 3.0

No error occurs!

This is continue...

再次运行程序，执行结果：

请输入被除数：6

请输入除数：0

This is special error! float division by zero

This is continue...

再次运行程序，执行结果：

请输入被除数：f

请输入除数：2

This is value error!

This is continue...

try子句中的代码正常运行，显示输入的两个数相除后的结果，并且执行else子句中的代码，输出“No error occurs!”。若try语句中的代码出现异常，与示例8.1.21相同，则不执行else子句中的代码。

4. 无条件处理finally子句

PPT8–5 无条件处理 finally 子句

PPT

在try子句中的语句块出现异常时，可由except子句处理异常；在try子句中的语句块正常运行时，可由else语句继续执行接下来的程序，那么，不管try子句中的语句块是否正常运行，都需要执行的代码应该怎么办呢？可以使用无条件处理的finally语句。例如，try语句中打开一个文件，不管有没有对该文件写入成功，都需要将该文件关闭，就可以在finally子句中关闭文件。

微课 8–5 无条件处理 finally 子句

finally子句是无论是否发生异常，都会执行的最后的代码，except语句可省略。

格式：

try:

<语句块1> # 可能会产生异常的代码

except [异常名1] [as名称1]:

<语句块2> # 如果try中的代码发生异常1，进行异常处理的代码

else:

<语句块3> # 如果try中的代码不发生异常，执行的代码

finally:

<语句块4> # 无论try中的代码是否发生异常，都需要执行的代码

功能：finally子句检测并无条件处理异常。

说明：

1）若语句块1中的程序正常运行，没有任何错误或者异常发生，则会将其执

行完毕而直接忽略所有except中的语句块，执行else子句中的语句块3，最后执行finally中的语句块4。

2）若语句块1发生了异常，except子句省略，也会执行finally子句中的语句块4，执行完语句块4后中断程序并报错显示。

3）若语句块1发生了异常，也存在except子句，则执行except子句中的语句块2，进行异常处理，然后执行finally子句中的语句块4，不会中断程序。

【示例8.1.25】 finally子句，省略except子句，'w'模式打开文件。

```
# 在Python的根目录下，有song.txt文件
print("This is beginning!")
try:
    f=open('song.txt', 'w')
    f.write('This is a song txt file!')
    print("Writing…")
finally:
    print("This is finally!")
    f.close()
print("This is continue…")
print(f"File state:{ f.closed} ")  # 确认文件的打开状态
```

执行结果：

This is beginning!

Writing...

This is finally!

This is continue...

File state: True

【示例8.1.26】 finally子句，省略except子句，默认模式打开文件。

```
# 在Python的根目录下，有song.txt文件
print("This is beginning!")
try:
    f=open('song.txt')
    f.write('This is a song txt file!')
    print("Writing…")
finally:
    print("This is finally!")
    f.close()
print("This is continue…")
print(f"File state:{f.closed}")  # 确认文件的打开状态
```

执行结果：

This is beginning!

This is finally!

Traceback (most recent call last):

File "<stdin>", line 4, in <module>

f.write('This is a song txt file!')

io.UnsupportedOperation: not writable

在示例8.1.25中，try语句块中的代码并未发生异常，在该段代码正常运行后，执行finally子句中的程序，输出“This is finally!”并关闭文件，接着执行try/except语句之后的代码。在示例8.1.26中，try语句块中的代码发生异常，文件以默认方式打开时是只读模式，无法对只读文件进行写入，导致在f.write('This is a song txt file!')语句执行时发生错误，因此，执行finally子句中的语句，输出“This is finally!”并关闭文件。在这里务必注意，try子句中发生错误之后的语句将不再执行，程序中断并显示错误信息。

【示例8.1.27】 finally子句，不省略except子句，默认模式打开文件。

```
#在Python的根目录下，有song.txt文件
print("This is beginning!")
try:
    f=open('song.txt')
    f.write('This is a song txt file!')
    print("Writing…")
except:
    print("This is except!")
finally:
    print("This is finally!")
    f.close()
print("This is continue…")
print(f"File state:{f.closed}")   # 确认文件的打开状态
```

执行结果：

This is beginning!

This is except!

This is finally!

This is continue...

File state: True

try语句块中的代码发生异常，文件以默认方式打开时是只读模式，无法对只读文件进行写入，导致在f.write('This is a song txt file!')语句执行时发生错误，因此，首先执行except子句中的异常处理语句，输出“This is except!”，然后执行finally子句中的语句，输出“This is finally!”并关闭文件，最后执行try/except语句后接下来的代码。

【示例8.1.28】 finally子句，不省略except子句和else子句，'w'模式打开文件。

```
#在Python的根目录下，有song.txt文件
print("This is beginning!")
try:
    f=open('song.txt', 'w')
    f.write('This is a song txt file!')
    print("Writing…")
except:
    print("This is except!")
```

```
else:
    print("This is else!")
finally:
    print("This is finally!")
    f.close()
print("This is continue…")
print(f"File state:{f.closed}")  # 确认文件的打开状态
```

执行结果：

This is beginning!

Writing...

This is else!

This is finally!

This is continue...

File state: True

【示例8.1.29】 finally子句，不省略except子句和else子句，默认模式打开文件。

```
#在Python的根目录下，有song.txt文件
print("This is beginning!")
try:
    f=open('song.txt')
    f.write('This is a song txt file!')
    print("Writing…")
except:
    print("This is except!")
else:
    print("This is else!")
finally:
    print("This is finally!")
    f.close()
print("This is continue…")
print(f"File state:{f.closed }")  # 确认文件的打开状态
```

执行结果：

This is beginning!

This is except!

This is finally!

This is continue...

File state: True

在示例8.1.28中，try语句块中的代码并未发生异常，在该段代码正常运行后，先执行else子句中的语句块，输出“This is else!”，再执行finally子句中的程序，输出“This is finally!”并关闭文件，接着执行之后的代码。在示例8.1.29中，try语句块中的代码发生异常，无法对只读文件进行写入，在f.write('This is a song txt file!')语句执行时发生错误，因此，先执行except子句中的语句，输

出“This is except!”，再执行finally子句中的语句，输出“This is finally!”并关闭文件，接着执行try/except语句之后的代码。

【示例8.1.30】 无条件处理的finally子句。

```
#除法计算器
#用try/except语句捕获和处理异常(finally子句)
try:
    a=input("请输入被除数： ")
    b=input("请输入除数： ")
    print(f"This is result: {float(a)/float(b)}" )
except (ZeroDivisionError, NameError) as err:
    print(f"This is special error! {str(err)} ")
except ValueError:
    print("This is value error! ")
except:
    print("Error occurs!")
else:
    print("No error occurs!")
finally:
    print("Everyone comes here!")
print("This is continue…")  # try/except语句后，继续执行程序
```

执行结果：

请输入被除数：6

请输入除数：2

This is result: 3.0

No error occurs!

Everyone comes here!

This is continue...

再次运行程序，执行结果：

请输入被除数：6

请输入除数：0

This is special error! float division by zero

Everyone comes here!

This is continue...

再次运行程序，执行结果：

请输入被除数：f

请输入除数：2

This is value error!

Everyone comes here!

This is continue...

可以发现，使用finally子句后，不管try子句中的语句块是否能正常执行，finally子句中的代码都会被运行。

笔 记

PPT8-6
异常应用实例

PPT

微课 8-6
异常应用实例

8.1.3 应用实例

【例8.1】 计算文件包含的单词数。

计算Python根目录中文本文件littlePrince.txt中的英文单词数。

算法思路： 定义函数wordscount用来统计文件中英文单词的个数，使用try/except语句处理异常，如果文件找不到，提示文件不存在，否则输出文件单词统计结果。给定文件名littlePrince.txt，调用函数输出英文单词个数。

程序代码：

```
def wordscount(filename):
    try:
        with open(filename) as f1:
            contents=f1.read()
    except FileNotFoundError:
        msg="Sorry, the file " + filename + " does not exist!"
        print(msg)
    else:
        words=contents.split()
        wordsno=len(words)
        print(f"The file {filename} has about {wordsno} words! ")

filename="littlePrice.txt"
wordscount(filename)
```

源代码
例 8.1

【例8.2】 捕获和处理例3.10的异常。

判断给定正整数是否是素数，如果程序运行时发生异常，使用try/except语句进行捕获和处理。

算法思路： 在例3.10的基础上加入异常捕获和处理的代码。

程序代码：

```
try:
    n = int( input( "请输入一个正整数:" ) )
    Flag = False if n == 1 else True
    for i in range( 2,int(n**0.5)+1):
        if n % i == 0:
            Flag = False
            break
    if Flag:
        print(n,"是素数。")
    else:
        print(n,"不是素数。")
except ValueError:
    print("This is ValueError!Please input an integer!")
```

源代码
例 8.2

【课堂实践8.1】 编写不同的错误代码，使其抛出不同的异常。

【同步训练8.1】

文本 参考答案
课堂实践 8.1

一、单项选择题

1. 以下对于异常的描述中，错误的是（　　）。

A. 执行程序后产生了非预期结果，阻止了正常执行

B. 异常发生时，Python解释器会终止程序的运行

C. Python可提供异常处理机制来捕获程序的错误

D. 即使使用异常处理程序捕捉错误，还是会报错，阻止程序的执行

文本 参考答案
同步训练 8.1

2. 在Python编程中，不小心输错了命令，将"abs"输成了"asb"，会抛出的异常是（　　）。

A. SytaxError　　B. NameError　　C. ValueError　　D. KeyError

3. 在Python3版本中print()函数的用法应该是print("string")，如果还是写成Python2版本中的print "string"，会抛出的异常是（　　）。

A. SytaxError　　B. NameError　　C. TypeError　　D. AttributeError

4. 在Python环境中，是以缩进来表示代码之间的层次关系的，如果缩进使用不正确，会抛出的异常是（　　）。

A. SytaxError　　B. AttributeError　　C. IndentationError　　D. ZeroDivisonError

5. 以下对于try/except语句的描述中，正确的是（　　）。

A. 无论try子句中的代码运行是否出现异常，都会执行except子句中的程序

B. 只有try子句中的代码运行不出现异常，才会执行except子句中的程序

C. try子句中的语句块是用来处理异常的

D. except子句能够指定多个异常类

6. 以下对于try/except/else语句的描述中错误的是（　　）。

A. 无论try子句中的代码运行是否出现异常，都会执行else子句中的程序

B. 只有try子句中的代码运行不出现异常，才会执行else子句中的程序

C. except子句能够指定多个异常类

D. else子句必须放在所有except子句之后

7. 以下对于try/except/else/finally语句的描述中，正确的是（　　）。

A. 无论try子句中的代码运行是否出现异常，都会执行finally子句中的程序

B. 只有try子句中的代码运行不出现异常，才会执行finally子句中的程序

C. finally子句中的语句块是用来处理异常的

D. except子句不能够指定多个异常类

8. 以下对Python3中异常处理语句的描述中正确的是（　　）。

A. finally子句不可与except子句共同使用

B. finally子句不可与else子句共同使用

C. finally子句既不可与except子句共同使用，也不可与else子句共同使用

D. finally子句既可以与except子句共同使用，也可以与else子句共同使用

二、知识填空题

1. 当索引边界值发生异常时，可使用________内置异常类来捕获异常。

2. 当________情况发生时，会抛出ZeroDivisonError。

3. 异常处理语句主要有4种形式：简单处理异常________语句、处理多个异常________语句、统一处理________语句、无条件处理________语句。

三、程序填空题

1. 写出下列程序抛出的异常。

```
a=[0,1,2,3]
print(f"list a item 0 is: {a[0]}")
```

Traceback (most recent call last):

File "<stdin>", line 1, in <module>

____

2. 请填写下面程序中空白处代码。

```
print("This is beginning!")
try:
    a={"Python": "Hello,Python!", "C": "Hello,C!"}
    print(f"This is Key Python: {a["java"]} " )
except_______as err:
    print(f"This is error: {str(err)}")
print("This is continue…")
```

执行结果：

This is beginning!

____

This is continue...

3. 请填写下面程序中空白处代码。

```
print("This is beginning!")
try:
    a=int(input("请输入你的学号: "))
except:
    print("This is except! ")
else:
    print(f"This is your student ID:{a} ")
print("This is continue…")
```

执行结果：

This is beginning!

请输入你的学号：180603012

____

This is continue...

再次执行结果：

This is beginning!

请输入你的学号：S180603012

____

This is continue...

四、程序设计题

1. 使用try/except/else/finally语句，任意编写处理异常的程序。
2. 使用try/except异常处理语句，编写比较两个整数大小的代码。

8.2 主动引发异常和自定义异常类

Python中的内置函数会抛出很多类型的错误，也就是常说的内置异常类。除了内置异常类，还可以使用raise语句和assert语句主动引发异常。同时，可以创建自定义异常类，自定义的异常类直接或间接地继承于Exception类。

8.2.1 主动引发异常

Python中主动引发异常的主要有raise语句和assert语句。可以使用raise语句抛出指定的异常，在抛出异常的同时也可指定参数。同样，assert语句也能引发异常。

PPT8−7 raise 语句

PPT

1. raise语句

格式： raise [expression1 [from expression2]]

功能： 抛出指定异常。

说明：

1）参数expression1和expression2为内置异常类名称或者异常对象，如NameError，异常类可指定参数，用以表示异常的解释。

2）若raise后的参数都省略，raise会将当前范围中的异常抛出，当前范围中若无异常，则抛出RuntimeError异常。

微课 8−7 raise 语句

【示例8.2.1】 抛出异常类KeyError。

```
>>>raise KeyError
Traceback (most recent call last):
  File "<stdin>", line 1, in <module>
KeyError
```

使用raise语句主动抛出异常KeyError。

【示例8.2.2】 抛出异常类KeyError，且指定参数。

```
>>>raise KeyError("This is key error!")
Traceback (most recent call last):
  File "<stdin>", line 1, in <module>
KeyError: 'This is key error!'
```

使用raise语句主动抛出异常KeyError，可使用参数阐述该异常的意义。

【示例8.2.3】 抛出异常对象。

```
>>>raise Exception(1/0)
Traceback (most recent call last):
```

  File "<stdin>", line 1, in <module>

ZeroDivisionError:division by zero

使用raise语句主动抛出异常：除数为0。

接下来看一下在具体的编程过程中，如何灵活使用raise语句抛出指定的异常。

【示例8.2.4】 使用raise语句主动抛出异常。

```
# 输入圆的半径，求圆的面积
radius=float(input("Please input radius: "))
if radius < 0:
    raise ValueError("Radius can not be negative!")
    print("Less than 0!")
else:
    area=radius * radius *3.14
    print(f"The area is:{area} ")
print("This is continue…")
```

执行结果：

Please input radius: 6

The area is: 113.04

This is continue...

再次运行示例8.2.4程序，执行结果：

Please input radius:-3

Traceback (most recent call last):

  File "<stdin>", line 3, in <module>

    raise ValueError("Radius can not be negative!")

ValueError: 'Radius can not be negative!'

如果正确输入正数6，则返回其计算出的圆的面积；如果输入负数-3，则使用raise语句抛出异常类ValueError，并显示提示参数“Radiuscannotbenegative!”，后续的print语句不再执行。注意，执行raise语句后，之后的语句将不再运行！

一般在程序捕捉到异常时，不希望程序中断，因此，常用try/except语句搭配raise语句同时使用。

【示例8.2.5】 结合try/except语句使用raise语句主动抛出异常。

```
try:
    list1=[1,2,3]
    a=int(input("Please input item order: "))
    if a>2:
        raise IndexError("超出索引")
    else:
        print(f"list1 item {a} is: {list1[a]}")
    print("try continue…")
except IndexError as err:
    print(f"This is index error: {str(err)}" )
    raise
print("This is continue…")
```

笔 记

执行结果：

Please input item order: 2

List1 item 2 is: 3

try continue...

This is continue...

再次运行程序，执行结果：

Please input item order: 4

This is index error: 超出索引

Traceback (most recent call last):

  File "<stdin>", line 5, in <module>

    raise IndexError("超出索引")

IndexError: 超出索引

这是一段常见的raise语句使用代码。在try语句中，当索引超过列表的最大索引值时，就会执行raise IndexError("超出索引")，遇到raise语句后，进行异常处理，进入except子句中的异常处理程序，打印出错误信息“This is index error: 超出索引”，并执行最后一行的raise，这个raise语句不带任何参数，表示抛出该环境中当前异常，也就是IndexError，因此，最后输出了IndexError的具体信息。

注意：将try/except语句结合raise语句使用的时候，会执行异常处理except子句中的程序。

思考：如果将示例8.2.5的except子句中的raise去除，运行的结果是什么？

在raise语句中还可以使用from用于异常链，如果抛出的异常没有被处理，所有的异常就会被打印出来，供编程者调试使用。

【示例8.2.6】 使用raise语句中的from子句主动抛出异常。

```
try:
    print(1 / 0)
except Exception as exc:
     raise RuntimeError("Something bad happend") from exc
```

执行结果：

Traceback (most recent call last):

  File "<stdin>", line 2, in <module>

    print(1 / 0)

ZeroDivisionError: division by zero

The above exception was the direct cause of the following exception:

Traceback (most recent call last):

  File "<stdin>", line 4, in <module>

    raise RuntimeError("Something bad happend") from exc

RuntimeError: Something bad happend

这是from子句的官方样例代码。raise语句加上from子句用来表示另一个异常类或对象，通常会附加到引发异常的_cause_属性。在try子句中发现除数为0，首先报错ZeroDivisionError；其次，在except子句中对异常进行处理，raise抛出下一个报错RuntimeError，并且前一个错误是后一个错误的直接诱因。

PPT8-8 assert 语句

PPT

2. assert语句

格式： assert [expression1 [, expression2]]

功能： assert语句通常被称为断言表达式，本质上是简化的raise语句，等同于if语句与raise语句的结合使用。

说明：

1）参数expression1为True，则不执行任何程序；如果expression1为False，则会抛出AssertionError。

2）参数expression2为错误提示参数，以便更好地了解异常原因。

3）assert语句的assert expression1等同于：

```
if __debug__:
 if not expression1:raise AssertionError
```

assert语句的assert expression1, expression2等同于：

```
if __debug__:
 if not expression1:raise AssertionError(expression2)
```

通常首先判断expression1是True还是False，如果是True，则执行assert语句之后的代码；如果是False，则中断程序，调用默认的异常处理器，抛出错误信息，并输出expression2的错误提示。

【示例8.2.7】 assert语句抛出异常，条件表达式为True。

```
>>>assert 1==1
>>>print("This is continue...")
This is continue...
```

微课 8-8 assert 语句

【示例8.2.8】 assert语句抛出异常，条件表达式为False。

```
>>>assert 1==0
>>>print("This is continue...")
Traceback (most recent call last):
  File "<stdin>", line 1, in <module>
    assert 1==0
AssertionError
```

【示例8.2.9】 assert语句抛出异常，条件表达式为False，带参数。

```
>>>assert 1==0, "assertion error!"
>>>print("This is continue...")
Traceback (most recent call last):
```

File "<stdin>", line 1, in <module>

assert 1==0, "assertion error!"

AssertionError: assertion error!

当assert后的表达式为真，执行assert语句后面的print语句；当assert后的表达式为假，则抛出异常，并中断程序；当assert后的表达式为假，且指定异常参数，则抛出异常的同时提示其错误信息，并中断程序。

【示例8.2.10】 使用assert语句主动抛出异常。

```
# 输入圆的半径，求圆的面积
radius=float(input("Please input radius: "))
assert radius >0, "Radius can not be negative!"
area=radius * radius *3.14
print(f"The area is: {area}")
print("This is continue…")
```

执行结果：

Please input radius: 6

The area is: 113.04

This is continue...

再次运行程序，执行结果：

Please input radius:：-3

Traceback (most recent call last):

File "<stdin>", line 2, in <module>

assert radius >0, "Radius can not be negative!"

AssertionError: 'Radius can not be negative!'

如果正确输入正数6，则返回其计算出的圆的面积；如果输入负数-3，则使用assert语句抛出异常AssertionError，并显示提示参数“Radius can not be negative!”，后续的print语句不再执行。

注意：执行assert语句，之后的语句将不再运行。

8.2.2 自定义异常类

PPT8-9
自定义异常类

PPT

在Python中，不仅有内置异常类，还可以自己定义异常。自定义异常类的方法与其他类并无区别，只有一个特点，即自定义类必须直接或间接继承Exception类。

异常类的结构层次如图8.1所示。

自定义的类与TypeError、NameError类似，可直接继承Exception类，而Exception则是基于基类BaseException。另外，也可自定义类，继承LookupError、RuntimeError等异常类，间接继承Exception类。

微课 8-9
自定义异常类

自定义类一般与标准的内置异常类命名一样，以Error结尾。

格式：

class MyError(Exception):

<语句块> # 指定异常类的方法和定义

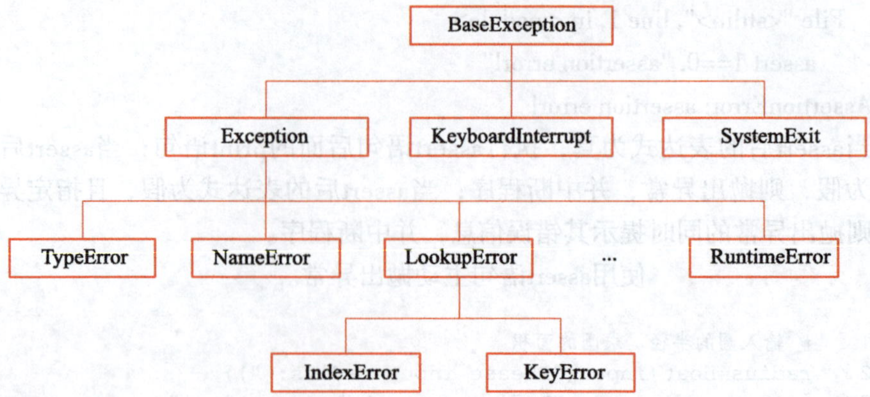

图 8.1
异常类的结构层次

功能： 自定义异常类。

说明： 参数Exception参数可以直接是Exception类，也可以是RuntimeError类等间接继承Exception类。

【示例8.2.11】 自定义类CalError。

```
class CalError(Exception):
    def __init__(self, num):   # 重新定义__init__()方法
        self.num=num
raise CalError("Calculate Error!")
```

执行结果：

Traceback (most recent call last):

File "<stdin>", line 4, in <module>

raise CalError("Calculate Error!")

__main__.CalError:Calculate Error!

【示例8.2.12】 自定义类NwError。

```
class NwError(RuntimeError):
    def __init__(self, value):   # 重新定义__init__()方法
        self.value=value
raise NwError("Network Error!")
```

执行结果：

Traceback (most recent call last):

File "<stdin>", line 1, in <module>

raise NwError("Network Error!")

__main__.NwError:Network Error!

示例8.2.11和示例8.2.12中分别定义了CalError类和NwError类，继承于Exception类和RuntimeError类，可通过raise语句抛出自定义异常。

【示例8.2.13】 自定义异常。

```
# 自定义异常类
class NuError(Exception):
    def __init__(self, value):
        self.value=value
    def __str__(self):
        return repr(self.value)
try:
    raise NuError(4)
except NuError as err:
    print(f"Number Error is value: {err.value}")
    raise
```

执行结果：

Number Error is value: 4

Traceback (most recent call last):

File "<stdin>", line 10, in <module>

raise NuError(4)

__main__.NuError:4

自定义异常类NuError，可通过try/except语句结合raise语句，打印输出类中传递的参数，抛出错误信息并中断程序。

【课堂实践8.2】 新建非空列表并对列表元素循环，如果元素为0，则主动抛出ValueError。

文本 参考答案 课堂实践 8.2

【同步训练8.2】

文本 参考答案 同步训练 8.2

一、单项选择题

1. raise语句不带任何参数，下列描述正确的是（ ）。

A. 什么也不做　　B. 抛出环境中的当前异常

C. 是raise语句错误的使用方法　　D. 不抛出任何异常

2. 下列关于assert语句的描述中，错误的是（ ）。

A. 是raise语句的简写　　B. 用于主动抛出异常

C. 不可与try/except共同使用　　D. 条件为False才抛出异常

3. 下列关于自定义异常类的描述中，正确的是（ ）。

A. 一般以Error结尾　　B. 直接或间接地继承SystemError

C. 定义及使用方法比较特殊　　D. 不可以主动抛出自定义异常类

二、知识填空题

1. 当使用while循环发现处于无限循环时，按Ctrl+C组合键退出后，会显示________。

2. 在Python中，如果想要主动抛出异常，可使用________和________语句。

3. 在Python中，自定义类都直接或者间接继承________类。

三、程序设计题

1. 计算输入整数的平方，如果小于100，抛出异常，并提示“输入数的平方小于100！”（分别使用raise语句和assert语句实现）。

2. 自定义继承Exception的异常类，并使用raise语句抛出该异常。

参考文献

[1] 邓英，夏帮贵. Python3基础教程. 北京：人民邮电出版社，2016.
[2] 刘卫国. Python语言程序设计. 北京：电子工业出版社，2016.